매트랩 영상처리 프로그래밍

매트랩 영상처리 프로그래밍

기본 영상처리부터
예술 과학, 비디오 처리, 시공간 처리까지

조지 시오카스 지음 | 이문호 옮김

지은이 소개

조지 시오카스^{George Siogkas}

현재 그리스 뉴욕 전문대 공학정보학과장이다. 지난 4년 동안 전임강사로 일해 왔으며, 학계 연구 경험도 10년이 넘었다. 지능형 교통 시스템을 위한 컴퓨터 비전 분야의 박사 학위를 목표로 노력하는 과정 중에서 매트랩 프로그래밍, 특히 영상과 비디오 처리 분야에 열정을 갖게 됐다.

2013년 그리스의 파트라스 대학교에서 전자컴퓨터공학 박사 학위를 받았다.

상세한 정보는 그의 웹 페이지인 http://www.cvrlab.com/gsiogkas를 방문해 확인할 수 있다.

결혼식 준비 기간 동안에 이 책과 박사 학위 논문 집필을 모두 소화하느라 기진맥진했던 일정을 참고 기다려준, 누구보다도 아름다운 아내인 마로에게 고맙다는 말을 전하고 싶습니다. 또한 작년 1년간 끊임없이 지원해준 부모님과 형제에게 감사드립니다. 부모님의 격려가 없었다면 이번 프로젝트를 처음부터 시작하지 않았을 것입니다.

이 책을 만드는 데 도와준 팩트출판사 여러분과 특히 집필 프로젝트를 뒷받침하면서 이해해주고 저를 도와 매우 중요한 역할을 하고, 집필 과정 내내 귀중한 피드백을 제공해준 조안나 피트즈패트릭, 하르딕 파텔, 나부 딜리언, 아닐라 빈센트에게 감사 인사를 전합니다. 아울러 이 책의 품질을 향상하기 위해 매우 유용하고 통찰력 있는 의견과 제안을 제시한 기술 감수자인 수리야 무랄리. 아쉬시 우따마, 알렉산더 라이트에게 매우 감사드립니다. 이분들이 없었다면 이 책은 출판될 수 없었을 것입니다.

기술 감수자 소개

수리야 무랄리^{R. Surya Murali}

수리야 무랄리R. Surya Murali

오스마니아 대학에서 화학공학 박사 학위를 받았다. 가스와 액체 분리용 멤브레인 기술에 관해 7년간 연구한 경험이 있다. 인도 화학 기술 연구소에서 책임연구원과 선임연구원으로 일했다. 실험실과 파일럿 플랜트 수준의 멤브레인 분리 시스템을 설치, 운영, 유지한 경험도 갖췄다. 서로 다른 멤브레인 공정에 대해 다양한 타입의 멤브레인의 합성, 수정 및 특성화와 관련해 전문성을 갖췄으며, 마이크로소프트 엑셀, C, 매트랩을 활용한 시뮬레이션 프로그램 개발에 관한 지식을 쌓았다.

> 변함없는 지원과 격려를 해준 가족과 친구들에게 감사드립니다.

아쉬시 우따마 Ashish Uthama

매트랩 개발사인 매쓰웍스의 영상처리 툴박스 팀에서 일하는 개발자다. 인도 방갈로르의 PESIT에서 전자통신 학사 학위와 캐나다 밴쿠버의 UBC에서 응용과학 석사 학위를 받았다.

알렉산더 라이트 Alexander Wright

암환자 자동 진단용 조직 병리학 영상 분석이 전문인 컴퓨터 비전 프로그래머다. 2006년부터 리즈 대학교의 컴퓨팅학과 및 병리, 해부, 종양 생물학부와 공동으로 해당 분야에서 매트랩과 C++를 사용했다. 영상 분석 알고리즘에 관한 연구에 기반을 둔 많은 연구 논문을 공동 저술했고, 임상 응용 애플리케이션용 자동화 조직학 영상 분석 표준화에 관심이 있다. 여가 시간에는 매트랩과 웹 디자인 프로젝트에서 어도비 포토샵으로 영상 조작하는 것을 즐기며, 볼륨을 쓸데없이 크게 올린 채로 베이스 기타를 연주하곤 한다.

옮긴이 소개

이문호(best.conv2@gmail.com)

관심 분야는 정보 검색이며, 매일 4시간 이상 걸리는 출퇴근 시간에 다방면의 원서를 읽는 쏠쏠한 즐거움에 빠져 사는 아날로그 세대다. 영상처리를 전공으로 석사를 마쳤고, 현재 문헌정보학 박사 과정 중이며, 컴퓨터 비전 기반 지능형 솔루션 개발에 전념하고 있다. 오픈소스 자바 검색 엔진인 루씬^{Lucene}에 관한 첫 국내서인 『루씬 인 액션』(에이콘, 2005)을 공역했으며, 오픈소스 영상처리 라이브러리를 다룬 오픈소스 라이브러리 실무 시리즈 도서의 저자로도 잘 알려져 있다. 『MATLAB을 활용한 실용 디지털 영상처리』(홍릉과학, 2005), 『오픈소스 OpenCV를 이용한 컴퓨터 비전 실무 프로그래밍』(홍릉과학, 2007) 등 7권의 책을 저술했으며, 번역한 책으로는 에이콘출판사에서 출간한 『OpenCV 2 Computer Vision Application Programming Cookbook 한국어판』(2012), 『EmguCV와 테서렉트 OCR로 하는 컴퓨터 비전 프로그래밍』(2014), 『OpenCV 프로그래밍』(2015), 『(개정판) OpenCV를 활용한 컴퓨터 비전 프로그래밍』(2015), 『matplotlib을 이용한 데이터 시각화 프로그래밍』(2015), 『OpenCV 컴퓨터 비전 프로젝트』(2016), 『C# 멀티스레드 프로그래밍』(2016), 『안드로이드 비동기 프로그래밍』(2016)이 있다.

옮긴이의 말

매트랩^{MATLAB}을 처음 접했을 때는 18년 전이었으며 당시 버전은 5.0이었다. 시간이 흐르면서 기술이 발전함에 따라 어느새 버전이 높아지고 많은 기능이 추가되는 것을 보며 실감한 부분은 예나 지금이나 변함없이 매트랩 프로그래밍의 기초만 알고 있다면 버전과 관계없이 자신의 분야에서 매트랩을 잘 활용할 수 있다는 점이었다.

사실 선형 대수학에 기반을 둔 매트랩은 다른 프로그래밍 언어에 비해 사용하기가 쉽고 결과를 시각화하기가 편한 강력한 프로그래밍 언어다. 영상처리 전공자와 컴퓨터 비전 전공자를 비롯한 연구자는 알고리즘 프로토타입을 설계해 성능을 테스트할 경우 매우 빠른 시간 안에 만들어야 하므로 대부분 매트랩을 사용하며, 영상처리와 컴퓨터 비전 관련 함수를 내장한 IPT^{Image Processing Toolbox}와 CVST^{Computer Vision System Toolbox} 등을 활용한다. 알고리즘 검증을 마치면 C/C++로 직접 개발하거나 알고리즘을 C/C++ 코드로 자동으로 생성하는 툴을 사용하고, 아니면 OpenCV 같은 컴퓨터 비전 라이브러리를 이용해 이식하는 과정이 일반적이다.

여기서 주지해야 할 부분은 앞에서 언급하는 매트랩의 툴박스는 결코 만능이 아닌 데다가 매트랩에서 제공하는 매뉴얼에는 함수 사용법과 결과만 제시하고 있을 뿐, 해당 알고리즘을 자세하게 다루지 않고 해당 함수의 소스를 공개하고 있지 않아 알고리즘 동작 원리를 알기 힘들기 때문에 입문자에게는 어느 정도는 한계가 있다는 점이다. 그런 이유로 관련 이론에 대한 이해가 뒷받침돼야만 툴박스의 내장 함수를 제대로 사용할 수 있고, 더 나아가 자신이 원하는 프로그램을 수월하게 개발할 수 있다는 점을 분명히 말씀드리고 싶다.

이 책의 저자인 조지 시오카스 박사는 나름대로 기존 매트랩 책과 차별화를 시도했으며, 다음과 같이 정리할 수 있다.

첫째, 정지 영상에서 비디오 처리, 시공간 처리까지 매트랩의 IPT와 CVST 등을 연계해 설명하며, 비디오 처리와 관련된 내용을 다룬 책이 거의 없다는 점을 고려했다.

둘째, 그레이스케일 영상 기반 알고리즘을 컬러 영상을 처리할 때도 그대로 적용할 수 없기 때문에 어떻게 처리해야 하는지 친절하게 알려준다.

셋째, 독자가 직접 매트랩 코드를 입력하고 결과를 바로 볼 수 있도록 실습을 유도한 후, 왜 그렇게 나왔는지 친절하게 설명한다.

넷째, 예술 공학의 꽃인 합성과 컴퓨터 비전의 움직임 추적 등을 다양하게 다루며 이를 매트랩으로 할 수 있음을 강조한다.

한 줄로 요약하자면, 매트랩으로 정지 영상부터 예술 공학, 비디오 처리까지 필요한 내용을 쉽게 실습하며, 매트랩의 툴박스 매뉴얼보다 많은 것을 참고할 수 있는 책이라고 할 수 있다. 실제로 조지 시오카스 박사는 기존 책의 패턴을 깨버리고 매트랩 전문가 관점으로 과감하게 시도했으며, 필요한 내용만 보여주면서 실습을 자연스럽게 이끄는 흡인력이 뛰어나다. 또한 이 책의 '보충 설명'에서 볼 수 있듯이 다른 책에서 접할 수 없었던 저자의 배려가 곳곳에서 묻어난다.

매트랩이 상용 프로그램이라는 특성 때문에 영상처리와 컴퓨터 비전 강의 과정에서 교재로 참고하거나 실습에 어려움이 있다면, 매트랩에 대한 대안이자 오픈소스로 공개된 옥타브Octave를 활용해 이 책을 학습할 수 있을 것이다.

2005년에 『MATLAB을 활용한 실용 디지털 영상처리』(홍릉과학) 책을 낸 이후로 지금까지는 출판 상황이 좋지 않아 개정판을 낼 기회가 없었고, 매트랩을 이용한 영상처리 책이 국내외로 많이 출간되지 않은 탓에 아쉬움이 많았다. 그러던 중 이 책을 번역해 출간하면서 어느 정도는 마음의 부담을 덜 수 있게 돼 기쁘다.

이 책을 번역할 기회를 주신 권성준 사장님과 에이콘출판사 직원 분들께 감사의 말씀을 드린다.

이문호

차례

지은이 소개 5

기술 감수자 소개 6

옮긴이 소개 7

옮긴이의 말 8

들어가며 19

1장   기본 영상 조작   27

매트랩 환경과 친숙해지기 28

환경의 기본 하위 창 28

리본 31

HOME 탭 31

PLOTS 탭 32

APPS 탭 32

편집기 32

EDITOR 창 34

영상을 가져온 후 띄우기 34

명령행을 이용해 영상을 가져온 후 띄우기 35

실습 예제 | 영상을 가져온 후 띄우기 35

imtool을 이용해 영상을 가져온 후 띄우기 37

실습 예제 | 유용한 정보를 추출하는 imtool 사용 38

기하학적 변환 적용 41

영상 회전 수행 41

실습 예제 | 영상을 회전한 후 결과를 띄우기 41

영상 뒤집기 수행 44

실습 예제 | 영상을 뒤집은 후 결과를 띄우기 44

영상 크기 조정 47

영상 잘라내기 49

영상 저장 50

실습 예제 | 영상을 잘라내서 크기를 조정한 후 BMP로 저장 51
요약 56

2장 그레이스케일 영상의 화소 다루기   59

영상 화소 접근과 화소값 변경 59
   반복문으로 사각형 영역의 화소값 변경 61
   첨자로 사각형 영역의 화소값 변경 62
   스크립트 작성 63
실습 예제 | 흰 영역과 검은 영역 66
영상 임계화 68
   반복문으로 영상 임계화 68
   첨자로 영상 임계화 69
   im2bw로 영상 임계화 71
   자동 임계값으로 영상 임계화 72
imhist로 히스토그램을 계산한 후 띄우기 73
명암대비 개선을 위한 히스토그램 평활화 74
imadjust로 명암대비 개선 75
imcontrast로 명암대비 개선 77
adapthisteq로 적응적 히스토그램 평활화 79
복잡한 작업을 하기 위한 사용자 정의 함수 81
실습 예제 | 차이를 정확하게 알아내는 imtool 사용 84
옛 사진 복원 88
실습 예제 | 조상 사진 복원 88
요약 92

3장 형태학적 연산과 객체 분석   93

이진 영상의 중요성 94
실습 예제 | 임계값 이해 94
관심 영역 확대와 축소 97
실습 예제 | ROI를 정제하는 팽창과 침식 사용 97
   구조화 요소 선택 103
   구조화 요소를 생성하는 strel 사용 104
요구에 맞추기 위해 strel로 구조화 요소 변경 105

실습 예제 │ strel을 이용한 ROI 정제 105

비사각형 ROI를 직접 정의하기 110

마스크를 만들기 위한 roiploy 사용 111

마스크를 만들기 위한 imfreehand 사용 112

실습 예제 │ 사용자 정의 객체 제거 함수 만들기 114

영상에서 객체 분석 117

영상에서 에지 검출 117

영상에서 코너 검출 119

영상에서 원 검출 120

요약 124

4장   컬러 영상 다루기   125

컬러 영상처리 소개 126

기본 컬러 영상 조작 127

사각형 영역을 특정 컬러로 설정 130

실습 예제 │ 컬러 영상의 두 영역을 칠하기 130

컬러 영상 임계화 132

실습 예제 │ 영상의 빨간 화소값 분리 133

컬러 마스킹 달성 138

실습 예제 │ 컬러 분리 139

다른 컬러 공간의 중요성 141

실습 예제 │ 컬러 공간 변환 142

더 효율적인 컬러 마스킹을 위한 CIE-L*a*b* 145

실습 예제 │ CIE-L*a*b*를 이용한 컬러 분리 146

RGB 컬러 공간의 조명 문제 해결 151

CIE-L*a*b 컬러 공간의 조명 문제 해결 153

실전 예제 │ 적목 감소 156

실습 예제 │ 적목 감소를 위한 함수 작성 156

눈의 원형 활용 159

실습 예제 │ 적목 감소를 위한 함수 자동화 160

요약 164

5장 2차원 영상 필터링   **167**

영상 필터링 소개 168

이웃 화소 처리 168

회선의 기본 171

불편한 수학적 진실 172

실습 예제 ┃ 영상에 평균화 필터 적용 174

회선에 대한 대안 177

imfilter 사용 178

fspecial을 이용한 필터 생성 179

영상을 블러링하는 다른 방법 180

실습 예제 ┃ 블러링이 얼마나 충분한가? 180

블러링을 이용한 예술 효과 생성 184

실습 예제 ┃ 영상의 보케 효과 생성 185

블러링을 이용한 잡음 제거 189

실습 예제 ┃ 다양한 종류의 잡음을 제거해보자 190

미디언 필터의 중요성 197

실습 예제 ┃ medfit2로 소금 & 후추 제거 197

실습 예제 ┃ 영상의 에지 개선 199

조명을 밝게 하기 203

실습 예제 ┃ 병정 사진의 조명을 밝게 하기 203

요약 205

6장 예술 과학을 위한 영상 혼합   **207**

혼합 또는 조합 영상의 중요성 208

다중 분광 영상화 이용 208

다중 분광 영상을 불러온 후 조작 209

실습 예제 ┃ 리오의 다중 대역 영상 내 가시 스펙트럼 210

실습 예제 ┃ 비가시 분광으로 작업 213

합성 영상 생성 218

    합성 영상을 생성하는 imfuse 사용 218

    합성 영상을 점검하는 imshowpair 사용 218

실습 예제 ┃ 갈매기 복제 218

한 걸음 더 ┃ 선택한 영상 영역 섞기 223

실습 예제 ┃ 위협적인 장면 연출 224

높은 동적 범위 영상 생성 229
실습 예제 | HDR 영상 조합 230
파노라마를 생성하기 위해 영상을 잇기 233
실습 예제 | 파노라마 잇기를 위한 기본 접근 방식 233
요약 238

7장 움직임 추가 – 정지 영상에서 디지털 비디오로 239

디지털 비디오 소개 240
프레임의 의미 240
   비월주사와 순차주사 241
   프레임률과 중요성 241
   프레임 수 계산 242
   프레임률 선택에 관한 고찰 243
매트랩에서 비디오를 불러오기 244
   aviread로 비디오를 불러오기 244
   mmreader로 비디오를 불러오기 247
   VideoReader로 비디오를 불러오기 248
   비디오를 읽을 때 사용하는 함수 선택 249
매트랩에서 비디오 재생 250
실습 예제 | 비디오를 읽은 후 재생 251
정지 영상으로부터 비디오 생성 253
실습 예제 | 비디오를 구성하고 저장 253
montage를 이용한 비디오 검사 256
실습 예제 | 공을 기다리지 않기 256
재생에 필요한 도구 – implay 257
   implay의 GUI 사용 258
   비디오 파일을 재생하기 위해 implay 사용 260
   영상 시퀀스를 재생하기 위해 implay 사용 260
타임 랩스 비디오 생성 261
실습 예제 | 일반 비디오를 타임 랩스로 만들기 261
타임 랩스 비디오를 gif 파일로 저장 263
요약 264

8장   비디오 취득과 처리   **267**

디지털 비디오를 기록하기 위해 매트랩 사용 268
    Hardware Browser 창 269
    Information 창 269
    Desktop Help 창 269
    Preview 창 270
    Acquisition Parameter 창 270
    Session Log 창 272
실습 예제 | 파이어와이어 연결을 이용한 비디오 캡처 272
비디오 압축 중요성 278
    압축하지 않은 비디오 크기 확인 278
    아무런 움직임이 없는 MP4 비디오 크기 확인 279
    움직임이 많은 MP4 비디오 크기 확인 280
압축하지 않은 비디오로 작업 282
    영상 편집에서 큰 비디오로 작업 283
실습 예제 | 에지 검출 비디오 생성 283
타임 랩스 비디오용 프레임 취득 286
    취득 하드웨어 검출 286
    비디오 객체를 생성한 후 프레임 취득 287
실습 예제 | 매트랩을 인터벌라미터로 사용 290
타임 랩스 비디오의 실시간 처리 292
실습 예제 | 컬러를 분리한 타임 랩스 생성 292
일반 비디오의 실시간 처리 295
    간단한 예제로 실시간 능력 평가 295
실습 예제 | 비디오의 대비 조정 295
    대비 조정 예제 재검토 297
실습 예제 | 코드에 프리뷰 추가 298
요약 301

9장   시공간 처리   **303**

매트랩으로 기본 비디오 처리 304
    비디오를 잘라낸 후 크기 조정 304
실습 예제 | 불러오기, 잘라내기, 크기 조정, 비디오 저장 304
    비디오 프레임 필터링 310

실습 예제 | 블로킹 효과 줄임 310

매트랩에서 비디오 디인터레이싱 312

    디인터레이싱 작업을 위한 인트라 프레임 필터링 313

컴퓨터 비전 시스템 툴박스로 디인터레이싱 313

실습 예제 | 비전 툴 박스를 이용한 비디오 인터레이싱 314

사용자 정의 함수로 디인터레이싱 316

실습 예제 | 선 반복으로 디인터레이싱 316

실습 예제 | 주사선 보간으로 디인터레이싱 318

디인터레이싱 작업을 위한 인트라 프레임 필터링 320

    필드 병합으로 시간적 인터레이싱 320

실습 예제 | 필드 병합으로 디인터레이싱 321

필드 평균화로 시간적 디인터레이싱 324

실습 예제 | 필드 평균화로 디인터레이싱 324

인트라 프레임과 인터 프레임 디인터레이싱 혼합 328

    디인터레이싱을 위한 수직과 시간적 보간 328

실습 예제 | 수직과 시간적 보간 방법 328

필터에 새로운 차원 추가 333

    시공간 평균화 필터 333

실습 예제 | 시공간 평균화 필터 구현 333

    시공간 평균화를 위한 회선 사용 337

실습 예제 | convn을 이용한 시공간 평균화 필터 337

요약 339

10장 입문자에서 전문가로 – 움직임과 3D 처리   341

비디오에서 움직임을 검출한 후 추정 342

    움직임 검출 342

실습 예제 | 정지 장면에서 움직이는 객체 검출 343

실습 예제 | 복잡한 장면에서 움직임 검출 345

움직임 추정 348

    옵티컬 플로우로 움직임 추정 349

실습 예제 | 혼–셩크 옵티컬 플로우로 사람 추적 350

실습 과제 | 옵티컬 플로우로 프레임 워핑 355

특징 추적을 이용한 카메라 움직임 보상 359

실습 예제 | 불안정한 비디오에서 움직임 보상 위한 특징점 추적 360

입체 영상을 갖고 작업하기 364

실습 예제 | 왼쪽 비디오와 오른쪽 비디오로 3D 비디오 생성 365

실습 예제 | 일반 비디오로 3D 비디오 생성 366

요약 369

부록 A   깜짝 퀴즈 정답   **371**

찾아보기 375

들어가며

디지털 시각 미디어는 의심할 여지없이 실생활의 중요한 부분으로 자리 잡았다. 아날로그적 정보 저장 및 처리 방법이 점차 사라졌으며, 요즘에는 아날로그 미디어 애호가나 매우 특수한 애플리케이션에서만 아날로그 방식을 사용한다. 영상이나 비디오 정보 캡처와 저장에 관해 처리 과정이 날이 갈수록 쉽고 빨라진 데다가 저렴해졌다. 거의 모든 사람이 사진이나 비디오 카메라 혹은 심지어 휴대폰까지 목적에 맞는 디지털 전자 장치에 접근할 수 있기 때문이다. 시각 미디어 캡처 장치가 급격하게 증가하면서 아마추어 사진작가와 주말 영화 제작자가 늘어났고, 그들은 저장한 영상이나 비디오를 처리하는 소프트웨어를 결정하는 문제를 종종 접한다. 불변의 법칙이 있는데, 공개 소프트웨어 솔루션은 흔히 기능이 제한돼 있거나 매우 복잡한 반면 상업용 솔루션은 매우 비싸거나 가끔은 사용자가 원하는 모든 기능을 제공하지 않는다.

이 책은 꽤 흔하지 않은 대체 솔루션을 제시하며, 영상이나 비디오 편집 소프트웨어만 필요로 하는 사용자를 고려하지 않을 수 있다. 하지만 학생이나 과학자 혹은 매트랩이라고 하는 다기능의 고급 수준 프로그래밍 환경에 쉽게 접근할 수 있는 사용자들에게는 분명히 매력적으로 다가올 것이다.

이 책의 구성

1장, 기본 영상 조작 매트랩 환경을 소개하고 기본 도구와 기능을 알아본 후, 매트랩의 GUI를 보여주고 매트랩에 영상 가져오기와 영상 띄우기를 차례대로 살펴본다. 영상 회전/뒤집기, 크기 조정, 잘라내기 등의 기본 영상 변환을 다루며, 마지막으로 영상을 기록하는 다른 방법을 보여준다. 대부분의 처리를 함께 묶은 실습 예제가 있다.

2장, 그레이스케일 영상의 화소 다루기 영상의 화소 기반 처리 예제를 중점적으로 다룬다. 임계화, 지역이나 전역 명암대비 개선 같은 여러 고전적인 방법으로 영상을 개선하는 처리 방법을 논의한다. 이 장에서 제시된 방법은 매트랩 프로그래밍의 비밀을 친절하게 소개할 여러 기술을 사용한다. 그리고 영상을 개선하는 실전 예제로 마무리한다.

3장, 형태학적 연산과 객체 분석 형태학적 영상 분석 방법의 기본을 살펴본다. 임계화 방법을 이용해 그레이스케일 영상에 이진화를 수행하는 방법을 알아보고, 관심 있는 특별한 영상 영역을 선택하고 조작할 수 있도록 에지 검출을 비롯한 다른 형태학적 연산자를 제시해 설명한다. 또한 영상 내 코너, 원, 선을 자동으로 검출하는 기술을 알려주며, 모든 기술은 여러 실습 예제를 통해 생생하게 보여준다.

4장, 컬러 영상 다루기 앞 장에서 다뤘던 방법들을 컬러 영상으로 확장해 살펴본다. 그레이스케일로 다뤘던 몇 가지 처리를 컬러 영상처리로 다시 살펴본다. 매트랩에서 서로 다른 컬러 공간과 그 장점을 컬러 영상 개선에 관한 예제로 설명한다. 조명과 컬러를 분리할 수 있는 방법과 독립적으로 처리하는 방법을 배울 수 있다. 컬러 분리 기술을 실전 예제를 통해 설명한다. 마지막으로 인기 있는 응용인 사진 내 적목 교정을 이전 장에서 언급했던 몇 가지 방법을 사용해 만들어 본다.

5장, 2차원 영상 필터링 영상 디블러링과 샤프닝 같은 영상 필터링과 관련이 있는 좀 더 복잡한 문제를 살펴본다. 또한 영상 잡음을 제거하는 더 정교한 기술을 알아보고, 좀 더 흥미롭고 재미있는 예제로 경험을 더 깊이 즐길 준비를 시작한다. 특정 영상 영역을 개선하거나 부드럽게 하기 위해 일부 필터를 지역적으로 적용한다.

6장, 예술 과학을 위한 영상 혼합 당신의 내면의 예술과 과학적 본능을 일깨워준다. 과학적 시각화를 위해 다중 분광 영상의 채널을 합성하는 기술을 살펴본 후, 예술적인 결과를 만들기 위해 영상 섞기나 영상 잇기를 하는 실습 예제로 재미를 선사한다. 매트랩에서 예술적인 HDR^{High Dynamic Range} 영상을 생성할 수 있으며, 끝으로 파노라마 영상을 생성하는 간단한 방법을 제시한다.

7장, 움직임 추가 - 정지 영상에서 디지털 비디오로 지금까지 습득했던 지식에 기반을 둔 비디오 처리를 알아본다. 정지 영상으로 비디오를 생성할 수 있다는 사실은, 더 나은 기본 개념을 이해하는 데 도움을 준다. 따라서 매트랩에서 기본 비디오 프레임 처리를 다룬 후 비디오를 불러오고 재생할 수 있는 방법을 보여주고, 정지 영상으로 비디오를 어떻게 생성하는지 알려준다. 타임 랩스 비디오 구성을 기본 실습 예제로 돌려볼 수 있다.

8장, 비디오 취득과 처리 매트랩의 영상 취득 도구 기능을 살펴본다. 카메라로 비디오를 촬영하고, 매트랩에 들어 있는 특별한 GUI 도구를 이용해 컴퓨터를 디지털 비디오 레코더로 사용하는 방법에 관한 단계별 예제를 제공한다. 또한 비디오 압축과 기본 컬러 비디오 처리 기술을 성능 문제에 관한 논의와 함께 보여준다.

9장, 시공간 처리 명령행 조작과 비디오 처리를 알아본다. 매트랩에서 기본 비디오 프레임 조작을 다룬 후 인트라 프레임과 인터 프레임 혹은 혼합 기술을 사용한 비디오 디인터레이싱 방법을 살펴본다. 시공간 비디오 필터링 개념을 잡는 데 도움을 주는 실습 예제도 제공한다.

10장, 입문자에서 전문가로 – 움직임과 3D 처리 비디오에서 움직임을 검출하는 방법을 알아본다. 기본 지식에 바탕을 두고, 매트랩에서 간단한 감시 시스템을 만드는 핵심을 설명한다. 매트랩 툴박스 중 하나에 포함된 인기 있는 옵티컬 플로우 알고리즘을 이용한 기본 움직임 추정도 알아본다. 비디오 안정화를 위한 예제를 살펴보고, 마지막에 3차원 비디오 예제를 소개하며 일반 비디오를 3D 비디오로 변환하는 매우 기본적이고 재미있는 예제를 다룬다.

준비 사항

이 책에서 읽은 내용을 실습하려면 매트랩이 설치돼 있는 컴퓨터가 있어야 한다. 이 책의 그림은 이 책을 쓰는 시점에서 가장 최신 버전인 매트랩 버전 R2012b에서 캡처했다. 매트랩도 프로그래밍 언어이므로, 버전에 따라 R2012b가 다르게 결과가 나올 수 있으나 걱정할 필요는 없다. 이 책에서 다루는 내용은 상당 부분 이전 버전과 100% 호환된다. 드문 경우라면 새로운 기능을 사용할 때인데, 이전 버전의 대안적인 해결책을 제시한다.

다만 설치한 매트랩 버전에서 최소한 영상처리와 비디오 처리용 기본 툴박스인 영상 처리 툴박스와 영상 취득 툴박스는 포함해야 한다. 또한 이름이 컴퓨터 비전 툴박스인 추가 툴박스는 비디오 처리에서 매우 작은 부분에 사용한다. 툴박스는 특별한 목적으로 이미 만들어진 함수 모음집이다. 프로그래밍에 익숙하다면 라이브러리로 생각할 수 있다. 매트랩 설치본에 포함한 툴박스는 많은 기능 환경을 제공한다. 이 책의 코드 대부분은 설치본과 앞에서 언급했던 두 툴박스에 들어 있는 기본 매트랩 함수에 기반을 둔다.

이 책의 대상 독자

매트랩 관련 지식이 얕거나 거의 없지만, 매트랩을 일상적인 영상이나 비디오 에디터의 대안이나 대체 솔루션으로 사용하고 싶어하는 초보 프로그래머에게 매우 유용하다.

이 책을 시작하기 전에 해야 할 유일한 일은 이 책의 자료를 더 쉽게 이해하기 위해 영상처리와 비디오 처리에 관한 기본적인 지식을 미리 쌓는 것이다. 약간의 기본 프로그래밍 경험이 있다면 도움이 되지만 필수는 아니다. 대부분의 내용은 밑바닥부터 시작하기 때문이다.

편집 규약

이 책에는 여러 가지 제목이 나타난다.

절차나 작업을 완료하는 방법에 관한 지침을 명확하게 제공하기 위해 다음과 같이 사용한다.

실습 예제 | 제목

1. 실습 1
2. 실습 2
3. 실습 3

지침을 이해할 수 있도록 약간의 추가 설명이 필요하다면, 다음과 같이 한다.

보충 설명

막 완료한 작업이나 지침 내역을 설명한다.

또한 아래와 같이 이 책의 다른 학습 보조를 찾을 수 있다.

깜짝 퀴즈 | 제목

자신이 이해한 것을 테스트할 수 있도록 돕는 간단한 객관식 질문이 있다.

도전 과제 | 제목

이 실전적인 도전 과제는 지금까지 배운 내용을 실험할 수 있는 의견을 제공한다.

이 책에서는 정보의 종류를 구분하기 위해 여러 가지 편집 규약을 사용했다. 각 사용 예와 의미는 다음과 같다.

본문에서 코드 단어는 다음과 같이 표시한다.

"Adaphisteq는 전역 히스토그램 평활화를 수행한다."

코드 블록은 다음과 같이 표시한다.

```
function [output] = CroppedContrastEnhancement(input,method)

% Function that performs area-based image contrast enhancement with
% methods incorporated in MATLAB toolboxes
% Inputs:
%           input  - Input image
%           method - Enhancement method (1: histeq, 2: imadjust,
%                                        3: adapthisteq)
% Output:
%            output - Output image (with enhanced contrast)
```

코드 블록에서 특정 부분을 강조하고 싶을 때는 관련된 행이나 항목을 굵게 표시한다.

```
img = imread('my_image.bmp'); % 영상 읽기
subplot (1,2,1) % 두 영상을 넣을 그림창 열기
```

```
imshow(img) % 원 영상 보여주기
title ('Original image') % 제목 추가
threshold = 150; % 임계 레벨 설정
img(img > threshold) = 255; % 150 이상이면 255로 설정
img(img <= threshold) = 0; % 150 미만이면 0으로 설정
img = logical(img); % img를 이진으로 변환
subplot (1,2,2) % 두 번째 영상이 있는 곳을 활성화
imshow(img) % 임계화 후의 영상 보여주기
title ('Thresholded image') % 제목 추가
```

메뉴 혹은 대화 상자에 표시되는 단어는 다음과 같이 표시한다.

"왼쪽에 있는 두 번째 아이콘을 클릭해 Inspect Pixel Values를 선택한 후, 빨간 끝부분 중 하나에 커서를 올린다."

 경고나 중요한 노트는 박스 안에 이와 같이 표시한다.

 팁과 트릭은 박스 안에 이와 같이 표시한다.

독자 의견

독자로부터의 피드백은 항상 환영이다. 이 책에 대해 무엇이 좋았는지 또는 좋지 않았는지 소감을 알려주기 바란다. 독자 피드백은 독자에게 필요한 주제를 개발하는 데 매우 중요하다.

일반적인 피드백을 우리에게 보낼 때는 간단하게 feedback@packtpub.com으로 이메일을 보내면 되고, 메시지의 제목에 책 이름을 적으면 된다. 여러분이 전문 지식을 가진 주제가 있고, 책을 내거나 책을 만드는 데 기여하고 싶으면 www.packtpub.com/authors에서 저자 가이드를 참조하기 바란다.

고객 지원

팩트출판사의 구매자가 된 독자에게 도움이 되는 몇 가지를 제공하고자 한다.

예제 코드 다운로드

이 책에 사용된 예제 코드는 http://www.packtpub.com의 계정을 통해 다운로드할 수 있다. 다른 곳에서 구매한 경우에는 http://www.packtpub.com/support를 방문해 등록하면 파일을 이메일로 직접 받을 수 있다. 또한 에이콘출판사의 도서정보 페이지인 http://www.acornpub.co.kr/book/matlab에서도 예제 코드를 다운로드할 수 있다.

컬러 이미지 다운로드

이 책의 4장과 6장에서 사용된 스크린샷과 다이어그램의 컬러 이미지를 제공한다. 컬러 이미지는 결과물의 변화를 이해하는 데 도움이 될 것이다. 에이콘출판사의 도서정보 페이지인 http://www.acornpub.co.kr/book/matlab에서 컬러 이미지를 다운로드할 수 있다.

오탈자

내용을 정확하게 전달하기 위해 최선을 다했지만, 실수가 있을 수 있다. 팩트출판사의 책에서 코드나 텍스트상의 문제를 발견해서 알려준다면 매우 감사하게 생각할 것이다. 참여를 통해 다른 독자에게 도움을 주고, 다음 버전에서 책을 더 완성도 있게 만들 수 있다. 오자를 발견한다면 http://www.packtpub.com/support를 방문해 이 책을 선택하고, 정오표 제출 양식을 통해 오류 정보를 알려주기 바란다. 보내준 내용이 확인되면 웹사이트에 그 내용이 올라가거나, 해당 서적의 정오표 섹션에 그 내용이 추가될 것이다. http://www.packtpub.com/support에서 해당 타이틀을 선택하면 지금까지의 정오표를 확인할 수 있다. 한국어판은 에이콘출판사 도서정보 페이지 http://www.acornpub.co.kr/book/matlab에서 찾아볼 수 있다.

저작권 침해

저작권 침해는 모든 인터넷 매체에서 벌어지고 있는 심각한 문제다. 팩트출판사에서는 저작권과 라이선스 문제를 아주 심각하게 인식하고 있다. 어떤 형태로든 팩트출판사 서적의 불법 복제물을 인터넷에서 발견했다면 적절한 조치를 취할 수 있게 해당 주소나 사이트 명을 즉시 알려주길 부탁한다. 의심되는 불법 복제물의 링크를 copyright@packtpub.com으로 보내주기 바란다. 저자와 더 좋은 책을 위한 팩트출판사의 노력을 배려하는 마음에 깊은 감사의 뜻을 전한다.

질문

이 책에 관련된 질문이 있다면 questions@packtpub.com을 통해 문의하기 바란다. 최선을 다해 질문에 답해 드리겠다. 한국어판에 관한 질문은 이 책의 옮긴이나 에이콘출판사 편집 팀(editor@acornpub.co.kr)으로 문의해주기 바란다.

1

기본 영상 조작

매트랩(MATLAB)은 처음 릴리스된 후부터 기술 컴퓨팅과 과학 프로그래밍에 관련됐었다. 규모가 큰 학계와 활발한 커뮤니티에서 폭넓게 활용했기 때문에 방대하고 다양한 분야에 솔루션을 제공하는, 용도가 다양한 다목적 도구로 성장했다. 과학 애플리케이션을 위한 영상처리와 비디오 처리에 사용하면서 한동안 인기를 누렸다. 광범위한 범위를 목표로 한 최신 버전에는 사용자에게 많이 친숙한 처리 도구가 들어 있다. 행렬 조작과 영상에 특화된 프로그래밍 환경은 행렬 밖에 없으므로, 영상처리를 위한 매트랩의 유용함을 따로 설명할 필요가 없다.

1장에서 매트랩을 이용한 가장 기본적인 영상 조작을 소개한다. 밑바닥부터 모든 것을 다루므로 매트랩을 이전에 사용해본 경험을 요구하지는 않는다. 기본 프로그래밍을 조금이라도 이해하고 있다면 더 좋다.

1장에서 다음과 같은 내용을 구체적으로 다룬다.

- 매트랩 환경의 기본 세부 사항이며, 특히 이 책에서 광범위하게 사용함
- 매트랩을 이용해 영상을 불러오고, 띄우고, 저장하는 다양한 방법
- 매트랩으로 다룰 수 있는 가장 기본적인 영상 조작, 즉, 회전, 잘라내기와 크기 조정

자. 시작해보자.

매트랩 환경과 친숙해지기

매트랩으로 작업을 시작할 수 있도록 시스템에 매트랩을 설치해야 한다. 설치는 매우 직관적인 과정이므로 여기서는 다루지 않는다. 확실히 해야 하는 유일한 점은 설치판에 이 책의 목표에 필요한 영상처리Image Processing와 영상 취득Image Acquisition 툴박스를 포함해야 한다는 것이다. 마지막에 있는 몇몇 예제를 돌리기 위해서는 컴퓨터 비전 시스템 툴박스Computer Vision System Toolbox가 필요할 수도 있다. 매트랩 버전은 2012b이며, 책을 집필하는 시점에서 사용할 수 있는 최신 버전이다.

 이 책에서 다룬 함수와 처리는 교정 과정에서 매트랩 2013a로도 테스트했었으며, 아무런 문제없이 작동한다.

매트랩 2012b를 연 후에 처음 보이는 것은 다른 창과 다양한 툴바가 있는 리본으로 구성된 창이다. 많은 처리의 집합을 그룹화한 리본은 입문자에게 도움을 줄 수 있다. 다만 사용자가 더 많은 경험을 쌓았을 때 혼란스러울 수가 있다. 이런 이유로 1장에서 몇 가지 세부 사항만 제공한다. 상당한 시간 절약과 더불어 디지털 미디어 처리에 관련된 제약이 있는 리본을 광범위하게 사용함을 피하고자 한다. 매트랩 환경에 있는 하위 창은 이 책의 기본 도구이며, 이외에 매트랩 편집기가 있는데 자신만의 스크립트와 함수를 작성하는 기본 핵심 도구다.

환경의 기본 하위 창

매트랩을 사용했을 때 처음 접하는 설정 창은 다음과 같다.

- Command 창
- Workspace 창
- Command History 창
- Current Folder 창
- Detail 창

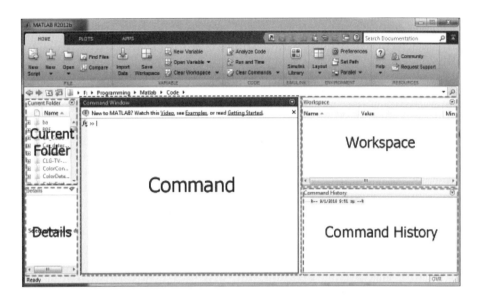

 매트랩 2012b의 환경은 이전 버전과 비교해 상당히 변경되었음을 주목할 필요가 있는데, 주로 마이크로소프트 오피스 2007에 사용되는 리본을 닮은 리본 메뉴를 포함했기 때문이다. 이 책에서 설명하는 대부분의 처리는 명령행 사용에 기반을 두기 때문에 이전 버전의 사용자는 예제를 따라하는 과정에서 문제가 발생하지 않는다.

Command 창

매트랩을 사용하는 시간의 대부분은 아마도 명령행에서 명령어를 입력할 때 소요될 것이다. Command 창에 있는 명령행은 툴박스로 구성한 모든 설치된 함수 목록을 갖는 기호인 fx로 시작하며, fx를 클릭할 수 있다. fx 기호 옆은 프롬포트 기호인 >> 이며, 옆에는 명령어를 입력할 수 있는 곳에 깜박이는 커서가 있다. 이 책의 프롬프트 기호는 명령행에서 작성하는 모든 코드보다 앞에 있어야 한다.

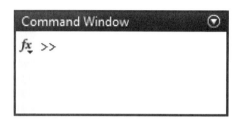

사용할 수 있는 명령어는 모든 내장 매트랩 함수다. 대부분은 행렬을 조작할 때 도움을 준다(따라서 이름은 MATrixLABoratory다). 이 책에서는 영상을 조작하는 함수를 주로 사용하며, 영상처리image processing와 영상 취득 툴박스image acquisition toolbox에 포함되어 있다.

Current Folder 창

Current Folder 창은 기본적으로 윈도우 탐색기를 닮은 파일 관리자다. 작업에 사용하고 싶은 파일을 찾을 때 컴퓨터의 폴더를 통해 이동할 수 있다. 예를 들면 영상을 불러오는 것이다. 기본으로 매트랩은 현재 폴더의 내용과 현재 폴더 안에 있는 다수의 폴더에 접근할 수 있다. 설치하는 동안에는 설치된 툴박스가 들어 있는 모든 폴더를 매트랩의 경로에 추가한다.[1] 따라서 현재 폴더와 상관없이 폴더에 포함된 함수와 파일에 접근할 수 있다.

Details 창

Details 창도 유익하며, Current Folder 창에서 선택한 파일에 관한 정보를 표시한다. 매트랩은 선택한 파일을 인식했을 때만 Details 창에 표시한다.

---

1 매트랩의 경로를 정확히 말하면 매트랩 탐색 경로(MATLAB search path)이다. 매트랩의 **File > Set Path** 메뉴를 클릭해 나타난 창에서, 매트랩 탐색 경로에 폴더를 직접 추가할 수 있다. – 옮긴이

Workspace 창

Workspace 창은 현재 모든 변수의 상수를 볼 때 사용한다. 변수의 이름, 타입 외에 적용할 수 있는 최솟값과 최댓값에 관한 정보를 제공한다.

리본

기본 매트랩 처리의 모음집을 포함한 리본은 매트랩 환경 창의 상단에 위치한다. 최신 그래픽 사용자 인터페이스 경향에 기반을 두며, 2007년 버전 이후의 마이크로소프트 오피스 소프트웨어 제품에 사용된 리본과 비슷하다. 리본에는 세 가지 주요 탭이 있다.

- HOME
- PLOTS
- APPS

다음 절에서 세 가지 탭을 간략하게 설명한다.

HOME 탭

HOME 탭은 매트랩에서 사용하는 가장 기본적이면서 일반적인 프로세스를 갖는다. 이 책에서는 일부만 필요하다.

위 그림에 보듯이 현재 HOME 탭에는 프로세스의 여섯 가지 주요 그룹인 FILE, VARIABLE, CODE, SIMULINK, ENVIRONMENT, RESOURCE가 있다.

여섯 가지 그룹 중 매트랩 파일을 생성하거나 열기 위한 FILE 그룹 프로세스는 분명히 필요하다. 매트랩 2012b에 새롭게 추가된 VARIABLE 그룹은 직관적이지만, 여전히 변수 생성에 불필요한 방법이다. CODE 그룹은 코드 분석에 유용하며, SIMULINK 그룹은 도구에 사용되지만 이 책에서는 다루지 않는다. ENVIRONMENT 그룹은 매트랩 환경 설정을 수정하는 방법이며, 끝으로 RESOURCES는 온라인과 오프라인 도움말을 찾기 위한 프로세스다.

PLOTS 탭

PLOT 탭은 플롯 변수를 지원하는 도구다. 전통적인 플로팅 기능(예, x과 y 좌표로부터 그래프 생성) 외에, 변수에 저장된 영상을 보여주고 심지어 변수에 저장된 비디오를 재생하는 대안적인 방법으로 사용할 수도 있다.

APPS 탭

새롭게 추가된 APPS 탭은 명령행에서 이름을 입력하는 대신에 아이콘을 클릭하여 기본적인 매트랩 도구에 빠르게 접근하는 방법을 제공한다. 디지털 미디어 처리에 유용한 Image Acquisition 혹은 Image Viewer 도구에 빠르게 접근할 때 사용할 수 있다.

편집기

환경을 처음 열면 보이는 기본 창 외에는 매트랩에서 가장 중요한 도구인 편집기다. 편집기를 다양한 방법으로 편집기를 호출할 수 있으며, 무엇을 수행하느냐에 따라 다르다.

- HOME 탭의 New Script 아이콘을 클릭한다.

- HOME 탭의 New 아이콘을 클릭한 후, 첫 네 가지 선택 사항인 Script, Function, Example, Class 중 하나를 클릭한다.

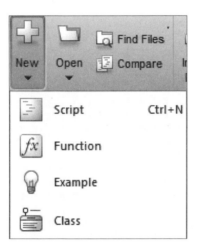

- HOME 탭의 Open 아이콘을 클릭한 후, Open...을 클릭해 컴퓨터에서 .m 확장자(매트랩 코드)를 갖는 파일을 찾거나 RECENT FILES 목록에 있는 파일을 선택한다.

EDITOR 창

일단 이전에 언급했던 방법 중 하나로 편집기를 호출하면 새로운 창이 나타난다. 이 창에서 강력한 코드 편집기를 사용해 코드를 작성하고, 고치고, 저장할 수 있으며 여기서 상세하게 설명하지는 않는다. 도구의 기능을 충분히 이해하려면 매트랩에서 코드를 작성하는 방법을 먼저 배워야 한다.

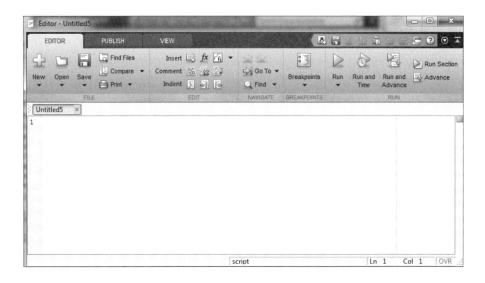

영상을 가져온 후 띄우기

지금까지 사용할 대부분의 메뉴와 창을 봤으니 가장 기본적인 영상처리부터 시작하자. 매트랩은 행렬로 작업하는 컴퓨팅 언어다. 따라서 영상으로 작업하려면 매트랩의 행렬 변수로 가져와야 한다. 이를 수행하는 여러 가지 방법이 있다. 여기서는 가장 실용적인 방법을 살펴본다.

명령행을 이용해 영상을 가져온 후 띄우기

영상처리 툴박스를 포함한 거의 모든 버전의 소프트웨어와 호환되는 매트랩에서 영상을 가져오는 가장 일반적인 방법은 명령행을 이용하는 것이다.

명령행에서 매트랩에 설치된 함수를 호출하는 명령어를 입력할 수 있다. 이런 함수는 적합한 입력을 받아 적절한 결과를 제공할 수 있는 블랙박스로 생각할 수 있다.

영상을 가져올 때 사용하는 매트랩 함수는 imread다. imread를 사용하는 가장 쉬운 방법은 명령행에서 입력한 후 영상의 경로를 입력 문자열로 전달한다. 영상을 매트랩 작업공간workspace의 변수로 가져온다. 변수명은 결과에 이름을 할당함으로써 정의된다. 일단 수행했다면 imshow를 사용해 영상을 띄울 수 있다. imshow 함수는 영상인 행렬 변수를 띄우도록 설계됐다. 명령행을 이용해 첫 영상을 가져오고 띄울 수 있는 방법을 살펴보자.

실습 예제 | 영상을 가져온 후 띄우기

매트랩에서 가져온 후 띄우려는 my_image.bmp라는 영상을 갖고 있다고 가정하자. 다음과 같이 단계별로 수행한다.

1. 이 영상을 갖는 현재 폴더(Current Folder 창에서 현재 폴더의 내용이 나타남)인지 반드시 확인한다. 아니라면 현재 폴더에 복사하거나 영상이 들어 있는 폴더를 선택한다.

2. 명령행에서 뭔가를 쓸 수 있도록 Command 창 영역을 클릭한다. 일단 명령행에서 커서가 깜빡인다면 입력할 준비가 된다.

3. 명령행에서 다음과 같이 명령어를 입력한다.

```
>> img = imread('my_image.bmp');
>> imshow(img)
```

4. 선택한 영상을 띄우는 창이 나타나야 한다. 최대화, 최소화 혹은 기호에 따라 창의 크기를 조절할 수 있다.

보충 설명

앞 절에서 수행한 단계에서 두 개의 사전 정의 함수를 사용했는데, 하나는 영상을 열고[imread] 다른 하나는 영상을 띄운다[imshow]. 1단계는 파일을 찾기 위한 것이며 imread의 전제 조건이다. 영상이 들어 있는 폴더를 찾는 대신에 입력으로 주어진 파일 이름에 전체 경로를 붙일 수 있다. 이런 경우 예로 영상이 들어 있는 폴더가 C:\images\라면 첫 번째 명령어는 다음과 같다.

```
>> img = imread('C:\images\my_image.bmp');
```

어떤 방법이든 imread는 img 변수에 영상을 저장하며, 행렬의 크기는 영상의 크기와 동일하다.

 앞 예제에서 사용했던 영상은 이 책에 걸쳐 사용하는 모든 영상 및 비디오와 마찬가지로 내 웹사이트에서 찾을 수 있으며, URL은 http://www.cvrlab.com/gsiokas/다.

imtool을 이용해 영상을 가져온 후 띄우기

명령행 이용은 영상을 열고 띄우는 유일한 방법이 아니다. 매트랩은 imtool이라고 하는 기본 영상처리 도구도 제공한다. 이 도구는 명령행에서 해당 이름을 입력하거나 APPS 탭의 리본에 있는 해당 아이콘을 클릭해 호출될 수 있다. imtool 호출을 선택한다면, 기본 영상 선택 사항이 들어간 새로운 창이 열린다.

imtool에서 영상을 열려면 File을 클릭한 후, 폴더를 탐색하는 Open...을 클릭한 다음에는 선택할 영상을 불러와야 한다. 이름이 my_image.bmp인 이전과 동일한 영상으로 작업하자. 일단 imtool에서 영상을 열었다면 툴바에 있는 도구의 대부분 사용 가능한 기능을 보고 접근할 수 있다. 왼쪽부터 오른쪽으로 시작하는, 툴바에 나타난 아이콘은 다음과 같이 사용할 수 있다.

- 스몰러[2]를 이용한 영상 탐색, 개요 창
- 선택한 이웃의 화소값 조사
- 영상 정보 표시
- 영상 대비 조정
- 도움말 보기
- 영상 잘라내기
- 거리 측정
- 확대/축소
- 영상을 판으로 드래그
- 마우스 움직임을 통한 대비/밝기 조정
- 표시 영상의 크기 변경 100%

---

2 스몰러(smaller)는 저자가 정의한 용어며, 가져온 영상을 작게 만든 결과인 영상을 새로운 창(개요 창)에 띄운다. – 옮긴이

이제 imtool로 무엇을 할 수 있는지 알았으니 영상에 관한 정보를 좀 더 알아보자. 영상의 컬러, 깊이, 크기, 조사하고 싶은 구역 주변의 화소값과 영상 내 일부 점 쌍 간의 거리(화소)를 알고 싶다고 가정한다면 다음과 같이 단계를 밟아야 한다.

1. 영상에 관한 정보를 표시하는 왼쪽에서 세 번째인 아이콘( )을 클릭한다. 영상에 관한 많은 정보를 나타내는 새로운 창을 볼 수 있으며, 영상의 너비, 높이와 비트 깊이를 포함한다.

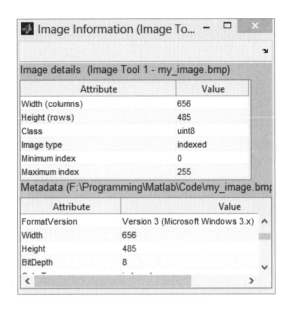

2. 쉽게 작업하려면 플러스 기호(🔍)로 확대경을 사용해 먼저 확대해야 한다. 이동 트랙(영상의 상단)을 포함하는 구역에서 확대해보자.

3. 그러면 🖼을 클릭한 후 파란 십자가를 배치하면 트랙의 영상에 나타난다. 십자가로 선택한 작은 구역의 화소값을 이제 볼 수 있다. 트랙의 옆을 드래그해 선택한 영역을 확대하면 값이 보이지 않는다. 다만 여전히 영상의 세부 사항을 조사할 수 있다.

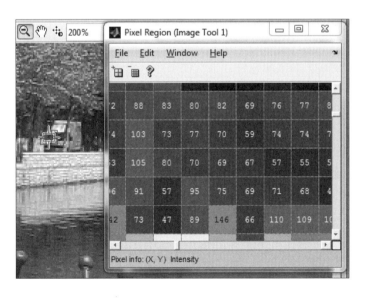

4. 확대한 트랙의 차원을 지금 측정해보자. 세부 사항을 보고 싶은 만큼 확대한 후 ⬚을 클릭한다.

5. 두 점 간의 길이를 측정하기 위해 첫 번째 점에 마우스의 왼쪽 버튼을 클릭한 후 왼쪽 마우스 버튼을 클릭한 채 유지하면서, 두 번째 점으로 커서를 이동한 다음에 마우스 버튼을 뗀다. 선택한 두 점 간의 선을 그린 후 레이블을 배치하고, 화소 내 두 점 간의 거리를 표시한다. 트랙의 차원을 측정하기 위해 이 과정을 반복하자.

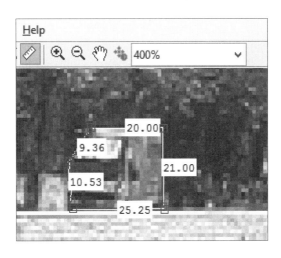

6. 이제 필요했던 거리를 측정했다. 겹친 거리 측정이 있는 결과 영상을 저장하고 싶을 수 있다. 처리한 영상을 새로운 창에 띄우기 위해 File을 클릭한 후 Print to Figure를 클릭한다. 그 다음에는 저장하려는 영상의 이름과 타입을 선택할 기회를 제공하는 File ❯ Save As를 찾는다.

보충 설명

앞에 설명한 과정은 일반적으로 영상을 개선하고 분석하는 작업을 하는 사람에게 유용하다. 영상처리에서 컬러 값에 관한 내용이나 거리에 관한 측정 등 영상을 종종 조사할 필요가 있다. 영상 영역 분석은 결과를 다른 데에 전달하기 위해 쉽게 추출할 수 있어야 한다. imtool은 이런 기능을 포괄한다. 이번 예제에서 기대하는 값(8비트 깊이는 0부터 255까지의 값임을 의미함)이 무엇인지, 영상 차원이 어떤지에 관한 아이디어를 제공하는 영상 정보 아이콘을 사용했다. 그 다음에는 배치한 후 확대/축소와 화소값 조사 도구를 사용해 선택한 영역을 조사했다. 영상의 실제 부분을 결정했을 때, 화면에서 선택한 객체의 차원을 보기 위한 거리 측정 도구를 사용했다. 끝으로 개량한 결과를 Print to Figure 기능을 사용해 선택했던 포맷인 새로운 영상으로 내보냈다.

기하학적 변환 적용

앞에서 Command 창을 사용해 영상을 열고 띄우는 방법을 익혔다. 이제 기본 기하학적 변환을 영상에 적용하고 원 영상과 함께 띄우는 방법을 배울 때다. 기하학적 변환은 아마도 모든 영상 편집기의 가장 범용적인 기능이겠지만, 이에 상관없이 가장 기본이다. 영상의 내용을 일반적으로 수정하지 않지만, 영상 회전이나 좌우 뒤집기 같은 처리를 수행하도록 실제로 화소의 격자를 변경한다. 영상 잘라내기와 크기 조정도 둘 다 기본 기하학적 변환이다. 이번 절에서는 모든 이런 변환을 매트랩으로 어떻게 달성할 수 있는지를 보여준다.

영상 회전 수행

영상 회전의 경우 imrotate 함수를 사용한다. 한 번 더 Command 창에서 작업하며, 변환을 수행하는 이 함수를 입력해야 한다. 이번 한 번만 단일 창에 결과를 띄우기 위해 명령행을 좀 더 사용한다.

실습 예제 | 영상을 회전한 후 결과를 띄우기

회전부터 시작해서 영상을 띄우자. 보이는 경로에 있는 영상의 문제를 해결했다고 가정하고, 다음과 같이 단계별로 수행한다.

1. 영상을 연다. 이전의 명령어를 사용하자.

   ```
   >> img = imread('my_image.bmp');
   ```

2. 이제 imrotate를 이용해 영상을 회전한다. 영상을 90, 180, 270도로 회전을 해본 후, 다른 변수에 각 결과를 저장한다.

```
>> img90 = imrotate(img,90);
>> img180 = imrotate(img,180);
>> img270 = imrotate(img,270);
```

3. 모든 명령어를 정확하게 입력했다면 Workspace 창에서 각 원 영상의 회전
   버전을 갖는 네 가지 변수를 볼 수 있다. 이제 모든 영상을 같은 창에 띄우자.
   Command 창에서 입력한다.

```
>> figure
>> subplot(2,2,1)
>> imshow(img)
>> title('Original Image')
>> subplot(2,2,2)
>> imshow(img90)
>> title('Image Rotated 90 degrees')
>> subplot(2,2,3)
>> imshow(img180)
>> title('Image Rotated 180 degrees')
>> subplot(2,2,4)
>> imshow(img270)
>> title('Image Rotated 270 degrees')
```

다음 그림과 같이 원 영상(회전하지 않았거나 0도로 회전)과 앞에 언급한 세 가지 회전
버전을 띄운 창을 볼 수 있다.

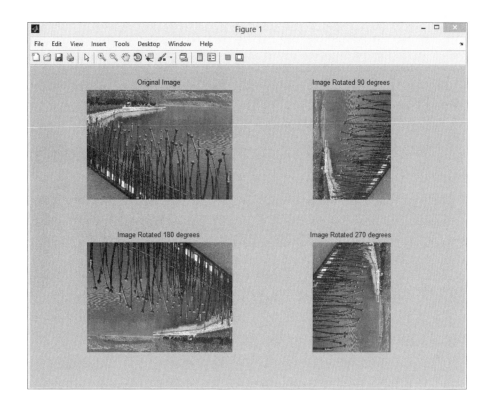

보충 설명

수행한 과정을 두 부분으로 나눌 수 있다. 첫 번째 부분은 2단계에서 일어난 원 영상의 세 가지 회전 버전을 만드는 영상 회전 과정이다. `imrotate` 함수는 영상을 회전하는 두 입력인 영상과 각도를 취한다. 각도는 꼭 90의 배수일 필요가 없다. -360과 360 각도 사이의 어떠한 임의 각도일 수 있다. 덧붙여 시계 반대 방향 방식으로 회전을 수행함에 주목하자. 만약에 시계 방향으로 회전을 시키고 싶다면 `imrotate`의 두 번째 인자인 음수 각도를 사용해야 한다.

이전에 설명한 과정의 두 번째 부분은 생성한 영상을 띄운다. `subplot` 명령어는 m행과 n열로 창을 분할한 후, r번째 위치에 속한 하위 창을 활성화한다. 이 표기법에 따르면 서브플롯 함수를 `subplot(m, n, r)`로 간주한다.

이번 예제에서 2행과 2열을 사용했으므로 첫 두 입력은 2와 동일했다. 세 번째 입력을 매번 변경했으므로 각 서브플롯(imshow 사용)을 다른 하위 창에 배치한 후 영상을 띄웠다. 주목할 만한 다른 부분은 서브플롯의 하위 창을 시계 반대 방향 방식으로 번호를 매겼다는 점이다(즉, 1은 첫 번째 행-첫 번째 열, 2는 첫 번째 행-두 번째 열 등). 끝으로 띄운 정보를 명확하게 하기 위해 title 함수를 문자열 입력으로 써넣길 원하는 메시지와 함께 사용해 띄운 영상 위에 각각 제목을 추가했다.

 다른 창에 영상을 띄우고 싶다면, 각 subplot(m, n, r) 명령어를 figure로 바꿔야 한다. 이 방법이라면 이전에 보여줬던 예제에서는 결국 네 개의 창을 연다.

영상 뒤집기 수행

영상 뒤집기를 수행하려면 fliplr, flipud, flipdim 중 하나를 사용한다. 그레이스케일 영상을 좌우로 뒤집고 싶다면 첫 두 함수를 사용한다. 첫 번째인 flipr은 수직 축으로 영상을 뒤집을 때 사용한다. 영상의 열을 교환하므로, 첫 번째 열은 마지막에 반대가 됨을 의미한다. 마찬가지로 flipud는 수평 축으로 영상을 뒤집을 때 사용한다. 이 두 함수는 입력 행렬이 2차원(즉, 그레이스케일 영상)일 때만 작동한다. 컬러 영상을 다뤄야 할 때는 flipdim을 사용해야 한다. 왜냐하면 두 번째 입력으로 선언한 차원을 받아들여 뒤집기 때문이다.

실습 예제 | 영상을 뒤집은 후 결과를 띄우기

이전에 설명했던 첫 두 함수를 이용해 두 차원에서 영상 뒤집기를 수행해보자. 다시 말하지만 전과 같이 동일한 그레이스케일 영상을 사용한다. 이전 예제의 1단계를 처음부터 반복해서 시작한다면 다음과 같이 단계별로 수행한다.

1. Command 창에서 영상을 왼쪽에서 오른쪽으로, 위에서 아래로 뒤집는 fliplr과 flipud를 사용한다.

```
>> img_lr = fliplr(img);
>> img_ud = flipud(img);
```

2. 다음과 같이 사용해 서로 다른 창에 원 영상과 뒤집은 버전을 지금 띄운다.

```
>> figure, imshow(img)
>> figure, imshow(img_lr)
>> figure, imshow(img_ud)
```

이제 원 영상과 두 뒤집은 영상을 띄운 세 가지 창을 볼 수 있다. 나타난 각 창은 이전 창의 상단에 배치된다. 다음과 같은 결과를 갖기 위해 창을 서로 옆에 놓이도록 마우스로 끌어 놓는다.

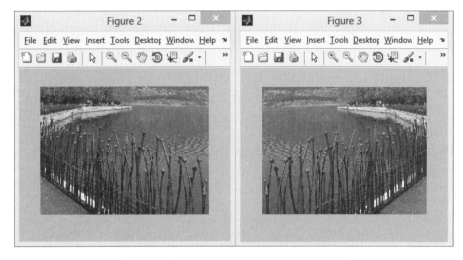

보충 설명

따라한 과정은 대부분 따로 설명할 필요가 없다. 이전과 같이 동일한 영상을 사용해 행렬 변수인 img에 저장한 후, 두 축으로 뒤집기를 수행하는 매트랩의 뒤집는 함수를 사용했다. 그 다음엔 2단계에서 다른 창에 영상을 보여주는 명령어를 실행했다. 같은 줄에서 한 개 이상의 명령어를 작성할 수 있음을 주목하고, 명령어를 콤마(이런 경우, 명령어가 생성한 결과를 Command 창에 출력함)나 세미콜론(Command 창에 아무것도 출력하지 않음) 중 하나로 분리해 제공한다.

도전 과제 | flipdim을 이용한 결과 비교

이제 컬러 영상에 사용할 수 있는 다른 함수를 사용해보자. 이전 예제처럼 같은 결과를 만드는 flipdim을 사용한 후, 하나의 창에서 각각의 제목을 갖는 모든 결과를 어떻게 띄울 수 있을까?

실제로 간단한 과정이며, 이전에 설명했던 일부 단계를 호출한다. Workspace 창에서 아직도 이전 과정의 img_lr과 img_ud를 갖고 있다고 가정한다. flipdim 명령어를 사용해 먼저 영상 뒤집기를 수행한다.

결과는 첫 번째 줄인 왼쪽에서 오른쪽을 뒤집은 영상을 갖는 창이고, 두 번째 줄인 위쪽에서 아래쪽으로 뒤집은 영상을 갖는 창이다. 모두 올바르게 수행했다면, 첫 번째 행의 두 영상은 똑같고, 두 번째 줄에서는 두 영상을 제거해야 한다.

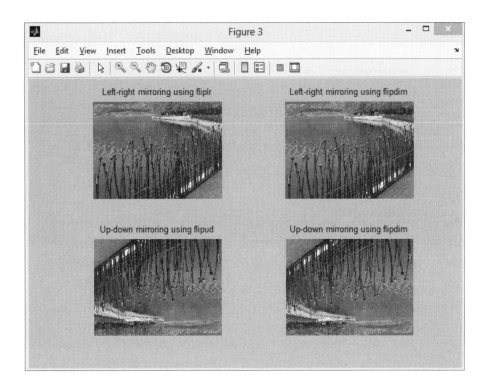

영상 크기 조정

유용한 영상 편집기의 가장 일반적인 기능은 영상 크기 조정image resizing이다. 매트랩도 다를 바 없다. 인기 있는 알고리즘을 이용한 크기 조정 기능을 사용자에게 제공하기 때문이다. 좀 더 구체적으로 말하자면, 매트랩의 영상처리 툴박스는 최소한 두 가지 입력을 받는 imresize 함수를 통합한다. 첫 번째 입력은 크기를 조정하려는 영상을 포함한 행렬 변수고, 두 번째 입력은 크기 조정 인자(원 영상의 크기에 곱함)와 크기 조정된 영상의 행 개수와 열 개수인 두 요소를 갖는 행렬 중 하나다. 예로 240행과 320열인 그레이스케일 영상을 저장한 행렬 A를 갖는다고 가정하자.

원 영상의 절반으로 크기를 조정하고 싶다면, 즉 120행과 320열로 행렬 B에 결과를 할당한다. 그러면 명령행을 통해 다음과 같이 두 가지 동일한 방법으로 할 수 있다.

```
>> B = imresize(A,0.5);
>> B = imresize(A,[120 160]);
```

매트랩 버전 R2007a 이전의 기본 크기 조정 알고리즘과 다르다는 점에 주목하자.[3] 따라서 이전 버전으로 만든 결과로 바꾸고 싶다면, imreize_old 함수를 사용해야 한다.

두 경우의 결과는 정확히 동일하다. 그러나 영상 크기 조정 결과를 얻는 세 번째 방법도 있다.

영상 A의 크기를 조정하고 싶다고 가정하자. 120개의 화소로 구성함을 알고 있는 사전 정의 공간에 수직으로 맞춘다. 이번 경우에는 열의 개수를 정확하게 알 필요가 없으며, 이전에 사용했던 명령어를 대신한다. 다음과 같이 사용할 수 있다.

```
>> B = imresize(A,[120,NaN]);
```

여기서 매트랩이 영상 크기 조정을 수행하는 방법에 대해 간단히 설명한다. 기본 방법은 3차 회선 보간법cubic interpolation이지만, 최근접 이웃nearest neighbor이나 양선형 보간법bilinear interpolation을 사용할 수도 있다. 다른 유효한 선택은 보간 커널이지만, 여기서 다룰 범위가 아니다. 다른 보간 방법을 지정하려면, 호출하는 함수에 세 번째 인자에 추가한다. 예로 이전 예제에서 양선형 보간법을 사용하길 원하면, 다음과 같이 입력한다.

```
>> B = imresize(A,[120,NaN],'bilinear');
```

 함수와 받을 수 있는 다른 입력에 관한 내용을 더 찾고 싶다면, help와 조사하려는 함수 이름을 함께 입력하면 나타나는 매트랩의 명령행 도움말을 활용할 수 있다. 한번 help imresize를 입력해보길 바란다.

---

3 매트랩의 각 버전별로 imresize 함수의 성능을 비교한 결과에 대한 상세한 내용은 http://www.mathworks.co.kr/company/newsletters/articles/new-features-for-high-performance-image-processing-in-matlab.html을 참조하자. – 옮긴이

영상 잘라내기

영상 편집기에 통합된 유용한 도구는 영상 잘라내기다. 매우 일반적인 형태는 사각형 영역을 정의하고 배치하는 수동 도구로 구성한다. 이 과정은 사각형에 자리 잡은 영상의 일부만 포함하는 새로운 영상을 만든다. 명령행에서 imshow를 사용해 영상을 불러와서 띄웠다고 가정한다면, 다음과 같이 입력해 영상을 잘라낸 후 새로운 행렬에 결과를 배치할 수 있다(잘라낸 후 호출하자).

```
>> cropped = imcrop;
```

일단 입력했다면 잘라낼 사각형 영역을 정의하기 위해 마우스를 사용해야 한다. 왼쪽 마우스 버튼을 클릭한 후 결과인 사각형에 만족할 때까지 마우스를 움직이는 동안 누른 채 유지한다. 왼쪽 마우스 버튼을 뗐다면 위치나 크기를 모두 조정할 수 있고, 결과에 납득하면 왼쪽 마우스 버튼을 더블 클릭한다. 이 과정은 사각형 안에 있는 영상의 일부를 잘라낸 행렬에 저장하며, 사각형으로서 동일한 차원을 갖는다.

영상을 잘라내는 다른 방법은 지정한 좌표를 사용해 사각형을 정의하는 것이다. 사전에 잘라내려는 정확한 영역을 알고 있을 때 자주 쓴다. 따라서 imcrop의 두 번째 입력인 인자로 정의할 수 있다. 잘라내려는 영상 A의 사각형 영역에 있는 상단 왼쪽 코너가 화소 (x,y)에 있다고 가정하자. 행 숫자고, y는 열 숫자다. 사각형이 w 화소의 너비와 h 화소의 높이를 갖는다면, 명령행에서 다음과 같이 입력한다.

```
>> cropped = imcrop(A,[y,x,w,h]);
```

 매트랩으로 사각형 좌표를 다루는 방법을 생각했다면 비현실적이다. 필요에 맞게 조정하는 방법을 찾아내야 한다. x_min행에서 시작하고 x_max열에서 끝나며 y_min과 y_max열로 경계를 그은 사각형을 선택하고 싶다고 가정하자. 이런 경우 imcrop의 두 번째 입력은 [y_min x_min y_max-ymin x_max-x_min]이다.

영상 저장

지금까지 매트랩에서 여러 영상 조작을 어떻게 하는지 배웠지만, Command 창을 사용해 결과를 저장하는 방법을 보지 못했다. 사실 이 방법은 굉장히 직관적이다. 지금까지 대부분 설명할 필요 없이 함수를 호출했던 대로, imread처럼 영상을 쓴다면 쉽게 imwrite를 호출할 수 있다.

물론 유용한 영상처리 소프트웨어처럼 매트랩은 저장하려는 영상의 타입에 관한 폭넓은 선택을 제공한다. 사실 JPEG, BMP, PNG, TIFF처럼 알려진 대부분의 영상 포맷을 지원한다. imwrite를 사용하는 가장 일반적인 방법은 세 인자를 취함에 있다. 예로 행렬 변수인 img에 저장된 영상을 동일한 크기의 JPEG 영상으로 저장할 필요가 있다면 다음과 같이 사용한다.

```
>> imwrite(img,'new_image.jpg','JPEG');
```

이 명령어의 결과는 기본 품질 계수quality factor를 이용해 new_image.jpg라는 이름의 JPEG 파일로 저장한다. 압축의 문제는 영상처리에 있어 가장 중요한 부분이므로 사용자는 다른 품질 계수를 선택할 수 있다. 사용자가 높은 품질 계수(0부터 100 중 어떤 정수일 수 있음)를 정의하면, 압축에 따른 영상 열화가 적다. JPEG 영상을 저장할 때 사용자는 컬러 비트 깊이(그레이스케일이면 8, 16 혹은 컬러 영상이면 12), 압축 모드(손실 혹은 무손실)도 정의할 수 있고, JPGE 파일에 주석 저장도 가능하다. 기본으로 영상이 그레이스케일(컬러이면 컬러 채널당 8비트)이면 품질은 75로, 내장된 주석 없이 8비트로 손실 압축해 저장한다.

영상을 JPEG로 저장하되, 품질 계수가 100이고 손실 압축, JPEG에 내장할 주석을 Packt로 한다고 가정한다면 다음과 같이 입력한다.

```
>> imwrite(img,'new_image.jpg','JPEG','Quality',100,'Comment','Packt')
```

지금까지 이해했던 대로 함수에 추가 인자를 전달한다는 자체는 직관적인데, 호출한 입력 값이 무엇인지와 지원되는 값(즉, 받아들일 수 있는 값)이 무엇인지를 제공했기 때문이다.

이전 세 절에서 보여줬던 세 함수를 잘 이해하기 위해 영상의 일부를 선택하고 잘라내는 매우 일반적인 영상처리 훈련 예제를 사용할 수 있다. 그러면 이를 계속해서 원하는 크기로 잘라서 크기 조정한 후 새로운 영상으로 저장한다. 처음에는 이전 영상을 사용한다. 따라서 먼저 할 일은 불러오는 것이다. 전체 과정은 다음 단계별로 설명한다.

1. imread를 이용해 영상을 불러온 후 img 변수에 저장한다.

   ```
   >> img = imread('my_image.bmp');
   ```

2. imcrop을 이용해 영상을 잘라낸 후 cropped 변수에 결과를 저장한다.

   ```
   >> cropped = imcrop(img);
   ```

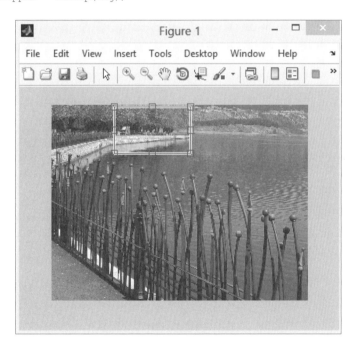

3. 이제 imresize를 이용해 결과 영상을 두 배로 크기 조정한 후, imshow를 이용해 띄운다.

```
>> cropped2 = imresize(cropped,2);
>> imshow(cropped2);
```

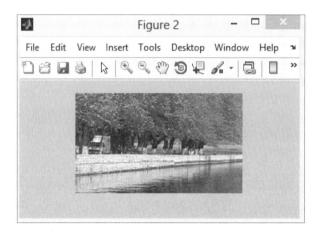

4. 이제 size를 이용해 2와 3단계의 두 영상 크기를 보자.

```
>> size(cropped)
ans=
  114 196
>> size(cropped2)
ans=
  228 392
```

이에 보듯이 크기는 맞다(cropped2는 잘라낸 크기의 2배이며, 114×196 대 228×392임). 이제 imwrite를 이용해 최종 영상을 BMP로 저장할 수 있다.

```
>> imwrite(cropped2,'cropped_image.bmp','BMP');
```

Current Folder 창에 나타난 결과인 BMP 영상을 볼 수 있다.

보충 설명

지금까지는 아마추어 사진 작가의 일상 생활 중 대부분 일반적인 과정의 하나를 수행했을 뿐이다. 1단계에서 불러온 영상을 매트랩의 작업공간에 넣는 것부터 시작했다. 2단계에서 계속해서 선택한 후, 선택한 사각형 영역을 잘라냈다. 원 크기를 2배로 조정한 후에 결과 영상 크기를 확인했다. 끝으로 잘라내고 크기 조정한 결과를 BMP 영상 파일로 저장했다. 이제 더 어려운 작업을 해볼 준비가 됐다.

도전 과제 | 요구에 맞춰 영상을 재단하기

사진을 적당한 방향으로 90도 회전하고, 보존하려는 특정 영역을 잘라내고, 영역을 기울어지지 않을 만큼 회전한 후에 360행(즉, 높이가 360화소인 특정 공간에 맞추고 싶다)으로 크기 조정하는 처리를 원한다고 가정하자. 끝에 고품질인 JPEG로 결과를 저장하고, 읽을 수 있는 주석인 "I just finished Chapter 1장을 막 끝냈다"을 내장하고 싶다. 이런 모든 일을 어떻게 달성할 수 있을까?

우선 당황하지 말자! 1장에서 이런 단계를 모두 다뤘다. 올바른 순서에 따라 정확한 함수를 사용하면 된다.

먼저 가장 쉬운 단계부터 시작하자. 사진을 가져와서 Workspace 창에 넣은 후 띄운다. 결과는 다음 그림과 같게 보일 것이다.

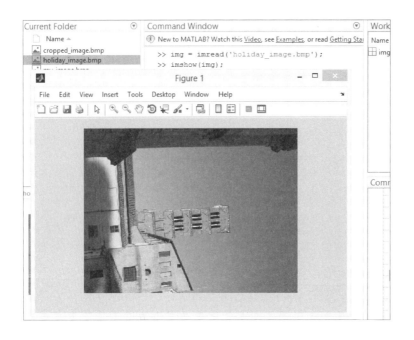

지금 사진을 변수에 저장했으므로 올바른 방향이 되도록 회전할 수 있다. 그러면 imcrop을 사용하기로 하고, 마우스로 영상의 한 영역을 선택하자.

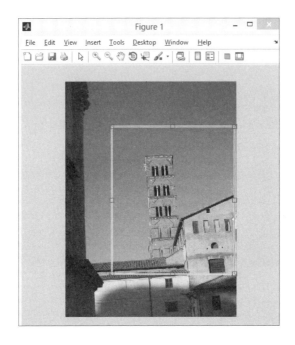

하지만 결과 영상이 기울어졌다! 따라서 바르게 잡아보자. 여기서 시행착오를 거칠 것이다. imrotate로 가능한 다양한 작은 각도 값으로 시도해야 한다. 그러다 보면 만족할 수 있는 결과를 찾는다. 5도 각도로 시계 방향으로 회전하다 보면 이 영상이 잘 보이게 된다. 선택사항으로 같은 창에서 해당 단계를 띄울 수 있는데, 다음과 같은 결과를 얻는다.

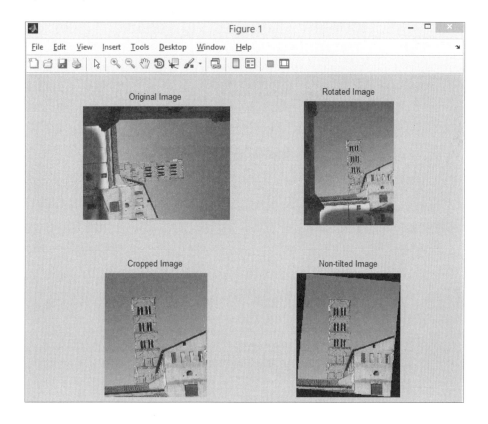

마지막 영상을 볼 수 있는데, 최종 영상은 기울어지지 않았다. 검은 테두리가 나타난 이유는 90의 배수가 아닌 각도로 회전했기 때문이다. 이는 정확하게 원하는 영상 일부를 유지하는 다른 잘라내기 단계가 필요함을 의미한다. 마음에 들도록 영상을 편집한 후 imresize를 이용해 영상 크기를 조정한 다음에는 두 번째 입력에 원하는 영상의 행 수를 선언한다. 끝으로 imwrite를 이용해 미리 정의한 포맷으로 영상을 저장할 수 있다.

imrotate에 사용한 회전 기본 방법은 최근접 이웃이다. 90도의 배수가 아닌 각도로 영상을 회전했을 때, 이 방법은 다소 만족스럽지 않은 결과를 만든다. 더 좋은 결과를 만들고 싶다면 다음과 같이 세 번째 입력에 다른 방법을 넣을 수 있다.

```
>> img90c2 = imrotate(img90c,-5, 'bicubic');
```

깜짝 퀴즈 | 매트랩을 이용한 영상처리

퀴즈 1. 매트랩은 여러 이유로 영상처리 용도로는 아주 좋은 선택이다. 다음과 같은 이유가 타당한지 대답해보자.

1. 매트랩은 영상을 행렬로 표현하고, 대부분의 변수를 행렬로 취급한다.
2. 매트랩은 오픈소스이며 아무나 사용할 수 있다.
3. 매트랩은 툴박스 모음집을 갖고 있으며, 영상 소작을 위한 강력하고 나양한 유용한 툴을 제공한다.
4. imrotate 함수는 시계 방향 기능으로 영상을 회전한다.

요약

1장에서는 기본 소프트웨어로 할 수 없었던, 추가 파라미터화 선택을 제공하는 매트랩으로 일상적인 편집 도구를 대신할 수 있는 방식을 가볍게 살펴보았다. 구체적으로 다음과 같이 기본적인 방법을 배웠다.

- 매트랩에서 명령행을 사용해 영상을 가져온 후, 띄우기
- imtool을 이용한 영상 가져오기, 띄우기, 조작과 저장
- 명령행에서 회전, 상하 뒤집기나 좌우 뒤집기
- 함수를 이용한 영상 잘라내기와 크기 조정
- 다양한 포맷으로 영상 저장

이런 과정은 아마추어 사진 작가를 위한 일상적인 영상 조작의 핵심 기능이다. 복잡한 영상처리 작업에 대한 기초를 제공하며, 이 책에 걸쳐 사용한다. 축하한다! 매우 정교한 영상처리 작업으로 올라가기 위해 처음 내딛는 초석을 마련했다. 다른 장에서는 매트랩이 제공하는 몇 가지 매우 복잡한 영상처리를 소개한 후에 비디오 처리로 옮긴다. 필요에 따라 다루는 기술에 관한 빠른 참고서로 사용하거나 미디어 처리 강의에서 하는 것처럼 각 장을 순서대로 읽을 수 있다.

2장은 그레이스케일 화소와 화소값으로 작업을 하는 다른 방법을 소개한다. 끝날 쯤이면 영상의 시각적인 품질을 높이고 개선할 수 있다. 재미있게 즐기길!

2

그레이스케일
영상의 화소 다루기

지금은 매트랩이 제공하는 일부 기본 시각 미디어 프로그래밍을 충분히 살펴봤다. 영상을 가져오고 내보내고, 기본 기하학적 변환과 대부분 기본 영상 편집기에 포함된 작업을 일반적으로 수행하는 방법을 배웠다. 2장에서는 이미 만들어진 함수의 장점을 취해 영상의 화소값을 편집할 수 있는 매트랩 기술 강화부터 시작한다. 또한 스크립트나 함수로 저장하고 실전 예제에 적용하는 자신만의 작은 프로그램 개발부터 시작한다.

2장에서 다음과 같은 내용을 다룬다.

- for 반복문이나 첨자로 영상의 하나 이상 화소값을 조작하는 방법
- 매트랩을 이용해 히스토그램 기반 처리를 수행하는 방법
- 매우 복잡한 처리를 자동화하는 첫 스크립트와 함수를 작성하는 방법

자, 시작해보자!

영상 화소 접근과 화소값 변경

매트랩이 영상을 다루는 방법을 잘 이해하기 위해 Workspace 창의 변수에 저장하는 방법을 다시 복습해야 한다. 1장에서 매트랩의 근원과 왜 영상을 처리하는 이상적인

선택인지 논의했다. 간단한 퀴즈부터 시작하자!

유용한 매트랩의 행렬 조작 속성 사용부터 시작하자. imread 함수를 이용해 영상을 가져온 후, Workspace 창에 넣는 방법을 이미 살펴보았다.

```
>> img = imread('my_image.bmp');
```

영상을 가져오면 Workspace 창의 행렬 변수를 자동으로 만들어낸다. 행렬의 차원 (행, 열, 컬러)은 원 영상과 동일하며 또한 깊이(비트로 주어짐)도 같다. 이번 예제에서 결과 행렬은 485×656이고 타입은 uint8이다. 행렬은 485행과 656열을 갖고, 행렬 값은 0(검정색)부터 255(흰색)까지의 범위를 갖는 8비트 깊이인 unsigned integer임을 의미한다. 물론 Workspace 창에서 특정 영상(0과 255일 필요가 없음)의 최대 화소값과 최소 화소값을 보여준다.

Command Window	Workspace			
>> img = imread('my_image.bmp');	Name ▲	Value	Min	Max
fx >>	⊞ img	<485x656 uint8>	0	255

특정 화소값을 조사하기 위해 명령행에서 영상의 이름과 원하는 화소의 행과 열을 차례대로 입력해야 한다(예, 45행과 150열의 화소).

```
>> img(45,150)
```

입력한 이 명령어는 끝에 세미콜론을 사용하지 않았기 때문에 다음과 같은 결과를 만든다. 명령어에 따른 출력은 다음과 같다.

```
ans =

   63
```

특정 화소를 조사하는 방법을 살펴봤으며, 화소값을 쉽게 변경할 수 있다. uint8 행렬 요소인 [0, 255]에 대한 값을 받아들일 수 있는 범위를 고려하자. 다음과 같이 선택한 화소값을 255로 변경하는, 즉 흰색을 만드는 코드를 입력할 수 있다.

```
>> img(45,150) = 255;
```

물론 한 화소를 변경해도 육안으로는 거의 구별이 불가능하다. 따라서 더 넓은 영역의 화소값을 변경해보면 어떨까? 예로 20×20 화소 크기의 창을 들 수 있다. 시작할 때 조금 더 복잡해진다. 이런 작업을 수행하는 두 가지 방법인 for 반복문과 매트랩 기술이자 첨자를 이용한 통상적인 프로그래밍 기술 중에서 선택해야 한다. 이번 예제에서는 매우 흥미 있는 결론을 얻을 수 있기 때문에 두 가지를 제시한다.

반복문으로 사각형 영역의 화소값 변경

독자가 이미 프로그래밍에 익숙하다면 이 절을 이해하기 쉬울 것이다. 이 책은 넓은 독자층을 대상으로 하므로, 화소값 변경을 달성하는 반복문을 사용하는 로직부터 설명하겠다.

C, C++나 자바 같은 전통적인 프로그래밍 언어인 경우 벡터(1차원 행렬)의 모든 요소를 통해 조회하는 방식은 변수의 값을 증가시킨다. 이를 첫 위치부터 시작해서 끝인 마지막 위치까지 각 단계에서 조회한 요소의 위치를 담는 변수를 pos라고 부르자. 이 pos는 각 단계에서 값을 조사(혹은 변경)하는 배열 요소를 정의할 때 사용된다.

예로 차원이 1×5인 행렬 A의 모든 요소에 255값을 할당하고 싶다면, 다음과 같이 코드를 작성한다.

```
for pos = 1:5
  A(pos)=255;
end
```

 당신이 경험 많은 프로그래머라면 변수(A)가 반복문 내부에서 크기가 늘어난 듯한 이상한 점을 발견했을 것이다. 그 뿐만 아니라 반복문의 첫 단계에서 변수를 자동으로 만든다. 양쪽 모두 이런 행위는 매트랩에서 유연하다. 전자의 경우 일반적으로 성능을 위해서라도 지양해야 한다. 당분간 단순함을 유지하기 위해 이런 행위의 유연함에 따른 장점을 취하자.

2차원 행렬의 경우, 예로 B의 크기가 5×10이다. 값을 할당하는 절차에서 두 개의 for 반복문이 필요하다. 행에 대한 하나와 열에 대한 하나다. 이에 따라 행렬을 통해 반복하기 위한 두 변수인 pos_r(행에 사용됨)과 pos_c(열에 사용됨)를 이용해 다음과 같은 코드를 사용한다.

```
for pos_r = 1:5
  for pos_c = 1:10
    B(pos_r, pos_c)=255;
  end
end
```

이제 두 번째 행과 두 번째 행부터 시작해서 2×4 영역에 있는 행렬 B의 요소 값을 변경한다. 다음과 같이 코드를 사용한다.

```
for pos_r = 2:2+2
  for pos_c = 2:2+4
    B(pos_r, pos_c)=255;
  end
end
```

 당신이 다른 언어에 경험이 많다면 배열의 숫자 위치 면에서 중요한 차이점이 있음을 주목해야 한다. C/C++이면 예로, N x 1 배열의 요소는 숫자를 매길 때 0부터 시작해서 N-1에 끝난다. 매트랩은 1부터 N까지의 값을 사용한다.

첨자로 사각형 영역의 화소값 변경

이전 절에서 행렬의 요소 값을 변경하는 일반적인 프로그래밍 방법을 봤다. 하지만 이런 절차는 번거롭고 비효율적이다. 코드의 많은 줄은 미리 정의된 영역의 행렬을 조작할 때 필요하지만, 매트랩에서 for 반복문 사용은 계산상으로 비효율적이다.

대안적인 방법은 매트랩이 제공하는 강력한 첨자 방법을 사용하는 것이다. 첨자는 행렬 요소의 사용자 정의 하위 집합을 선택하는 유연한 표현 방법이다. 여기서는 이전 절에서 했던 동일한 예제를 이용해 첨자의 기본적인 기능을 보여주겠다.

먼저 1×5인 행렬 A의 모든 요소를 255로 설정하는 경우를 바꿔보자. for 반복문을 사용하는 대신에 첨자를 사용한다.

```
A(1:5)=255;
```

이 예제에서 세 줄 대신에 한 줄을 사용해 이전과 동일한 결과를 얻었다. 2차원 행렬인 경우 이런 상황을 생각해보자. 예로 B에서 코드 줄이 많이 줄었다.

```
B(1:5, 1:10) = 255;
```

이제 아이디어를 생각할 준비하자. for 반복문에서 원하는 첨자를 사용하는 대신에 조작하려는 행렬의 행과 열 차원에서 첨자를 제거한다. 이런 근거에 따라 이전과 동일한 2×4 영역의 요소 값을 변경해보자.

```
B(2:2+2, 2:2+4) = 255;
```

스크립트 작성

지금까지 모든 것을 이해했더라도 이전 과정의 명령행을 사용할 수 있는지 여부가 여전히 궁금할 수 있다. 답은 '이전 명령 행에 주어진 코드의 모든 조각을 복사하고 붙인다면, 설명했던 대로 모든 작업을 해야 한다'이다. 한 번 시도해보자.

하지만 명령행을 통해 모든 과정을 실행하란 법이 없다. 파일에 코드를 작성해 둔다면, 나중에 재사용할 수 있다. 이 곳이 편집기임을 예상할 수 있다. 예로 2차원 행렬인 B를 두 방법으로 화면에 결과를 출력하는 코드의 일부를 저장하고 싶다고 하자. 결과가 동일한지 여부를 확인할 수 있다(방법이 동일하기 때문에 그래야 한다). 할 일은 다음 코드 조각을 복사해서 편집기에 붙인 후, MyFirstScript.m이라는 이름을 갖는 파일로 저장하는 것이다. 매트랩이 확장자 .m을 추가하므로 걱정하지 말자. 이름만 할당하면 된다.

```
for pos_r = 1:5
  for pos_c = 1:10
    B(pos_r, pos_c) = 255;
  end
end
B % 반복문 방법의 결과를 출력하기 위함
clear B; % 작업공간에 있는 행렬 B를 지움
B(1:5, 1:10) = 255;
B % 첨자 방법의 결과를 출력하기 위함
```

작업 디렉토리(Current Folder에서 볼 수 있어야 함)에 저장했다면, 매트랩에서 파일을 지금 사용할 수 있다. 명령행에서 다음과 같이 코드를 입력한다.

```
>> MyFirstScript
```

Command 창에서 다음과 같은 결과를 볼 수 있다.

```
>> MyFirstScript

B =

   255   255   255   255   255   255   255   255   255   255
   255   255   255   255   255   255   255   255   255   255
   255   255   255   255   255   255   255   255   255   255
   255   255   255   255   255   255   255   255   255   255
   255   255   255   255   255   255   255   255   255   255


B =

   255   255   255   255   255   255   255   255   255   255
   255   255   255   255   255   255   255   255   255   255
   255   255   255   255   255   255   255   255   255   255
   255   255   255   255   255   255   255   255   255   255
   255   255   255   255   255   255   255   255   255   255

>>
```

볼 수 있듯이 두 결과는 동일하다. 이를 확인하려면 매트랩의 입력과 출력으로 사용된 두 행렬을 비교하는 isequal 함수를 사용할 수 있다. 같다면 1을 할당하고, 다르면 0을 할당한다. 행렬 B를 자체와 비교함으로써 어떻게 작동하는지 보자.

```
>> isequal(B,B)
```

이전 코드의 결과는 다음과 같다.

```
ans =

     1
```

실제로 결과는 1이었다. 이제 행렬 B에 약간의 구멍을 만든 후, 동일한지 확인해보자. 이전 예제의 정의된 영역에 있는 요소 값을 0으로 변경하고 싶다고 가정한다. Editor 창으로 전환한 후, 행렬 B 출력과 관련된 두 줄을 지운 다음에, 이전 스크립트의 끝에서 다음 줄로 두 방법을 추가한 후 MySecondScript.m으로 저장한다.

```
for pos_r = 2:2+2
  for pos_c = 2:2+4
    B(pos_r, pos_c)= 0;
  end
end
B % 반복문 방법의 결과 출력
clear B;% 작업공간에 있는 행렬 B를 지움
B(1:5, 1:10) = 255;% 행렬 B를 다시 생성
B(2:2+2, 2:2+4) = 0;
B % 첨자 방법의 결과 출력
```

이번에는 명령행에서 다음과 같이 코드를 입력한다.

```
>> MyFirstScript
```

Command 창에서 다음과 같은 결과를 볼 수 있다.

```
>> MySecondScript

B =

   255   255   255   255   255   255   255   255   255   255
   255     0     0     0     0     0   255   255   255   255
   255     0     0     0     0     0   255   255   255   255
   255     0     0     0     0     0   255   255   255   255
   255   255   255   255   255   255   255   255   255   255


B =

   255   255   255   255   255   255   255   255   255   255
   255     0     0     0     0     0   255   255   255   255
   255     0     0     0     0     0   255   255   255   255
   255     0     0     0     0     0   255   255   255   255
   255   255   255   255   255   255   255   255   255   255
```

 이전 두 예제에서 주석 앞에 % 기호를 사용했으므로 매트랩에서 주석을 삽입하는 방법을 알아챘을 것이다. % 기호가 있는 줄을 실행하지 않는다. 코드에 관한 설명을 제공할 때 보통 주석을 사용한다.

지금 기본 이론을 알았으므로, 그레이스케일 영상의 선택한 값과 동일한 사각형 영역 생성 같은 영상처리 작업과 씨름할 수 있다. 그렇다면 과연 사실인지 확인해보자.

실습 예제 | 흰 영역과 검은 영역

my_image.pbm을 이용해 다시 작업한다. 영상의 상단 왼쪽 코너에 있는 30×40 사각형을 검게 하고 영상의 하단 오른쪽 코너에 있는 30×50 사각형 영역을 희게 하는 스크립트를 작성할 수 있는지 확인해보자. 다음과 같이 단계별로 수행하도록 처리할 수 있다.

1. 먼저 Editor를 연 후 New Script를 선택한다. 물론 단축키인 Ctrl + N을 사용해 달성할 수 있다.

2. 지금 영상을 여는 코드의 첫 부분을 작성한다.
   ```
   img = imread('my_image.bmp');
   ```

3. 그 다음엔 상단 왼쪽 사각형에 포함된 요소 값을 255로 변경한다. 최종 결과를 비교할 수 있도록 원 영상을 유지하자. 다음 코드로 할 수 있다.
   ```
   img_final = img;
   img_final(1:30,1:40) = 255;
   ```

4. 지금 하단 왼쪽 사각형에 포함된 요소 값을 검은 값(0과 동일)을 할당한다. 변경하려는 화소의 첨자를 정의하기 위해 행과 열의 최대 수치를 사용해야 한다. 다음과 같이 일반 예약어인 end를 사용해 쉽게 끝낼 수 있다.
   ```
   img_final(end-39:end,end-49:end) = 0;
   ```

5. 변경 부분을 끝냈다. 이제 1장에서 했던 대로 결과를 띄울 차례다(원 영상과 최종 영상 모두). 코드는 다음과 같다.
   ```
   subplot(1,2,1)
   imshow(img)
   title('Original image')
   subplot(1,2,2)
   imshow(img_final)
   title('Processed image')
   ```

6. 끝으로 스크립트를 저장한다. RectangleBrightness라는 이름을 사용하자(전과 같이 Editor가 확장자 .m을 추가한다).

7. 결과를 보려면 스크립트를 실행해야 한다. Command 창으로 가서, 다음과 같이 코드를 입력한다.

```
>> MyFirstScript
```

결과는 다음과 같이 나타나야 한다.

보충 설명

먼저 축하한다! 화소값을 변경하는 첫 스크립트를 작성하고 실행했다. 이 명령어는 새로운 무언가를 사용하지 않았지만, 현 시점에서 영상을 일괄로 모두 실행해 방금 봤던 최종 결과를 만들었다. 이 방법은 첨자로 화소값을 변경할 때 사용했으며, for 반복문을 사용하는 것보다 더 좋았기 때문이다.

변경할 사각형을 선택하기 위해 상단과 하단 행 첨자와 왼쪽과 오른쪽 열 첨자를 정의했다. 상단 왼쪽 사각형을 상당히 직관적으로 정의했다. 상단 행과 왼쪽 열을 첨자 1로 사용했다. 하단 행과 오른쪽 열의 첨자를 각각 30과 40으로 설정했다.

다루기 힘든 부분은 하단 오른쪽 사각형에 사용했던 첨자를 선택하는 것이었다. 즉, 높이와 너비를 알았지만 영상의 높이와 너비와 관련해 첨자를 사용해야 했다. 아무튼 각 새로운 영상의 너비와 높이 값을 변경한다는 자체는 비현실적이다. 각 차원의 최댓값인 첨자를 의미하는, 매우 편리한 첨자 키워드인 end를 사용하는 이유가 있다. 행에 사용하면 자동으로 행의 최대 수를 취하고, 열에 사용하면 열의 최대 수를 취한다. 이번 경우 양쪽 모두 적절한 상단 행 첨자(end-39)와 하단 행 첨자(end)를 계산하고 적절한 하단 열 첨자(end-49)와 오른쪽 열 첨자(end)를 계산한 위치를 구할 때 사용했다.

영상 임계화

지금까지 영상 화소로 작업하는 두 가지 방법을 배웠으며, 영상처리 소프트웨어에서 찾을 수 있는 다른 유용하고 공통적인 도구가 있는데, 임계화^{thresholding}다. 영상 임계화는 화소값이 특정 임계값 이상이면 1로, 나머지는 0으로 설정으로 이진 영상을 생성하는 처리로 정의할 수 있다. 보통 영상의 배경으로부터 전경을 분리할 때 사용한다. 이전 예제처럼 했듯이, 매트랩으로 영상 임계화를 구현하는 세 가지 다른 방법인 for 반복문, 첨자의 특별한 방법과 매트랩의 이미 만들어진 임계화 함수 사용법을 보여주겠다.

반복문으로 영상 임계화

그레이스케일 영상 임계화를 구현하는 고전적인 프로그래밍 방법은 이전 절에 사용했던 방식과 유사하게 두 중첩 for 반복문을 사용한다. 구체적으로 다음과 같이 my_image.bmp를 임계화하는 스크립트를 사용할 수 있다.

```
img = imread('my_image.bmp'); % 영상 읽기
subplot (1,2,1) % 두 영상을 넣을 그림창 열기
imshow(img) % 원 영상 보여주기
title ('Original image') % 제목 추가
threshold = 150; % 임계 수준 설정
for pos_r = 1:size(img,1) % 모든 행 대상
  for pos_c = 1:size(img,2) % 모든 열 대상
    if img(pos_r,pos_c) > threshold % 화소값 확인
      img(pos_r,pos_c) = 255; % 150 이상이면 255로 설정
    else
      img(pos_r,pos_c) = 0; % 150 미만이면 0으로 설정
```

```
    end % if 끝
  end % 열의 반복문 끝
end % 행의 반복문 끝
img = logical(img); % img를 이진으로 변환
subplot (1,2,2) % 두 번째 영상이 있는 곳을 활성화
imshow(img) % 임계화 후의 영상 보여주기
title ('Thresholded image') % 제목 추가
```

스크립트를 ThresholdingUsingLoops.m이라는 이름으로 저장했다면 명령행에서 실행한다. 다음과 같은 결과를 얻는다.

간단한 방식으로 목표를 달성하려고 애를 썼음에도 불구하고, 이 방법은 매우 일반적으로 사용하지만, 매트랩의 모든 특별한 능력의 장점을 활용하지 않았다. 따라서 임계화를 수행하는 두 가지 다른 방법을 살펴보자.

첨자로 영상 임계화

행렬 조작과 관련해 매트랩을 이용한 큰 장점 중 하나가 첨자임을 이미 언급했다. 첨자를 이용한 몇 가지 예제를 이미 다뤘지만, 임계화 작업에 도움이 되지 않은 듯으로 보였겠다. 따라서 임계화 작업을 수행하는 다른 첨자 방법을 조사해야 한다. 흥미로운 방식은 미리 정의된 범위의 첨자 대신에 조건을 사용해 접근하려는 화소를 정의함에 있다. 이 방법은 논리 첨자화logical indexing라고 하며, 조건으로 생성한 배열의 0이 아닌 값에 대응하는 화소를 선택한다. 논리 첨자화에 관한 많은 정보를 http://www.mathworks.co.kr/company/newsletters/articles/matrix-indexing-in-matlab.html 에서 찾을 수 있다.

이전 절의 동일한 작업을 수행하고 싶다고 가정한다면, 동치 논리 첨자화 코드는 두 개의 중첩 for 반복문을 대체한 두 줄뿐이다.

```
img = imread('my_image.bmp'); % 영상 읽기
subplot (1,2,1) % 두 영상을 넣을 그림창 열기
imshow(img) % 원 영상 보여주기
title ('Original image') % 제목 추가
threshold = 150; % 임계 수준 설정
img(img > threshold) = 255; % 150 이상이면 255로 설정
img(img <= threshold) = 0; % 150 미만이면 0으로 설정
img = logical(img); % img를 이진으로 변환
subplot (1,2,2) % 두 번째 영상이 있는 곳을 활성화
imshow(img) % 임계화 후의 영상 보여주기
title ('Thresholded image') % 제목 추가
```

스크립트를 ThresholdingUsingIndexing.m으로 저장한 후 명령행에서 실행하면, 다음과 같은 결과를 얻는다.

이 예제는 매트랩의 논리 첨자화 능력을 보여준다. 강조된 두 줄은 대체된 for 반복문과 동일한 동작을 수행한다. 첫 줄은 영상의 화소 첨자를 선택한 후 150 이상 초과하면 해당 첨자의 화소값을 255로 바꾼다. 다음 두 번째 줄도 같은 이유로 영상의 화소 첨자를 선택한 후 150보다 적거나 같으면 해당 첨자의 화소값을 0으로 바꾼다. 첨자를 이용한 임계화 방법은 모든 차원에서 첨자를 정확하게 찾음에 주목하자. 즉, 1차원 행렬과 N차원 행렬에 동일한 명령어를 사용한다.

im2bw로 영상 임계화

이제 영상을 프로그램적으로 임계화하는 방법을 알았다. 동일한 일을 수행하는 이미 만들어진 함수를 확인해보자. im2bw라고 하며, `help` 명령어를 이용해 더 많은 정보를 찾을 수 있다. 명령행에서 help im2bw를 입력하면 이 함수 사용에 필요한 모든 세부 사항을 제공한다. 이 상황에서는 접근 방식을 약간 조정해야 한다.

이미 알고 있듯이 이전 두 방법의 임계화 처리 후에도 결과를 논리적인 형태로 변환을 수행했다. 임계화를 변환하기 위해서는 결과의 화소값이 이진(0과 1중 하나)이어야 한다. 이번 경우 원 영상은 8비트 정수이므로, 최소와 최댓값인 (0, 255)를 사용한다. 결과를 이진으로 바꾸기 위해 논리 명령어를 이용했다.

im2bw 함수를 사용할 때, 0과 1 사이의 임계값으로 작동하도록 설계됐음을 명심해야 한다. 즉, 영상을 이 범위 안의 화소값으로 반드시 변환하거나 임계값으로 변환하든지 둘 중 하나임 의미한다. 두 번째 인자는 매우 실용적인데, 임계값(이번 경우 150)을 영상(uint8인 경우 255)의 최대 밝기 수준으로 나눈다. 코드를 큰 범위로 압축했기 때문에, Command 창에서 네 줄만으로 영상을 불러온 후, 임계화하고, 최종 결과를 띄울 수 있다.

```
>> img = imread('my_image.bmp');
>> subplot(1,2,1), imshow(img), title('Original Image')
>> img = im2bw(img,150/255);
>> subplot(1,2,2), imshow(img), title('Thresholded Image')
```

코드의 마지막 부분에서 한 줄에 한 개 이상의 명령어가 있음을 주목하자. 정식 프로그램은 아니지만, 어떤 작동을 수행하는 명령행 스크립트로서 이런 스타일을 허용한다. 이런 스타일의 스크립트를 사용할 때마다 여러 명령어를 각 콤마로 분리하거나 (각 함수의 결과를 화면에 출력하거나 함수가 결과를 생성하지 않아도 상관없을 때), 화면에 결과를 출력할 필요가 없다면 세미콜론으로 분리해야 함을 기억하자. 물론 전에 했던 대로 스크립트 안에 이 줄의 코드를 작성한 후, 명령행을 통해 실행할 수도 있다.

자동 임계값으로 영상 임계화

지금까지 여기서 직접 미리 정의한 임계값(예제에서는 150)을 사용한 모든 임계화 작업을 수행했다. 때때로, 오츠(otsu)가 제안한 검은 화소와 흰 화소의 내부 클래스 분산을 최소화한 임계값을 선택하는 자동 기술로 구한 최적 임계값을 선택할 수 있다(Otsu, N., A Threshold Selection Method from Gray-Level Histograms, IEEE Transactions on Systems, Man, and Cybernetics, Vol. 9, No. 1, 1979, pp. 62-66). graythresh 함수는 이 방법을 사용한다. graythresh로 추정한 자동 임계화 값은 이전에 설명한 과정의 하나인 직접 정한 값을 대신해 사용할 수 있다. im2bw를 사용해 어떻게 해낼 수 있는지 확인해보자.

```
>> img = imread('my_image.bmp')
>> subplot(1,2,1), imshow(img), title('Original Image'')
>> thresh = graythresh(img);
>> img = im2bw(img,thresh);
>> subplot(1,2,2), imshow(img), title('Thresholded Image')
```

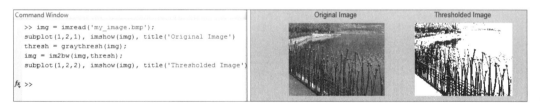

결과에서 볼 수 있듯이 자동으로 정의한 임계값은 임계값을 150으로 설정해 만든 결과에 비해 매우 다른 결과가 나온다. 이것은 최종 목표가 무엇인지에 달렸으므로 임계값을 항상 주의 깊게 선택해야 함을 의미한다. 자동으로 선택한 임계값이 무엇인지 보고 싶다면, 0부터 1까지의 범위를 0부터 255까지의 범위로 변경한다. 다음과 같이 명령어를 입력할 수 있다.

```
>> thresh
>> thresh*255
```

결과는 다음과 같다.

```
>> thresh
thresh =
    0.3882
>> thresh*255
ans =
    99
```

원하는 임계값이 있는 봉우리가 두 개인 영상을 선택하면 graythresh는 잘 작동한다.

imhist로 히스토그램을 계산한 후 띄우기

영상의 히스토그램은 보통 막대 그래프로 표현하고, 미리 정의된 개수(명암도의 범위)의 화소 명암도 분포에 관한 정보를 전달하며, 최소 명도^{intensity}부터 최대 명도까지 걸쳐 있다. 히스토그램의 정보는 영상이 밝고 어두운지에 대한 대략적인 아이디어를 제공할 수 있다. 또한 영상의 화소를 명도에 기반을 두고 두 개 이상의 다른 클래스로 분할하기 위한 최적 임계값을 먼저 추정할 수 있다.

영상의 히스토그램을 계산하기 위해 매트랩 내장 함수인 imhist를 사용할 수 있다. 이 함수는 빈 집합(그레이스케일 영상의 기본값은 256임)인 입력 영상의 화소 분포를 갖는 1차원 함수 행렬을 반환한다. 또한 사용자는 사용되는 빈의 다른 개수에 관한 추가 입력을 제공할 수 있다. 이전 예제에서 어떻게 작동하는지 확인해보자.

```
>> img = imread('my_image.bmp');
>> subplot (1,3,1),imshow(img),title('Original Image')
>> subplot (1,3,2),imhist(img),title('Histogram for 256 bins')
>> subplot (1,3,3),imhist(img,16),title('Histogram for 16 bins')
```

위 명령어로 다음과 같은 결과를 얻는다.

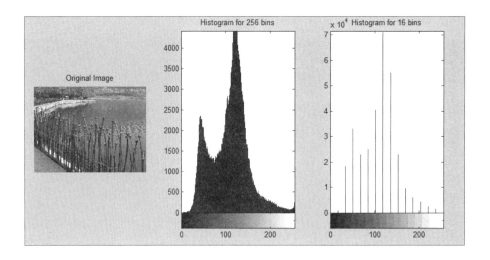

이 결과는 중앙이 약 44와 125인 두 큰 분포 사이에 임계값이 놓여 있는 만큼은 이전 단계에서 자동 임계값을 99로 추정한 이유에 대한 몇 가지 통찰을 제시한다. 또한 16개의 다른 빈 개수마다 하나로 합산했기 때문에 y축에 화소 개수가 많은, 빈 개수를 줄인 히스토그램 결과가 어떻게 생겼는지 볼 수 있다.

히스토그램은 여러 가지 이유로 유용하다. 자동화된 임계값 선택을 위한 유용함과 별개로 다음에 설명하는 영상 개선에도 적용할 수 있다,

명암대비 개선을 위한 히스토그램 평활화

영상의 명암대비contrast를 개선하는 매우 일반적인 방법은 새로운 히스토그램이 미리 정의한 분포에 일치하도록 해당 영상의 화소값을 변환하는 것이다. 매트랩은 이런 처리를 위한 histeq라고 하는 함수를 제공한다. 기본 대상 히스토그램을 사용하는 경우 한 입력으로 이 함수를 호출할 수도 있다. 다음과 같이 스트립트를 작성해서 이 함수가 무엇을 하는지 확인해보자.

```
img = imread('my_image.bmp');
img_eq = histeq(img);
subplot(2,2,1),imshow(img),title('Original Image');
subplot(2,2,2),imshow(img_eq),title('Equalized Image');
```

```
subplot(2,2,3),imhist(img,64),title('Original Image Histogram');
subplot(2,2,4),imhist(img_eq,64),title('Equalized Image Histogram');
```

스크립트를 HistoramEqulization.m으로 저장한 후, 명령행에서 이를 입력하면 다음 결과와 같이 나온다.

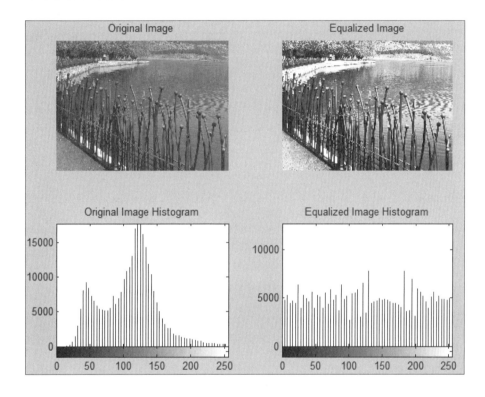

볼 수 있듯이 영상의 명암대비를 개선했으며, 값이 거의 고르게 가능한 값의 범위(0부터 255까지)에 걸쳐 펼쳐졌다. 이 처리는 유용한 세부적인 사항을 개선하는 효과를 갖지만, 동시에 원치 않는 잡음도 뚜렷해졌다. 따라서 이런 방식은 신중하게 사용해야 한다.

imadjust로 명암대비 개선

명암대비 개선을 위한 훨씬 섬세한 방법은 imadjust를 사용하는 것이다. 이 함수의 기본적인 형태에서 이 함수는 원 영상의 높고 낮은 명암도에서 값의 작은 백분율

(1%)만 포화되도록 보장하면서, 원 영상의 화소값을 새롭게 바꾼 값에 매핑한다. 부드럽게 변환한 결과는 유용한 세부적인 사항을 대부분 개선한다. 이전 스크립트에 조금 더 추가한다면 이 방법을 적용한 결과를 볼 수 있다.

```
img = imread('my_image.bmp');
img_eq = histeq(img);
img_adj = imadjust(img);
subplot(2,3,1),imshow(img),title('Original Image');
subplot(2,3,2),imshow(img_eq),title('Equalized Image');
subplot(2,3,3),imshow(img_adj),title('Adjusted Intensity Image');
subplot(2,3,4),imhist(img,64),title('Original Image Histogram');
subplot(2,3,5),imhist(img_eq,64),title('Equalized Image Histogram');
subplot(2,3,6),imhist(img_adj,64),title('Adjusted Image Histogram');
```

스크립트를 HisteqVsImadjust.m으로 저장한 후 명령행에서 이를 입력하면 다음과 같은 결과를 얻는다.

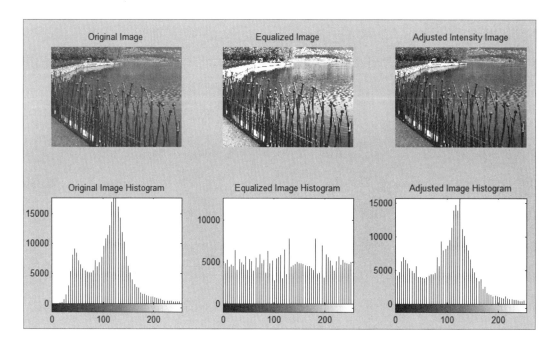

이 히스토그램에 보듯이 분명한 점은 histeq는 거의 고르게 확산한 반면에 imadjust 는 영상의 히스토그램을 잡아 당겨 늘린다. imadjust가 더 자연스럽게 보이는 이 유다.

최종 결과를 더 제어하고 싶은 경우라면 설정을 조정하는 더 많은 입력을 정의해 사 용하는 방법으로 수정할 수 있다. 예로 imadjust에서 잘라내고 싶을 때 histeq의 대 상 히스토그램 혹은 값의 하한과 상한을 제공할 수 있다.[1] 추가 입력으로 함수를 사용 할 수 있는 방법을 보기 위해 Help를 사용해 설정을 살펴본 다음에, 다른 입력 값으로 실험한다.

imcontrast로 명암대비 개선

히스토그램을 개선할 때 추가적인 도움을 직접 제공하는, 영상처리 툴박스에 포 함된 도구는 imcontrast이다. 띄운 영상을 호출한 후에 입력인 gcf(현재 그림창)로 imcontrast를 호출할 수 있다.

```
>> imshow(img)
>> imcontrast(gcf)
```

이 도구는 사용자가 최대와 최솟값 외에 변환된 영상의 히스토그램의 중앙점 정의해 영상의 히스토그램을 조정할 수 있는 대화형 방식을 제공한다. 설정하는 부분에 수치 값을 입력하거나 혹은 히스토그램에 있는 세 가지 빨간 막대를 드래그해 명암대비를 개선할 수 있다. Adjust Data 버튼을 클릭할 때까지 아무런 조치가 없으면 실질적으로 원 영상에서 수행하지 않는다. 이 도구는 영상의 특이값(극단적인 값을 갖는 화소)을 잘 라내는 옵션도 제공한다. 기본 설정은 2%이고, 최솟값의 1%와 최댓값의 1%를 제거 한다.

---

1 imadjust 함수는 감마 조절(gamma correction)과 관계가 있다. 예로 imadjust(image, [a, b], [c d])인데, [a, b]와 [c d]는 모두 0~1 사이의 값이다. a, b, c, d 간의 관계를 감마 조절과 연계하면 공식을 y = ((x−a)/(b−a)) x (d−c) + c로 표현할 수 있다. 여기서 x는 원 영상의 화소값이고, y는 결과 영상의 화소값이다. imadjust 함수와 감마 조절에 관한 자세한 내용은 옮긴이의 저서인 「MATLAB을 활용한 실용 디지털 영상처리」(홍릉과학, 2005)를 참조하자. – 옮긴이

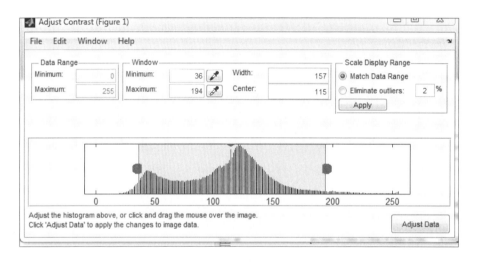

지금까지 설명한 방법은 영상 개선에 아주 유용하다. 하지만 모두 다 결점이 있는데, 영상 전체를 처리하는 전역적인 방법이기 때문이다. 이것은 공간적으로 변종인 히스토그램을 갖는 영상을 차선적으로 개선하는 명백한 단점이 있다. 이런 경우라면 지역적인 적응적 히스토그램 개선 방법의 도움이 필요하다.

imcontrast 도구는 대화형으로 임계화 결과를 보여줄 때 사용할 수도 있다. 단 한 값만 포함하도록 히스토그램의 빨간 영역을 줄인 후, 여러 임계값을 사용한 임계화 결과를 동적으로 관찰하기 위해 왼쪽이나 오른쪽으로 드래그하면서 어떻게 작동하는지 볼 수 있다.

adapthisteq로 적응적 히스토그램 평활화

adapthisteq의 장점은 영상을 타일이라고 하는 작은 사각형 영역으로 분리하고, 각 지역 히스토그램을 조정해 해당 영역의 명암대비를 개선함에 있다. 이 방법은 명암대비 제약 적응적 히스토그램 평활화CLAHE, contrast imited adaptive histogram equalization로도 알려져 있다(Zuiderveld, Karel. Contrast Limited Adaptive Histogram Equalization. Graphic Gems IV. San Diego: Academic Press Professional, 474-485, 1994). 대부분의 모든 다른 매트랩 함수와 마찬가지로 adapthisteq는 기본값으로 설정한 모든 다른 파라미터를 함께 한 입력(영상)만 사용할 수 있다. 다음 스크립트에서 사용법을 보여주며, histeq의 결과와 차이가 있다.

```
img = imread('my_image.bmp');
img_eq = histeq(img);
img_clahe = adapthisteq(img)
subplot(2,3,1),imshow(img),title('Original Image'');
subplot(2,3,2),imshow(img_eq),title('Equalized Image');
subplot(2,3,3),imshow(img_clahe),title('CLAHE Image');
subplot(2,3,4),imhist(img,64),title('Original Image Histogram');
subplot(2,3,5),imhist(img_eq,64),title('Equalized Image Histogram');
subplot(2,3,6),imhist(img_clahe,64),title('CLAHE Image Histogram');
```

스크립트를 HisteqVsClahe.m으로 저장한 후 명령행에서 이를 입력하면 다음 결과와 같이 나온다.

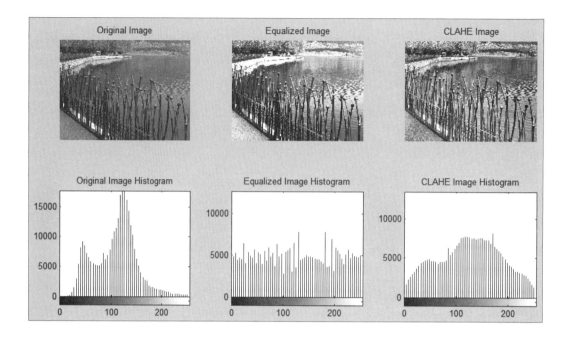

그림에서 볼 수 있듯이 CLAHE 방법은 낮은 확산 히스토그램 결과가 나오며, 특히 매우 밝거나 매우 어두운 영역에서는 분명히 긍정적인 효과다. 기본, 균등^{Uniform}, 분포 ^{Distribution} 설정을 사용하지 않는 경우에도 낮은 확산 히스토그램 결과를 얻을 수 있다. 다음과 같이 스크립트(ClaheDistributions.m)를 실행해서 다른 선택(레일리^{Rayleigh}와 지수^{Exponential})이 어떻게 보이는지 확인해보자.

```
img = imread('my_image.bmp');
img_u = adapthisteq(img);
img_r = adapthisteq(img,'Distribution','rayleigh');
img_e = adapthisteq(img,'Distribution','exponential');
subplot(2,3,1),imshow(img_u),title('Uniform distribution');
subplot(2,3,2),imshow(img_r),title('Rayleigh distribution');
subplot(2,3,3),imshow(img_e),title('Exponential distribution');
subplot(2,3,4),imhist(img_u,64),title('Uniform Histogram');
subplot(2,3,5),imhist(img_r,64),title('Rayleigh Histogram');
subplot(2,3,6),imhist(img_e,64),title('Exponential Histogram');
```

결과 영상에서 균등과 지수 히스토그램이 비슷함을 보여주는 반면, 레일리 분포는 낮은 확산 분포 결과를 보여준다.

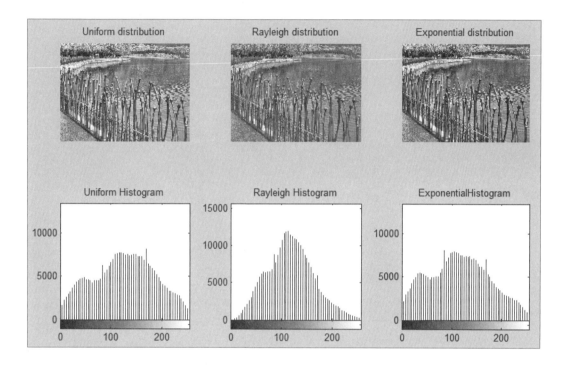

지금까지는 영상 개선을 달성하기 위해 매트랩 툴박스에 포함한 함수를 기본 프로그래밍 기술과 함께 사용했다. 이번 작업은 스크립트 사용으로 가능했다. 하지만 이런 도구는 더 까다로운 작업에 충분히 실용적이지 않다. 사용자 정의 함수를 만드는 기술을 숙달한다면 인생이 훨씬 더 쉬워진다.

복잡한 작업을 하기 위한 사용자 정의 함수

사용자 정의 함수는 적절한 입력을 제공하면 결과인 출력을 만드는 블랙 박스로 생각할 수 있다. 지금까지 이미 만들어진 여러 함수를 사용했지만, 어떠한 함수를 스스로 만든 적이 없다. 자신만의 함수를 만드는 큰 장점은 다른 입력으로 다른 결과를 만드는 함수를 재사용할 수 있다. 스크립트와 반대로 변경하면 보통 입력을 반드시 바꾸고, 소스 코드를 다시 저장한다.

시작하기 위해 언급했던 모든 개선 방법을 혼합한 후 입력으로 선택한 방법을 받아들이는 단일 함수를 시도해보자. 구체적으로, 두 입력인 영상과 숫자를 취하는 함수를 만든다. 숫자로 표시한 방법을 이용해 영상을 개선한다. 편집기를 연 후 다음과 같이 코드를 입력한다.

```
function [output] = ContrastEnhancement(input,method)
% Function that performs image contrast enhancement with methods
% incorporated in MATLAB toolboxes
% Inputs:
%           input - Input image
%           method - Enhancement method (1: histeq, 2: imadjust,
%                                        3: adapthisteq)
% Output:
%           output - Output image (with enhanced contrast)
switch method
case 1
output = histeq(input);
case 2
output = imadjust(input);
case 3
output = adapthisteq(input);
end
```

입력했다면 이미 선택한 이름인 ContrastEnhancement를 이용해 함수를 저장한다. 여기서 많이 설명할 필요가 없는데, 기본 아이디어가 꽤 단순하기 때문이다.

이 ContrastEnhancement 함수는 이전에 이미 설명했던 세 가지 개선 방법이 들어 있다. 입력 영상에 사용할 하나를 선택할 때, histeq를 이용하고 싶다면 방법을 1로, imadjust를 이용하고 싶다면 2로, adapthisteq를 이용하고 싶다면 3으로 반드시 설정한다. 이런 선택은 프로그래밍할 때 매우 폭넓게 사용되는 방법인 switch case 구조를 사용해 만든다. switch 명령어는 확인할 변수를 정의하고, case 명령어는 받아들일 수 있는 모든 값을 확인한 후 각 작업에 연결한다. 함수가 실제로 작동하는지 보기 위해 1장에서 사용했던 휴일 그림의 다른 버전을 사용해보자.

```
>> img = imread('holiday_image2.bmp');
>> subplot(2,2,1),imshow(img),title('Original Image');
>> subplot(2,2,2),imshow(ContrastEnhancement(img,1)),title('Histeq
result');
>> subplot(2,2,3),imshow(ContrastEnhancement(img,2)),title('Imadjust
result');
>> subplot(2,2,4),imshow(ContrastEnhancement(img,3)),title('Adapthisteq
result');
```

결과에서는 서로 다른 조명이 있는 영상을 개선할 수 있는 적응적 히스토그램 평활화의 매우 중요한 역할을 보여준다.

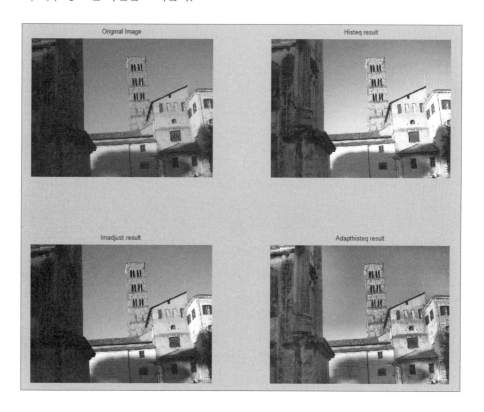

histeq와 adapthisteq는 영상의 왼쪽 부분이 밝도록 한 반면에, 마지막은 나은 결과를 달성했을 뿐만 아니라 histeq처럼 부드러운 영역이 포화됨을 피했었다. 좀 더 이해하기 위해 큰 차이가 있는 영역을 확대하는 imtool을 사용해보자.

지금은 adapthisteq가 우수한 결과를 제공한 결과인 영상의 영역을 정확하게 찾아내기 위해 1장에서 imtool에 관해 배웠던 내용을 이전 절에 작성했던 함수와 조합할 시간이다. 다음과 같은 단계는 함수를 조합할 때 도움을 준다.

1. 먼저 다음과 같이 영상을 불러온다.

   ```
   >> img = imread('holiday_image2.bmp');
   ```

2. 그러면 히스토그램의 두 버전을 이용해 영상을 개선한다.

   ```
   >> img_he = ContrastEnhancement(img,1);
   >> img_ahe = ContrastEnhancement(img,3);
   ```

3. 이제 첫 번째와 두 번째 결과를 갖고 imtool을 사용해보자.

   ```
   >> imtool(img_he)
   >> imtool(img_ahe)
   ```

우선 플러스 기호인 확대경 아이콘을 사용해 확대한다. 일단 adaphisteq가 세부 사항을 상세하게 개선한 곳을 선택했다면, 두 영상에서 그 부분을 선택하기 위해 마우스를 사용한다(동일한 확대 배율을 입력할 수 있다).

4. 그러면 개선한 그늘진 영역을 정확하게 찾아내도록 영상의 왼쪽 영역을 한 번 더 축소하고 확대한다.

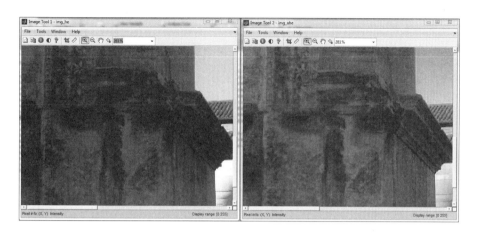

보충 설명

1장에서 배웠던 것과 함께 2장에서 습득했던 지식을 조합할 때다. 먼저 단계별로 영상에 두 가지 종류의 개선을 수행하기 위해 이미 사용했다. 그런 후에 선택했던 방법 간의 차이점이 많이 분명한 곳인 영역을 확대하기 위해 `imtool`을 사용했다. 결과에서 이전의 관점인 CLAHE 방법이 매우 밝고, 매우 어두운 영역에서 더 나은 결과를 제공하므로, 2장에 제시한 다른 모든 방법보다 우수함을 확실히 보여줬다.

도전 과제 | 영상 영역을 개선하기 위한 함수 작성

지금은 깊은 바다에 뛰어들 시간이다. 어떠한 방법을 사용하든지 영상의 특정 영역을 개선하는 함수를 만들고 싶다고 하자. 이번 작업은 지금까지 습득했던 여러 지식 조각을 조합해야 한다. 또한 지금까지 사용하지 않았던 몇 가지 설정을 사용한다.

시작하기 위해 다음과 같이 합리적으로 따라야 한다. 먼저 개선하고 싶은 영상의 특정 부분을 잘라내는 방법을 찾아야 한다. 그런 후에는 잘라낸 영역에 개선 방법 중 하나를 사용하며, 끝으로 영상의 원래 위치에 영역을 다시 붙여야 한다.

함수의 시작 부분에서 사각형 좌표를 알아낸 후 입력 영상의 사각형을 잘라낸다. help imcrop 명령어를 사용해, 다음과 같이 공식을 호출하는 방법을 찾을 수 있다.

```
[I2 RECT] = imcrop(...) returns the cropping rectangle in addition to the
cropped image.
```

이러한 설명은 두 결과인 잘라낸 영상인 I2와 잘라낸 사각형 좌표인 RECT를 반환하는 imcrop을 사용할 수 있음을 제안하고 있다. 이렇게 해서 그 다음엔 원 영상에서 선택한 사각형 영역을 개선한 잘라낸 영상으로 바꾸는 RECT 행렬을 사용할 수 있다.

함수를 CroppedContrastEnhancement.m으로 명명하자. 함수 정의부터 시작해서 입력/출력 설명, 나머지를 수행할 수 있다.

```
function [output] = CroppedContrastEnhancement(input,method)

% Function that performs area-based image contrast enhancement with
% methodsincorporated in MATLAB toolboxes
% Inputs:
%           input - Input image
%           method - Enhancement method (1: histeq, 2: imadjust,
%                                       3: adapthisteq)
% Output:
% output - Output image (with enhanced contrast)
```

함수 작동을 확인하기 위해 휴일 그림을 갖고 함수를 실행한 후, 히스토그램 평활화를 수행하기 위한 영역을 선택할 수 있다.

```
>> img = imread('holiday_image2.bmp');
>> img2=CroppedContrastEnhancement(img,1);
```

그런 후에 개선하려는 영역을 정의해야 한다.

선택한 영역을 얻었다면 결과를 만들기 위해 더블 클릭할 수 있다. 결과 영상은 다음 과 같다.

```
>> imshow(img2);
```

옛 사진 복원

이제 이 책의 후반에서 계속 사용할 실습 과정을 시작한다. 옛 모습을 갖는 사진을 복원이나 개선하는 노력의 일환으로 배운 것을 사용해보자.

먼저 복원 작업에 사용할 증조모 사진을 소개한다. 물론 당신의 조상 사진을 사용할 수 있다. 옛 사진을 복원할 때 도와줄 단계는 다음과 같다.

1. 일반적인 방식으로 영상을 읽은 후 보여주고, 크기를 확인한다.

```
>> ggm = imread('grandma.bmp');
>> imshow(ggm)
>> size(ggm)
```

2. 안타깝게도, 이 영상에 두 단점이 있다. 크기가 매우 크며(2048×1536) 또한 컬러다(크기의 최종 차원은 3이다). 따라서 영상을 크기 조정하고 그레이스케일로 변환하여 좀 더 편하게 해보자. 두 단계를 다음과 같은 명령어로 수행할 수 있다.

```
>> ggm_gray = rgb2gray(imresize(ggm,0.25));
```

3. 이제 512×384 크기인 그레이스케일 영상을 가졌으며, graygrandma.bmp로 저장할 수 있다(첫 두 입력이면 imwrite에겐 충분하다).

```
>> imwrite(ggm_gray,'graygrandma.bmp');
```

이 사진의 명백한 결함은 카메라로 인한 플래시 섬광flash glare이다. 명암대비 개선 방법으로는 차선적인 결과인 백열광glow을 만든다. 지금까지는 잡음을 제거하는 방법을 배우지 않았다. 2장에 보여준 임계화 기술로 플래시를 분리해 사용할 수 있다. 실습 예제로 직접 해보고 확인해보자.

4. 다음 장인 3장에 있는 결과의 장점을 정말로 활용할 준비가 됐다. 분리 같은 것을 수행해보자. 플래시에 기인한 타오르는 영역의 영상 밝기가 매우 높은 값임이 분명하다. 높은 밝기 임계값(예, t=220)을 이용한 영상을 분할해보자. 이 처리는 다음과 같이 명령행을 사용해 수행할 수 있다.

```
>> subplot(1,2,1),imshow(ggm_gray),title(''Original image'');
>> subplot(1,2,2),imshow(ggm_gray>220),title(''Thresholded image using t=220'');
```

결과 영상은 다음과 같다.

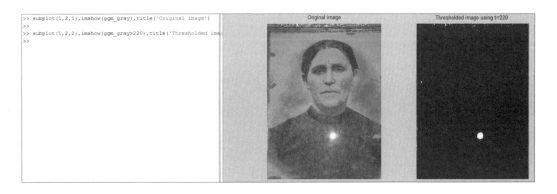

분명히 분할 처리로 강조한 영상 영역은 플래시로 만든 백열광과 거의 동일하다. 2장의 후반에서 이 결과가 유용함을 입증한다.

5. 더 좋은 결과를 보기 위해 플래시 영역 위에 있는 영상을 잘라낸 후 지금까지 배웠던 명암대비 개선 방법을 적용한다.

```
>> ggm_cr = imcrop(ggm_gray);
```

```
>> subplot(2,2,1)
>> imshow(ggm_cr)
>> title('Original Image')
>> subplot(2,2,2)
>> imshow(ContrastEnhancement(ggm_cr,1))
>> title('Histeq result')
>> subplot(2,2,3)
>> imshow(ContrastEnhancement(ggm_cr,2))
>> title('Imadjust result')
>> subplot(2,2,4)
>> imshow(ContrastEnhancement(ggm_cr,3))
>> title('Adapthisteq result')
```

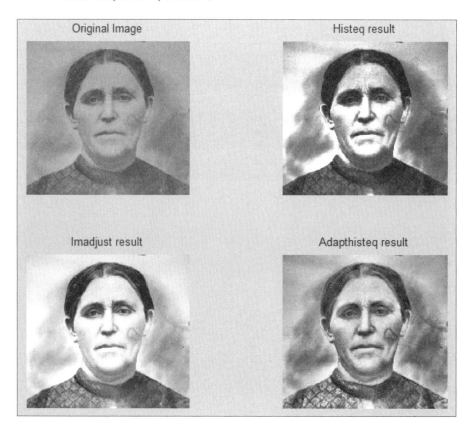

당분간 예술적인 명암대비 개선으로 해결해야 한다. 눈에 잘 보이는 결과는 약간 주관적인 견해다. 다만 많은 사람들이 원 영상이 약간 밋밋한데다가 imadjust가 만든 결과는 좀 더 현실적이고, adapthisteq가 만든 결과는 매우 현실적이라는 점에 아마도 동의할 것이다. histeq를 이용해 만든 영상은 오히려 충격적인 높은 명암대비를 갖고 있는지라 미세하게 조정해야 한다.

보충 설명

이번 실습에서 시간이 흐름에 따라 바래고 카메라 플래시로 인해 왜곡된 옛 사진을 복원하려고 2장에서 설명한 일부 단계와 1장을 조합했다. 그런 영상의 복원은 여러 장에서 다룰 정도로 상당히 복잡한 작업이지만, 완벽하기 위한 첫 단계를 여기서 다뤘다. 영상을 그레이스케일로 변환하고 크기 조정한 후, 플래시 섬광에 의해 왜곡된 영역을 정확하게 임계화했다. 끝으로 섬광을 제외하기 위해 영상을 잘라냈고, 이전 절에서 작성했던 함수를 이용해 명암대비를 개선했다.

깜짝 퀴즈 | 명암대비 개선 방법

퀴즈 1. 다음과 같은 사실 중에서 어떤 것이 참인가?

1. 반복문 내부에서 행렬이 커지면 매트랩이 오류를 만들어내는가?

2. 히스토그램 평활화 방법은 결과가 고르게 분포된 히스토그램을 만드는 경향이 있다.

3. imadjust 함수는 높고 낮은 명암도에서 화소값의 특정 비율 포화를 허용한다.

4. adapthisteq는 전역 히스토그램 평활화를 수행한다.

5. for 반복문은 매트랩에서 영상을 임계화하는 가장 빠른 방법이다.

6. 임계화를 수행하는 im2bw를 이용할 경우 0과 1 사이의 범위로 설정한 임계값을 제안한다.

7. 그레이스케일 영상의 밝기 임계값을 정의하는 자동화 방법은 graythresh를 이용하는 것이다.

요약

2장에는 그레이 스케일 영상의 화소값을 조작하기 위한 여러 유용한 기술을 포함한다. 이와 동시에 먼저 훨씬 섬세하게, 매트랩에서 자신만의 스크립트와 함수 작성과 실행을 소개했다. 구체적으로 다음과 같은 방법을 배웠다.

- 반복문이나 첨자로 사각형 영역의 화소값을 바꾸는 방법
- 영역에 있는 특정 사각형의 밝기를 변경하는 스크립트를 작성하고 실행하는 방법
- for 반복문으로 영상 임계화를 수행하는 방법
- 첨자로 영상 임계화를 수행하는 방법
- im2bw로 영상 임계화를 수행하는 방법
- 그레이스케일의 히스토그램을 계산하고 띄우는 방법
- histeq로 히스토그램 평활화를 수행하는 방법
- imadjust로 히스토그램 평활화를 수행하는 방법
- imcontrast로 히스토그램 평활화를 수행하는 방법
- adapthisteq로 히스토그램 평활화를 수행하는 방법
- 실전 예제로서 2장에 설명했던 모든 방법을 사용하는 함수를 작성하는 방법

다음 장인 3장은 영상처리의 형태학적 연산과 중요성을 소개한다. 몇몇 방법은 형태학적 연산과 영상 개선 혹은 분할에 유용한 영역 간의 조합을 이미 보여줬다. 일단 완수하면 사진 촬영과 머신 비전 응용 둘 다 적용되는 매우 유용한 작업을 수행할 수 있다.

3

형태학적 연산과
객체 분석

2장에서는 영상 조작과 관련된 다양한 영상처리 기술을 배웠으며, 그중 일부는 사용자가 정의한 영상의 특정 영역 처리에 집중됐다. 아무튼 시각적인 영상 개선을 포함한 많은 처리는 자동적으로 지정한 관심 영역에 초점을 맞춰야 한다. 3장에서 영상 형태학에 기반을 두되 관심 영역 선택을 위한 몇 가지 기본 기술을 보여준다. 또한 조금 더 유연한 도구를 보여주고 다시 영역을 직접 선택한다. 그 다음은 에지, 코너, 원 검출 같은 일부 기본 객체 인식 기술을 설명한다. 3장의 여러 예제는 영상의 특정 영역에 관한 처리를 선정할 때 안내할 수 있는 객체 분석 방법과 조합한 형태학적 연산이 어떤지 더 잘 이해하고 싶을 때 도와준다.

3장에서 다음과 같은 내용을 다룬다.

- 이진 영상과 마스킹할 때 이진 영상을 사용하는 방법을 살펴본다.
- 형태학적 연산과 중요성을 살펴본다.
- 관심 영역ROI, Region Of Interest을 선택하는 매트랩 도구를 사용하는 방법을 배운다.
- 영상의 에지, 코너, 원을 검출하는 방법을 배운다.

자, 시작해보자!

이진 영상의 중요성

형태학적 연산의 개념을 이해하기 위해 2장에 제시했던 임계화 기술을 다시 보자. 영상을 임계화하면 두 가능한 화소값인 0(검은색)과 1(흰색)로 정의한 이진 영상이 됨을 이미 언급했다. 이 방법은 임계화를 통해 그레이스케일 영상을 이진 영상으로 바꾼다. 즉, 화소가 특정 값 이상이면 1로, 나머지는 0으로 설정한다. 지금 영상을 이진화하는 기본적인 이유를 설명한다!

영상 이진화의 목표는 두 관점으로 나눌 수 있다. 첫 번째 관점에서 영상의 관심 있는 화소를 정확하게 사용하므로(보통 관심 영역이라고 부르며, 간단하게는 ROI다), 영상의 내용을 빠르고 쉽게 볼 수 있게 해준다. 이런 이진 영상을 종종 마스크^{mask}라고 한다. 두 번째 관점에서 마스크로 정의해 선택한 ROI(화소값은 1임) 처리에 사용할 수 있으며 영상의 나머지는 영향을 받지 않는다. 이런 두 기능을 모두 다룬 예제와 사용 차이점을 살펴보자.

실습 예제 | 임계값 이해

이번 예제에서 영상 이진화의 두 가지 유용한 측면을 분리해보자. 그러면 적절하게 영상 이진화를 사용할 수 있다. 가장 먼저 할 일은 영상의 불완전한 ROI를 찾는 것이다. 따라서 이미 배웠던 것을 이용해 해결해보자. 예로 증조모 사진을 이용해 다시 작업한다. 자, 시작해보자.

1. 먼저 2장에서 생성했던 그레이스케일 영상을 imread를 사용해 불러와야 한다.

   ```
   >> img = imread('graygrandma.BMP');
   ```

2. 두 번째 단계에서 2장에서 이미 했던 임계화를 수행한다(동일한 임계값을 사용하며, 220이었음).

   ```
   >> img_bin = (img> 220); % img_bin 영상은 지금 이진임
   ```

3. 이제 220 이상의 화소를 갖는 지정한 ROI 영상의 새는 곳을 약간 거칠게 수행해보자. 이를 달성하는 방법은 해당 값을 회색 음영으로 변경하는 것이다. 예로 100을 든다.

```
>> img_patched = img;
>> img_patched(img_bin) = 100;
```

4. 지금은 Workspace 창에 있는 세 가지 영상을 갖는다. 원 영상img, 이진화 영상 img_bin과 보정한 영상img_patched이다. 무슨 일이었는지 더 잘 이해하기 위해 모두 나란히 띄우자.

```
>> subplot(1,3,1),imshow(img),title('Original Image')
>> subplot(1,3,2),imshow(img_bin),title('Binarized Image')
>> subplot(1,3,3),imshow(img_patched),title('Patched Image')
```

결과 영상은 다음과 같다.

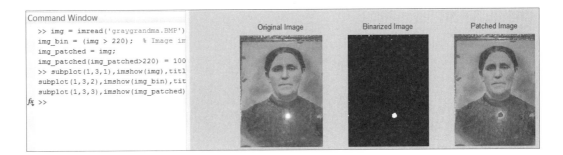

보충 설명

이미 설명했듯이 이번 예제에서 영상의 특정 부분을 변경하기 위해 마스크라고 하는 임계화된 영상을 사용하는 법을 정확하게 기술했다. 첫 번째 단계는 항상 imread 함수를 이용해 영상을 불러온 후 매트랩에 넣는다. 카메라의 플래시로 인한 명백한 결함이 있었기 때문에 이 영상을 사용하려고 선택했다. 최종 목표는 이런 결함을 보정해 더 부드러운 결과를 만드는 것에 있다.

두 번째 단계에서 높은 밝기값으로 영역을 분리하는 임계값을 사용해 영상을 임계화한다. 2장에서 했던 그대로, 임계값을 220으로 사용해 수행했다. img_bin = (img > 220)은 원 영상의 화소값이 220 이상인 위치의 화소값이 1인 이진 영상(마스크)을 만든다. 다른 모든 화소값을 0으로 설정한다.

세 번째 단계에서 실제 마스킹 처리를 수행한다. 먼저 원 영상의 복사본을 생성한 다음에 복사본의 이름은 img_patched이다. 그런 후에는 마스크 내 1인 모든 화소값을 원 영상의 100으로 바꾸는 img_patched(img_bin) = 100을 입력한다. 이 명령어는 실제로 매트랩이 마스크 내 값이 1인 모든 화소 위치를 찾은 후 원 영상의 각 화소에 100을 설정하도록 지시한다. 많은 다른 방법으로 달성할 수 있었지만, 이 방법은 마스크의 실제 사용을 보여주며, 원 영상의 크기와 마스크의 크기가 동일하다는 장점을 활용한다(그렇지 않으면 명령어가 결과를 오류 메시지로 대체한다).

네 번째 단계에서 검증 목적인 원 영상, 이진 영상과 마스킹한 영상을 나란히 보여줄 때 사용한다. 이렇게 하면 전체 마스킹 과정을 이해하기가 더 쉽다.

 이전 예제의 동일한 마스킹 결과를 갖는 매우 간결한 대안은 img_patch(img > 220) = 100을 사용하는 것이다. 두 번째와 세 번째 단계를 하나로 조합하지만, 마스크를 새로운 행렬에 저장하지 않는다.

이전 예제는 제일 간단한 형태이자 아주 유용한 기술임을 설명한다. 이 간단한 절차에 두 가지 심각한 결함이 있다. 하나는 마스크 정의에 있고, 다른 하나는 영상 마스킹 처리에 있다.

마스크 정의할 때의 결함은 화소값만 사용했을 때 선택한 특정 ROI를 정확히 알아내기가 어렵다. 특정 임계값을 설정한다고 해도 필요한 영역 분리는 좀처럼 드물다. 심지어 이 예제에서도 봤으며(간단한 기술로는 거의 이상적이다), 임계값으로부터 파생된 마스크는 다른 영역에 있는 1과 같은 일부 화소값을 갖는다(예로 영상의 프레임). 또한 영상 마스킹 결과는 선택한 영역이 있어야 할 영역보다 약간 작았음을 보여준다

마스킹 처리할 때의 결함은 결과는 거칠게 보정됐고, 예상했던 것과 아주 가까운 밝기값으로 영역을 메웠다는 점이다. 하지만 이상적인 결과는 밝은 영역을 같은 밝기값인 조각보다 더 복잡한 무언가로 변경한 것이다. 플래시가 파괴했던 것과 좀 더 닮은 이 조각은 영상의 일부가 될 수 있다.

2장의 나머지에서는 결과 마스크를 요구에 아주 알맞도록 하기 위해 마스크 선택 과정 개선에 중점을 둔다. 마스크를 수정할 수 있는 다양한 형태학적 연산을 사용해 달성한다.

관심 영역 확대와 축소

임계화 사용으로 파생한 관심 영역을 정제하는 매우 일반적인 기술은 대상 크기에 맞추도록 하는 확대나 축소 중 하나다. 각각 팽창^{dilation}과 침식^{erosion}으로 부르는 형태학적 연산으로 달성할 수 있다. 이 연산은 매트랩에서 각각 직관적인 이름인 `imdilate`와 `imerode` 함수를 사용해 구현할 수 있다.

팽창과 침식의 형태학적 속성을 설명하고 분석하는 것은 이 책의 범위를 넘어선다. 영상처리의 중요성을 보여주는 실습 예제를 사용해 중요한 부분 설명으로 대신한다. 시작하기 전에 이해해야 하는 기본 아이디어는 구조화 요소^{structuring element}를 이용해 ROI(영상 내 1인 인스턴스를 의미함)를 확대하고 축소할 때 두 연산을 사용할 수 있다는 점이다. 구조화 요소는 사용자가 단독으로 하든지(작은 영상에 1과 0의 인스턴스를 배치), `strel` 함수를 사용하든지 둘 중 하나로 생성한 작은 이진 영상이 될 수 있다. 다음과 같이 두 개의 간단한 규칙으로 구조화 요소를 선택해야 한다.

* 큰 구조화 요소는 큰 확대/축소 요인이다.
* ROI 모양과 상당히 비슷한 구조화 요소를 사용하면 일반적으로 더 좋은 결과를 제공한다.

실제로 모든 이런 개념의 물리적인 의미를 이해하기 위해 뛰어들자.

실습 예제 | ROI를 정제하는 팽창과 침식 사용

휴일 사진은 영상 개선 애플리케이션용 일반적인 대상이므로 휴일 사진 중 하나인 바다에 있는 세 개의 큰 바위를 보여주는 사진을 예로 사용한다. 목표는 세 바위만 포함하는 마스크를 찾는 것이다. 일반적인 단계부터 시작하자.

1. 늘 그렇듯이 매트랩에서 영상을 불러오고, 그레이스케일로 변환한다.

```
>> img = imread('3Rocks.jpg');
>> img = rgb2gray(img);
```

2. 불러온 후 그레이스케일로 변환한 영상이 이제 있으므로 목표의 더 좋은 아이디어를 찾기 위해 영상을 보여주자.

```
>> imshow(img);
```

3. 지금 영상에 임계화를 적용해보자. 바위가 어둡기 때문에 임계값을 30으로 설정하자. 이번에는 임계값은 최댓값 유지를 의미하며, 30 미만인 값을 갖는 화소만 유지하는 마스크를 만들도록 매트랩에게 요청함을 뜻한다. 즉, 영상의 화소값이 30 미만이면 1(흰색)로, 나머지는 0(검은색)으로 설정한다.

```
>> img_bin = img < 30;
>> figure,imshow(img_bin)
```

4. 두 가지 문제점이 있음을 볼 수 있다. 하나는 장면 내 다른 어두운 객체(사람의 얼굴 같은)를 포함하고, 나머지 하나는 바위를 차선적으로 선택한다. 먼저 영상의 아래에 놓인 영역이 대부분 필요 없다는 사실을 활용해보자. 데이터 커서인 ▣을 이용하면, 마스크의 하한으로 사용할 수 있는 705행을 볼 수 있다. 따라서 705행 미만의 모든 화소값을 0으로 설정할 수 있다.

```
>> img_bin(706:end,:) = 0;
>> imshow(img_bin);
```

5. 지금 마스크에 포함하지 말아야 할 일부 희박한 흰색 점을 제거할 무언가를 해야 한다. 가능한 해결책은 작은 사각형 요소를 이용한 이진 침식을 사용하는 것이다. 두 번째 옵션을 사용해보자. 모든 화소값이 1인 2×2 구조화 요소를 적용한다.

```
>> img_bin_clean = imerode(img_bin,ones(2));
```

6. 마지막으로 모든 화소값을 1로 설정한 70×70 구조화 요소를 갖는 팽창을 수행 한 후 최종 마스크를 보여준다.

```
>> mask = imdilate(img_bin_clean, ones(70));
>> figure,
>> subplot(1,2,1)
>> imshow(img_bin_clean);title('Image after erosion');
>> subplot(1,2,2),imshow(mask);title('Image after dilation');
```

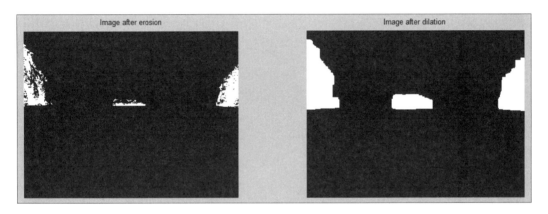

7. 이제 바위를 지우자. 결과는 최적이 아니겠지만 마스크가 무엇인지 이해할 때 흥 미로울 것이다. 하늘색을 사용하므로, 밝기의 몇 가지 표본 값을 구하기 위해 하 늘에 데이터 커서를 사용한다. 더 좋은 아이디어는 전체 이웃을 관찰하는 imtool 을 사용하는 것이다. 다음과 같이 해보자.

```
>> imtool(img);
```

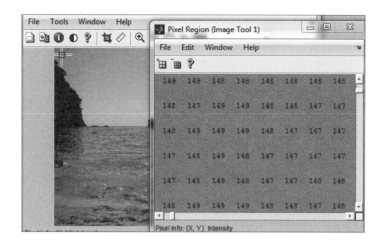

8. 147이 좋은 선택일 수 있음을 관찰했다. 왼쪽 바위 근처에 많이 반복해 나타나는 값이기 때문이다.

9. 마스크에 넣을 원하는 값을 결정했다면 바위 모습을 감추도록 시도해보자.

```
>> img_proc = img;
>> img_proc(mask) = 147;
>> subplot(1,2,1),imshow(img),title('Original image')
>> subplot(1,2,2),imshow(img_proc),title('Processed image')
```

보충 설명

이번 예제에서 양쪽 모두 팽창과 침식을 다뤘고 이미 배웠던 기술로 조합했다. 영상 (컬러를 그레이스케일로 변환한 후)에 대한 첫 마스크를 취득하기 위해 사용자가 정의한 임계값을 이용했다. 그 다음에는 뚜렷한 위치를 활용해 마스크의 불필요한 점을 제거했고, 작은 흰 반점을 제거하는 침식 단계를 이용해 지우는 과정을 마무리했다. 세 개의 바위를 포함하는 ROI를 만들려면, 70×70 크기의 모두 1인 사각형 구조화로 영상 팽창을 수행한다. 모든 요소가 1인 행렬을 반환하는 매트랩의 ones 함수를 이용해 구조화 요소를 생성했다. 하나의 입력인 N으로 ones 함수를 호출한 결과는 N×N 화소 크기인 희소 행렬이다. 이 희소 행렬을 더 잘 이해하기 위해 이 방법으로 생성한 3×3 행렬 결과를 살펴보자.

```
>> ones(3)
```

앞 명령어의 결과는 다음과 같다.

```
ans =

    1 1 1
    1 1 1
    1 1 1
```

마스크를 만든 후에 이전 절에 설명했던 대로 미봉책을 적용한다. 이번에는 목표가 그림의 바위를 지우는 것이므로, 바위의 화소값을 하늘을 묘사하는 화소값으로 대체했다. 물론 큰 영역의 밝기값을 사용했기 때문에 결국 평탄한 결과를 얻지만, 기대했던 것보다 덜 미묘하다. 바위를 삭제하는 주요 목표를 상당히 달성했다.

 마스크의 작은 객체를 제거할 때 imerode를 항상 사용하는 것은 좋은 생각이 아니다. 영상의 모든 이진 객체에 영향을 끼치기 때문이다. 이번 예제에서는 imerode를 imdilate와 함께 사용했다. 이런 작업에 대한 더 좋은 선택은 영상의 미리 정의된 크기를 갖는 작은 개체를 제거하는 bwareaopen 함수를 사용하는 것이다. 이전 예제에서 6 화소보다 더 작은 객체를 제거하는 단계인 img_bin_clean = imerod(img_bin, ones(2));를 img_bin_clean = bwareaopen(img_bin, 6);으로 바꿀 수 있다.

구조화 요소 선택

구조화 사용법과 구조화 요소를 선택할 때 반드시 따라야 하는 두 가지 규칙을 이미 언급했다. 팽창과 침식 예제에서 1의 인스턴스로 구성한 아주 간단한 사각형 구조화 요소를 사용했다. 더 좋은 선택이 있을까? 답은 있다. 마스킹하려는 객체가 사각형이 아니므로, 최상의 선택은 분명히 사각형 구조화 요소가 아니다. 아무튼 세 개의 바위가 비슷하지 않음을 관찰할 수 있다. 양 쪽에 있는 두 바위가 비슷하다고 생각이 들지만, 서로 반대 방향이다(즉, 좌우로 뒤집은 듯 보인다). 가운데에 놓인 작은 바위의 모양은 다른 두 바위와 닮지 않았다. 이런 모든 사실로 하나 이상의 구조화 요소를 사용해야 한다는 결론을 내릴 수 있다. 하지만 서로 다른 영역에 다른 구조화 요소를 어떻게 사용할까?라는 문제에 직면한다. 이런 경우 2장에서 사용했던 기술을 상기하자.

다만 무엇보다도 먼저 각 바위에 대한 이상적인 구조화 요소 선택부터 시작해야 한다. 이전 예제의 결과를 이해했겠지만, 영상의 왼쪽과 오른쪽 테두리에 붙인 측면의 바위를 거의 그대로 유지했다. 단지 imdilate 후의 변화는 상단과 하단에서 확장되었을 뿐이다. 팽창 후의 가운데 바위를 모든 방향에서 확대했다.

더 명확하게 하기 위해 이진 영상처리의 기본 기술인 영상 뺄셈을 사용해보자. 두 이진 영상을 서로 뺀 후 결과를 관찰하면, 두 영상 간의 다른 값을 갖는 화소를 볼 수 있다. 이번 예제에서는 팽창 처리 후에는 1로 설정한 화소를 볼 수 있으며, 팽창하기 전에 최종 마스크를 빼면(imsubstract 함수 사용), 양수인 화소를 보여준다.

```
>> Z = mask - img_bin;
>> figure,imshow(Z)
>> subplot(1,3,1),imshow(img_bin),title('Mask before dilation')
>> subplot(1,3,2),imshow(mask),title('Mask after dilation')
>> subplot(1,3,3),imshow(Z),title('Pixels set to 1 after dilation')
```

특정 방향에 있는 필요 없는 팽창을 제거할 때에는 사용할 구조화 요소에 매우 주의해야 한다. 목표는 원하는 방향에 있는 ROI만 확대하는 구조화 요소를 만드는 것이다. 이를 달성하기 위해 구조화 요소는 원하는 방향에 닿은 화소가 1인 인스턴스와 나머지 화소가 0인 인스턴스를 가져야 한다. 두 방법이 있는데, 한 방법은 요구에 맞춘 행렬의 화소값을 직접 초기화하여 달성하고, 다른 하나인 방법은 출발점이자 요구에 맞게 변경하는 매트랩의 strel 함수가 제공하는 구조화 요소를 사용해 달성한다.

구조화 요소를 생성하는 strel 사용

매트랩의 영상처리 툴박스가 제공하는 이미 만들어진 strel 함수는 다양한 타입의 구조화 요소를 제공한다. 조사한 이번 문제에 사용활 수 있는 지원하는 모양은 square, rectangle, disk, octagon, diamond, line, arbitrary이다. 지금 다음과 같이 입력해서 몇몇 모양을 보자.

```
>> se1 = strel('square',10); % 10×10 정사각형
>> se2 = strel('rectangle',[12,8]); % 12×8 사각형
>> se3 = strel('line',10,45); % 선, 길이는 10, 각도는 45도
>> se4 = strel('disk',10); % 원반, 반지름은 10
>> se5 = strel('octagon',12); % 8각형, 크기는 12(3의 배수이어야 함)
>> se6 = strel('diamond',10); % 다이아몬드, 크기는 10
>> subplot(2,3,1),imshow(getnhood(se1)),title('Square')
>> subplot(2,3,2),imshow(getnhood(se2)),title('Rectangle')
>> subplot(2,3,3),imshow(getnhood(se3)),title('Line')
>> subplot(2,3,4),imshow(getnhood(se4)),title('Disk')
>> subplot(2,3,5),imshow(getnhood(se5)),title('Octagon')
>> subplot(2,3,6),imshow(getnhood(se6)),title('Diamond')
```

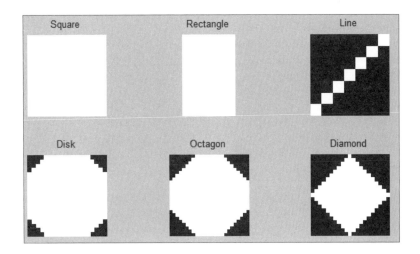

Workspace 창을 보면 알겠지만, 구조화 요소는 행렬로 저장하지 않으며 strel이라고 부르는 특수한 타입이다. 이는 행렬로 변환해야 하는 이유이며, 변환 처리하고 지금까지 보여줬던 방법으로 표시할 수 있게 하는 getnhood 함수를 사용한다.

요구에 맞추기 위해 strel로 구조화 요소 변경

지금 첫 번째 문제였던 각 바위에 대한 서로 다른 구조화 요소를 생성하는 방법을 strel로 생성했던 하나를 사용해서 해결해보자. 바위를 관찰하면 유용한 결론을 도출할 수 있는데, 두 측면의 바위는 원의 1/4로 모델링할 수 있고, 가운데 바위는 원반의 절반으로 모델링할 수 있다. 다음 예제에서 가정이 가운데 바위에 잘 들어 맞는지 살펴보자.

실습 예제 | strel을 이용한 ROI 정제

이번 예제에서 휴일 사진의 가운데 사진에 대한 더 좋은 마스크 결과를 얻기 위해 strel의 원판 구조화 요소를 어떻게 사용하는지 보자. 이번 작업에 중점을 두기 위해, 상당히 관심이 있는 영역을 먼저 잘라낸다. clear all(모든 변수를 지우는 매트랩 명령어)을 사용해 작업공간을 비웠다고 가정하고 다음과 같이 단계별로 수행한다.

1. 컬러 영상을 읽어 그레이스케일로 변환한 후에 가운데 바위를 포함한 영역을 잘라낸다.

```
>> img = imread('3rocks.jpg');
>> rock = imcrop(rgb2gray(img));
```

2. 전과 동일한 임계값(30)을 사용해 잘라낸 영상을 임계화한 후에 원 영상의 측면을 보여준다.

```
>> mask1 = rock < 30;
>> subplot(1,2,1),imshow(rock),title('Original image')
>> subplot(1,2,2),imshow(mask1),title('Initial mask')
```

3. imerode 함수를 이용해 영상 지우기를 수행한다.

```
>> mask2 = imerode(mask1,ones(2));
```

4. 원판의 상단 절반 부분인, 바위에 대한 구조화 요소를 만든다. 반지름이 26인 원판을 사용한다(다른 값으로 실험할 수 있다).

```
>> se = strel('disk',26); % 반지름이 26 화소인 원판 생성
>> se_mat = getnhood(se); % 구조화 요소를 행렬로 변환
>> se_mat(27:end,:) = 0; % 하단 절반을 0으로 만듦
```

5. 구조화 요소로 처리하는 팽창을 수행한다.

```
>> mask3 = imdilate(mask2,se_mat);
```

6. mask3을 사용해 원 영상의 바위를 지운다.

```
>> no_rock = rock;
>> no_rock(mask3) = 200; % 밝기값 200 사용
```

7. 결과를 보여준다.

```
>> subplot(2,2,1),imshow(rock),title('Original image')
>> subplot(2,2,2),imshow(no_rock),title('Masked image')
>> subplot(2,2,3),imshow(mask2),title('Mask before dilation')
>> subplot(2,2,4),imshow(imsubtract(mask3,mask2)),title('mask3-mask2')
```

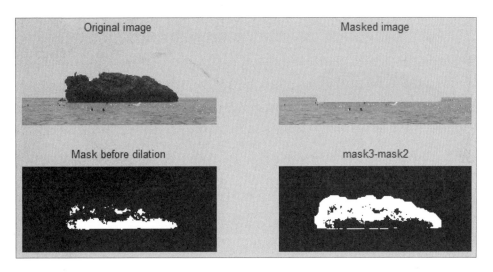

보충 설명

수행했던 이번 예제에서 ROI 선택과 마스킹 수정을 완료했다. 바위 하나만 포함하도록 영상을 잘라낸 후에, 첫 마스크를 얻기 위한 이전과 동일한 절차를 따랐다. 그 다음에는 이번 예제의 매우 중요한 단계(4단계의 코드를 강조했음)에서 매트랩이 제공하는 반지름이 26화소인 구조화 요소인 disk를 선택해 행렬로 변환한 후, 하단 절반을 0으로 설정했다. 끝으로 생성했던 구조화 요소를 이용한 팽창을 적용했다. 원 영상 안에 있는 바위에 있는 화소의 밝기를 200으로 변경하기 위해 생성한 마스크를 사용한 후, 결과를 표시했다.

자, 이제 팽창과 침식을 이용해 이진 마스크를 수정하는 방법과 두 연산이 영상에 실제로 영향을 주는 방법에 관한 좋은 아이디어를 찾을 준비해야 한다. 간단하게 말하자면, 이진 마스크는 영상의 특정 영역에서 화소 처리 작업에 초점을 둘 때 사용할 수 있다. 침식과 팽창은 각각 관심 영역을 확대하거나 축소할 때 사용한다. 해당 연산에 대한 더 알맞은 구조화 요소 선택은 더 좋은 결과를 낳는다.

2장에서 사용자가 지정한 사각형 영역 개선을 수행하는 함수를 작성하는 방법을 봤다. 팽창과 침식인 경우에도 똑같이 할 수 있을까? 이 함수는 세 가지 입력인 원 이진 영상, 구조화 요소와 연산 선택(1은 팽창, 2는 침식)을 가져야 한다.

음, 구현은 지금으로선 어렵지 않아 보이겠다. 2장에서 작성했던 함수에 기반을 많거나 적게 둘 수 있다. 첫 단계는 사용자가 영상의 일부를 잘라내고 해당 좌표를 저장한다. 그 다음에는 사용자 입력에 기반을 둔 특정 연산으로 바꾼다. 원 이진 영상에서 입력으로 제공한 구조화 요소를 이용해 선택한 연산을 수행한다. 마지막 단계는 영상에 다시 잘라낸 영역을 배치한 후 결과를 반환한다.

작성할 함수의 이름은 CroppedDilationErosion.m이며, 다음과 같이 정의한다.

```
function [output] = CroppedDilationErosion(input,se,method)

% Function that performs area-based dilation or erosion with =
% a user-defined structuring element.
% Inputs:
%              input - Input image
%              se - Structuring element
%              method - Morphology operation (1: dilation, 2: erosion)
% Output:
%              output - Output image (dilated or eroded)
```

이 함수가 예상대로 작동하는지 확인하기 위해 이전 예제의 마스크를 사용할 수 있다.

```
>> img = imread('3rocks.jpg');
>> rock = rgb2gray(img);
>> mask = rock < 30;
>> mask2 = CroppedDilationErosion(mask,ones(10),2); % 침식 마스크
>> mask3 = CroppedDilationErosion(mask,ones(10),1); % 팽창 마스크
```

두 연산을 적용하기 전의 선택한 ROI는 다음과 같다.

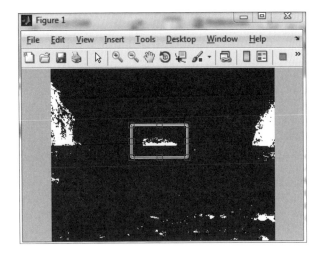

결과는 다음과 같다.

```
>> subplot(1,3,1),imshow(mask),title('Original mask')
>> subplot(1,3,2),imshow(mask2),title('Mask after erosion')
>> subplot(1,3,3),imshow(mask3),title('Mask after dilation')
```

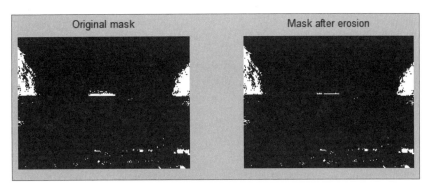

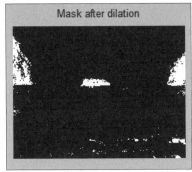

그림에서 볼 수 있듯이 가운데 바위만 포함한 ROI를 선택한 후의 침식 결과는 가운데 바위를 거의 보이지 않게 만들며, 팽창 결과는 침식 결과를 확장한다. 영상의 다른 모든 부분은 영향을 받지 않는다.

 팽창과 침식이 이진 영상에 국한하지 않고, 그레이스케일 영상에 적용해 관심이 있는 결과를 생성할 수 있음을 안다면 놀랄 것이다. 작성했던 함수를 이진 영상 대신에 그레이스케일 입력을 사용해 호출해보자.

더 많은 형태학적 연산

지금까지는 침식과 팽창 연산에 상당히 초점을 맞췄다. 그게 전부인지 아닌지 생각해봄직이 타당할까? 더 많은 형태학적 연산이 없을까? 답은 많이 있다. 하지만 적어도 일상적인 작업이라면 앞서 언급했던 두 연산의 절반 정도로 사용할 뿐이다. 또한 많은 다른 형태학적 연산은 팽창과 침식의 조합에 기반을 둔다. 매트랩이 지원하는 형태학적 연산을 분석한 목록을 http://www.mathworks.com/help/images/morphological-filtering.html에서 찾을 수 있다.

아무튼 모든 형태학적 연산을 다루기엔 이 책의 범위를 넘어선다. 여기서부터는 필요할 때 사용하고 동시에 설명하며 예제로 사용법의 중요성을 이해할 수 있다.

비사각형 ROI를 직접 정의하기

영상처리 도구로 작업했던 사람이라면 직접 할 수 있는지 아마도 궁금했을 것이다. 매트랩에서 ROI를 손으로 그려 선택하는 것도 가능하다. 효율적으로 마스킹을 하기 위해 매우 꽉차게 정의해야 하는 ROI를 이용하는 애플리케이션에 있는 아주 유용한 도구다. 이것은 다른 영역이며, 매트랩은 경쟁적인 도구에 비해 부족함이 없다. 사실 두 가능한 선택이 있다. 많은 점으로 정의한 다각형 ROI를 roipoly를 이용해 정의할 수 있는 반면에 완전히 자유롭게 선택하도록 사용할 수 있는 imfreehand 함수가 있다. 모두 사용할 수 있는 방법을 살펴보자.

마스크를 만들기 위한 roiploy 사용

roipoly를 이용해 마스크를 만드는 과정을 설명하기 위해 세 개의 바위 영상 사용부터 시작한다. 먼저 영상을 불러와서 변환한 후 잘라낸다(결과를 눈에 더 잘 띄도록 하기 위함).

```
>> img = imread('3rocks.jpg');
>> rock = rgb2gray(img);
>> rock = imcrop(rock)
```

그 다음에는 roipoly를 호출하며, 다각형의 코너 점을 정의한다.

```
>> mask = roipoly(rock);
```

일단 점 선택을 완료했다면, 결과를 저장하기 위해 ROI에서 더블 클릭한다. 작동했는지 검증하기 위해 새로운 그림 창에 결과를 띄우자.

```
>> figure,imshow(mask)
```

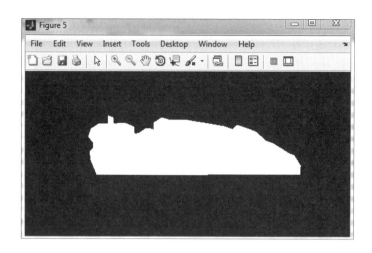

성공했다! 바위를 정확하게 정의했고, 이 마스크는 자동 임계화 방법을 사용해 만들
수 있었던 마스크보다 훨씬 낫다. 하지만 아주 자유롭게 선택했을지라도 점을 많이
클릭하길 바라지 않는다면 어떻게 할까? 그러면 다음 절에 보여줄 imfreehand를 사
용해야 한다.

마스크를 만들기 위한 imfreehand 사용

한번 더, 비교하기 위해 세 개의 바위 영상으로 작업한다. 작업공간을 지울 필요 없이
(지우면, 이전 예제와 영상을 잘라내는 첫 세 개 명령어를 반드시 입력해야 한다), 다음과 같
이 명령어를 입력한다.

```
>> figure, imshow(rock);   % 영상을 보여줌
>> h = imfreehand;         % imfreehand 호출, 결과인 핸들 사용
>> pos = wait(h);          % 선택한 모든 점의 위치 저장
```

강조한 두 번째 줄인 코드를 실행한 후, 왼쪽 마우스 버튼을 클릭한 채 마우스를 드
래그해 분리하려는 영역을 그릴 수 있다. imfreehand의 결과인 핸들을 사용해 달성
할 수 있다. 그 다음에는 이 핸들은 매트랩 명령행을 막는 wait 함수를 입력으로 사
용한다. 최종적으로 사용자가 imfreehand 함수로 선택한 점의 위치를 출력한다. 이
작은 트릭에 관한 상세한 정보는 http://www.mathworks.com/help/images/ref/
imfreehand.html에서 찾을 수 있다.

ROI를 정의했다면, 마우스 버튼을 뗀 후 ROI를 더블 클릭한다.

처리가 끝났다면, pos 변수의 ROI 경계에 있는 모든 점의 행과 열 좌표를 저장하기
위한 세 번째 함수를 입력한다. 좌표를 마스크로 변환해야 한다.

```
>> [rows,columns] = size(rock); % 영상 크기를 가져 옴
>> mask_freehand = poly2mask(pos(:,1),pos(:,2),rows,columns); % 마스크 생성
>> figure, imshow(mask_freehand)
```

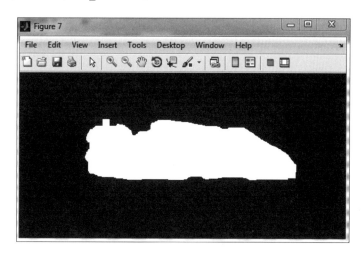

이에 볼 수 있듯이 결과는 또 다시 매우 정확하고, 이 기술은 소수의 예각으로 매우 부드러운 결과를 만들어낸다. 이제, 보여줬던 여러 가지 도구를 영상의 객체를 지울 때 사용할 수 있는 하나의 함수로 조합해보자.

실습 예제 | 사용자 정의 객체 제거 함수 만들기

이번에는 매우 복잡한 도구를 만든다. 영상을 입력으로 받은 후 사용자가 ROI(이전에 설명했던 두 방법 중 하나를 사용)를 선택하도록 유도하고, 끝으로 제거 과정에 사용하는 컬러 화소값을 선택하도록 유도하는 함수를 작성한다. 코드는 다음과 같다 (FreehandMasking.m이라고 부르겠다).

```
function[output] = FreehandMasking(input,method)

% Function that performs masking of a user-defined ROI
% Inputs:
%           input - Input image
%           method - ROI selection (1: roipoly, 2: imfreehand)
% Output:
%           output - Output image (masked)

switch method
case 1
  mask = roipoly(input););); % roipoly를 이용해 ROI 선택
case 2
  figure, imshow(input)
  h = imfreehand; % imfreehand를 이용해 ROI 선택
  pos = wait(h);
  [rows,columns] = size(input);
  mask = poly2mask(pos(:,1),pos(:,2),rows,columns);
end
pix = impixel(input); % 제거 컬러인 화소값 선택
output = input; % 입력을 출력으로 설정
output(mask) = pix(1); % 선택한 객체를 지우기 위한 마스킹 수행
```

1. 지금 코드를 테스트해보자. 서로 다른 컬러를 사용해 예제에 있는 가운데 바위의 두 부분을 지우자. 먼저 가운데 바위를 잘라내기 위한 명령어를 입력하자.

```
>> img = imread('3rocks.jpg');
>> rock = rgb2gray(img);
>> rock = imcrop(rock)
```

2. 일단 사용하려는 영역을 잘라냈다면, 만들었던 함수를 두 번 호출해야 한다. 지금 영상의 바다 수위 아래에 있는 바위 부분을 처리하는 roipoly 함수를 사용한 후, 바다 수위 위에 있는 바위 부분을 처리하는 imfreehand 함수를 사용한다. 먼저 해수면 아래의 부분을 마스킹하자(바다를 지우는 컬러를 선택하기 위해 하늘 영역에 있는 화소를 더블 클릭한다).

```
>> rock2 = FreehandMasking(rock,1);
```

3. 이제 해수면 위에 있는 부분을 마스킹한다(바위를 지우기 위해 바다의 화소를 더블 클릭한다).

```
>> rock3 = FreehandMasking(rock2,2);
```

4. 최종 결과를 살펴보자.

보충 설명

마스킹을 완료한 이 도구는 지금까지의 다른 도구에 비해 매우 정교하다. 사용자 입력을 두 번 유도하는데, 하나는 미리 정의한 방법을 이용한 ROI 선택(입력으로 주어짐)이고, 다른 하나는 지우는 컬러 선택이다. 이번 경우 두 컬러와 각 선택한 바위의 ROI를 사용할 때 가운데 바위를 지우는 예제를 반복하기 위해 해당 기능을 활용했다. 해

수면 아래에 있는 바위 부분을 어두운 컬러를 사용해 지웠기 때문에 매우 효율적으로 바위를 감추므로, 결과는 전보다 훨씬 뛰어나다. 다음 장인 4장에서는 이 절에 보여 줬던 ROI 선택 기술을 이용한 더 흥미진진한 예제를 볼 수 있다.

영상에서 객체 분석

영상처리의 다른 주요 함수는 영상(이진 혹은 이외) 내용 분석이다. 영상을 분석할 때 보통 에지, 코너, 영상 내부에 있는 원이 존재하는지 탐색한다. 직접 이런 정보를 취 득했다면, 검출한 모양의 위치와 영상의 특정 객체를 찾거나 영상의 선택한 부분을 개선할 수 있다. 3장에서 지금까지 다뤘던 ROI 선택의 주제와 상당한 관계가 있다. 매우 인기가 있는 방법인 에지 검출로 영상 분석 기술의 개요부터 시작하자.

영상에서 에지 검출

에지 검출은 일반적으로 그레이스케일 영상을 이진 영상으로 변환하는 처리이며, 다 른 방향의 선에 속하는 인스턴스가 1인 모든 화소를 나타난다. 에지 검출 처리는 폭 넓게 사용됐으며, 다양한 기술을 사용해 다뤘다. 매트랩은 인기 있는 방법의 대부분 을 포함하되 쉽게 사용할 수 있는 형태인 edge라고 하는 내장 함수를 갖는다.

이 처리를 보여주기 위해 많은 선이 있는 영상을 사용하므로 각 알고리즘의 유용성을 입증한다. 선택한 한 영상은 holiday_image2.bmp다. edge가 지원하는 모든 다른 방 법을 더 고찰하고 싶을 때 명령행에서 help edge를 입력할 수 있다. 에지 검출 방법 은 소벨Sobel, 프리윗Prewitt, 로버츠Roberts, 라플라시안-가우시안LoG, Laplacian of Gaussian, 영 교차zero-cross와 캐니Canny다.

영상에 모두 사용해보고 결과를 표시해보자. 에지 검출을 빠르게 수행하기 위해 크기 조정을 0.5로 해 영상을 일단 축소했다.

```
>> img = imread('holiday_image2.bmp');
>> img = imresize(img,0.5);
>> BW1 = edge(img,'sobel');
>> BW2 = edge(img,'prewitt');
```

```
>> BW3 = edge(img,'roberts');
>> BW4 = edge(img,'log');
>> BW5 = edge(img,'zerocross');
>> BW6 = edge(img,'canny');
>> subplot(3,3,2),imshow(img),title('Original Image')
>> subplot(3,3,4),imshow(BW1),title('Sobel result')
>> subplot(3,3,5),imshow(BW2),title('Prewitt result')
>> subplot(3,3,6),imshow(BW3),title('Roberts result')
>> subplot(3,3,7),imshow(BW4),title('LoG result')
>> subplot(3,3,8),imshow(BW5),title('Zerocross result')
>> subplot(3,3,9),imshow(BW6),title('Canny result')
```

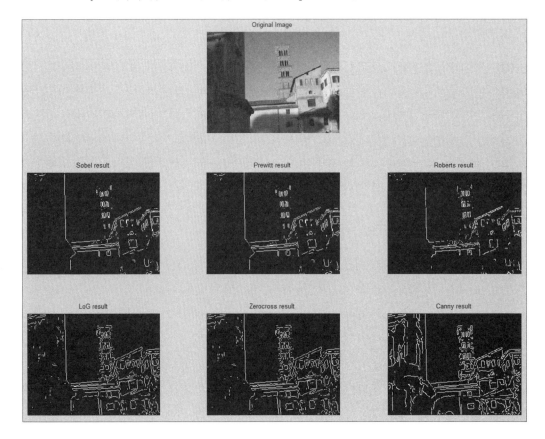

이에 볼 수 있듯이 이번 경우에는 캐니 에지 방법은 매우 조밀한 결과를 제공한다. 낮은 밝기값을 갖는 영역의 에지를 검출할 때 주요 장점으로 보인다. 소벨, 프리윗, 로

버츠 방법은 나머지 세 가지 방법에 비해 더 약하게 나타나고, 희박한 결과를 만들며, 선을 적게 검출한다.[1]

여러 가지 방법에서 에지 검출 처리를 사용한다. 매우 인기 있는 두 가지 응용을 영상의 객체 분할과 영상 개선이다. 특히 객체 분할인 경우 에지 검출은 코너 검출 같은 다른 방법과 조합이 일반적이다.

영상에서 코너 검출

코너 검출은 객체 분할뿐만 아니라 영상 등록 알고리즘(변환했거나 다른 시간에서 촬영한 영상의 다른 버전의 점에 대응하는 한 영상의 일치점)에도 사용하는 유용한 다른 도구다. 영상처리 영역에서 코너의 일반적인 정의는 두 에지의 교집합이다. 따라서 에지 검출과 아주 밀접하게 연관한다. 매트랩은 corner 함수를 통한 코너 검출을 제공한다. 두 다른 알고리즘인 해리스^{Harris} 코너 검출 방법과 쉬 & 토마시의 최소 고유치$^{Shi \&}$ $^{Tomasi's\ minimum\ eigenvalue}$ 방법을 제공한다.

사용법을 보여주기 위해 전과 동일한 영상을 사용하자. 이번에는 corner가 검출한 코너의 좌표를 반환한 후 plot을 사용해 좌표를 시각화한다. 또한 좌표를 원 영상에 투영하기 위해 plot을 호출하기 전에 hold on을 사용한다. 최종적으로 해리스 방법으로 검출한 코너에 그릴 때 빨간 원을 사용하고, 최소 고유치 방법으로 검출한 코너를 그릴 때 파란 별표를 사용한다. 결과를 더 좋게 보기 위해 영상의 일부를 잘라낸다. 작업해보자.

```
>> img = imread('holiday_image2.bmp');
>> img = imresize(img,0.5);
>> img = imcrop(img);
>> C1 = corner(img);
>> C2 = corner(img, 'MinimumEigenvalue');
>> figure, imshow(img) % 원 영상 표시
>> hold on % 그림창 고정
>> plot(C1(:,1), C1(:,2), 'ro'); % 해리스의 코너를 겹침
>> plot(C2(:,1), C2(:,2), 'b*'); % 쉬의 코너를 겹침
```

---

1 예제 영상만 한정해 설명한 내용일 뿐, 실제로 영상의 내용에 따라 더 좋은 결과가 나타날 수 있으므로 어디까지나 참고만 하길 바란다. – 옮긴이

기본 설정을 이용한 쉬 & 토마시 방법은 많은 결과를 만들어냈으며 대부분의 결과가 일치함을 보여준다. 하지만 완벽하게 일치하지 못했다. 따라서 사용할 기술을 선택할 때 주의를 기울여야 한다.

영상에서 원 검출

지금 보는 인기가 있는 영상처리 방법의 마지막은 일상적인 작업에 널리 사용하는 원 검출이다. 원은 많은 객체의 매우 사실적인 특징이며 영상에서 검출할 때 종종 필요하다. 몇 가지 예를 들면, 원 검출은 눈, 별, 볼, 동전, 타이어, 신호등 등을 지역화할 때 사용할 수 있다. 원 검출을 위한 매트랩의 내장 함수는 imfindcircles이다. 여러 가능한 입력을 사용하며, 단지 필요한 입력은 입력 영상과 검출하려는 원의 화소 반지름(혹은 반지름의 범위)이다. 결과에 검출한 원의 중심만 있을 수 있으며, 혹은 각 원의 반지름과 각 원의 제곱을 포함할 수도 있다.

사용법을 설명하며 꽤 재미있는 예제를 사용한다. 사용할 사진에 나타난 고양이는 코 아래에 있는, 웃기는 작은 부분이 있는 검은 털을 가지며, 사람의 콧수염과 닮았다. 고양이의 검은 털을 무시하고, imfindcircles를 사용해 고양이의 눈을 자동으로 검출해보자. 20부터 50까지의 화소 반지름 범위를 이용한다. 매트랩의 시각화를 위해 설계된 명령어인 `viscircles`를 사용해 결과를 시각화한다.

```
>> img = imread('cat.jpg');
>> img = rgb2gray(img);
>> imshow(img)
```

여기선 고양이다. 재미있지 않나요. 그렇죠?

고양이의 눈을 찾아보자. 언급했듯이 이번 알고리즘에서 20부터 50까지의 화소 범위를 반지름의 범위로 사용한다(범위를 더 종확하게 하고 싶다면 매트랩이 제공하는, 영상 안에서 거리를 측정하는 몇몇 도구를 사용할 수 있다. 예로 `imdistline`이 있다.).

```
>> [centers,radii,metric] =imfindcircles(c,[20 50])
```

지금 세미콜론 연산자를 사용하지 않아 화면에 출력했기 때문에 코드의 마지막에서 만들어진 결과를 관찰할 수 있다.

결과를 자세히 살펴보면 함수를 호출한 후에는 두 개의 원 대신에 세 개의 원이 위치했음이 드러난다.

```
>> [centers, radii, metric] = imfindcircles(c,[20 50])

centers =

   1.0e+03 *

    1.0027    0.6503
    1.1901    0.6365
    1.0855    0.6364


radii =

    28.6707
    28.6184
    25.7845


metric =

    0.3377
    0.2826
    0.1630
```

직관에 어긋나는 이런 결과는 객체 검출을 위한 자동화 기술을 사용했을 때 아주 흔하다. 물론 결과를 정제할 때 보조하는 아무런 추가적인 지식 없이 영역의 원형만 조사하기 때문에 자연스럽다. 그러므로 이런 작업의 결과를 정제할 때는 보통 사람이 한다.

자세하게 보면 두 결과가 거의 일치한 반지름(28.6에서 28.7까지의 화소)을 갖는다. 또한 세 번째 원보다 상당히 높은 원형 행렬을 가지므로, 고양이의 눈일 가능성이 더 많다. 선택을 확실할 수 있는 마지막 단서는 검출한 원의 중심 위치다. 안타깝게도 예제 내 위치는 크게 변하지 않으므로(행이 유사하고 열이 가까움), 확실하게 말할 수 없다. 비록 가정이긴 하지만, 검출한 첫 두 원은 눈이고, 세 번째 원은 더 작은 대칭 영역으로서 고양이의 코 위의 사이에 있다(중심의 열 좌표는 두 다른 중간점 근처이다). 맞는지 확인해보자. viscircles를 사용해 첫 두 원을 시각화한 후 세 번째의 중심에 파란 별을 올려 놓는다.

```
>> viscircles(centers(1:2,:), radii(1:2,:));
>> hold on;
>> plot(centers(3,1), centers(3,2),'b*');
```

아주 정확하다! 원 검출기가 두 눈의 위치뿐만 아니라 고양이의 코 상단에 있는 높은 대칭적 영역을 정말 찾았다. 후처리 단계에서 이론적인 근거가 정확했으며, 고양이 눈의 중심을 제대로 선택했다. 자동화 도구에 기반을 둔 절차가 나쁘지 않다. 그렇죠? 이 책의 후반에서 이 방법을 다시 테스트한다.

깜짝 퀴즈 | 객체 분석의 장단점

퀴즈 1. 매트랩은 복잡한 객체 분석 작업을 구현한 여러 가지 함수를 제공한다. 다음과 같은 사실 중에서 어떤 것이 참인가?

1. edge 함수의 소벨Sobel 방법으로 매우 조밀하고 상세한 에지 검출 결과를 얻을 수 있다.

2. 매트랩이 제공하는 corner 함수는 코너 검출을 위한 두 가지 다른 방법을 제공 한다.

3. imfindcircles로 수행한 원 검출은 한 반지름과 반지름 범위 중 하나다.

요약

3장에서 관심 영역 선택과 영상을 마스킹하는 몇 가지 유용한 형태학적 기반 기술을 보여줬다. 형태학 이론에 기반을 둔 여러 예제를 둘러 봤으며, 영상 개선, 객체 검출, 영상 등록 등 같은 여러 영상처리 애플리케이션이 사용할 수 있는 몇 강력한 객체 도구에 관한 입문적인 설명을 제공한다.

3장에서 제시한 방법의 중요성을 보여주는 실습 예제를 직접 해보는 것에 중점을 두었다. 좀 더 구체적으로 3장에서 다음과 같이 다뤘다.

- 이진 영상 설명과 자동 임계화 기술을 사용해 이진 영상을 만들 수 있는 방법
- 각각 확대와 축소를 수행하는 팽창^{imdilate}와 침식^{imerode}을 사용해 요구에 가장 적합하도록 관심 영역을 정제할 수 있는 방법
- 구조화 요소 설명과 영상의 특정 관심 영역에 영향을 주는 방법
- 마스킹 설명과 영상의 특정 관심 영역에 사용할 수 있는 방법
- 응용을 위한 더 좋은 마스크를 정의하기 위해 roipoly와 imfreehand를 이용해 관심 영역을 직접 선택하는 방법
- 그레이스케일 영상에서 edge 함수를 이용해 에지를 검출하는 방법
- 영상에서 corner 함수를 이용해 코너를 검출하는 방법
- imfindcircles로 원을 검출하는 방법

다음 장인 4장에서 지금까지 설명했던 방법을 컬러 영상처리로 확장한다. 컬러 영상으로 기능을 구현하는 새로운 함수를 만들고, 이번 경우에 포함한 추가 정보를 활용한 특별한 해결책을 제공한다. 4장의 마지막에서는 매우 매력적인 모습으로, 더욱이 사진을 더 전문적으로 돋보이게 하는 예술적인 효과를 적용한 결과를 만들기 위해 컬러 사진을 조작하고 처리할 수 있다.

4

컬러 영상 다루기

지금까지 그레이스케일 영상만 다뤘다. 컬러였던 사진을 다룬 몇 가지 사례가 있었지만, 먼저 그레이스케일로 변환한 후 처리했다. 아무튼 컬러 영상처리는 일상 생활에서 훨씬 더 빈번한 작업이다. 이미 다뤘던 것과 차이점이 없지만, 기본적으로 2차원 행렬 대신에 3차원 행렬을 처리한다는 점만 기억하자. 4장에서는 컬러 개념과 지금까지 다룬 기술을 컬러 영상으로 확장하는 방법을 소개한다. 특수한 컬러 영상처리 기술을 다루는 동안에서 이전 장에 보여줬던 대부분의 영상처리 방법을 다시 살펴 본다. 컬러 영상 개선과 예술적인 컬러 조작에 관한 실전 예제를 다루면서 모든 컬러 영상처리 방법을 분석한다.

4장에서 다음과 같은 내용을 다룬다.

- 컬러 영상처리의 몇 가지 기본 지식과 그레이스케일 영상처리와 차이점
- 컬러 영상의 화소값 조작과 화소값 임계화 모두 또는 한쪽을 처리하는 방법
- 컬러 마스킹을 수행하는 방법
- 컬러 공간이 무엇이며 왜 중요한가
- RGB 외에 다른 컬러 공간 사용
- 영상 내 컬러 분리 달성
- 적목 감소를 수행하는 방법

자, 바로 시작해보자!

컬러 영상처리 소개

컬러 영상처리 기술과 그레이스케일 영상처리 기술 간의 차이점을 조사하기 전에 컬러 영상과 그레이스케일 영상의 차이점을 우선 이해해야 한다. 3장에서 설명했듯이 그레이스케일 영상은 2차원인 m×n 행렬(m 행과 n열)로 표현할 수 있다. 화소라고 하는 요소의 값은 0부터 255까지의 범위를 갖는다(8비트 영상인 경우). 0인 값은 검은색을 표현하고, 255인 값은 흰색을 표현하는 반면에 0과 255 값 사이에 있는 모든 값은 서로 다른 회색 음영을 표현한다.

컬러 영상인 경우 행렬은 3차원이 된다. 그레이스케일인 경우처럼 첫 두 차원은 행 숫자와 열 숫자다(m×n). 차이점은 3차원이 전형적으로 컬러를 대표하는 3차원 레이어로 구성한다는 점에 있다. 즉, 컬러 영상은 3차원(보통 m×n×3) 행렬이고, 세 개의 그레이스케일 영상을 함께 구성한다고 생각할 수 있다. 각 영상은 보통 영상의 컬러 중 하나(즉, 빨강, 초록, 파랑)를 대표한다. 그러므로 RGB로 특성화할 수 있다. 3개의 레이어를 컬러 공간(이번 경우는 RGB)의 컬러 채널이라고도 부른다.

그레이스케일 영상 경우와 유사하게 채널당 8비트인 컬러 영상인 경우라면, 한 채널의 0인 값은 컬러가 존재하지 않음을 표현하는 반면 255인 값은 전체 컬러임을 시사한다. 영상 내 각 화소의 최종 컬러를 만들기 위해 세 가지 채널을 함께 혼합한다. 세 채널 중 하나가 최댓값이고 다른 두 개는 0이라면 순수한 원색이 나타난다. {R, G, B} 값을 갖는 화소가 순수한 빨강인 {255, 0, 0}임을 의미한다. 이와 비슷하게 {0, 255, 0}인 값을 갖는 화소는 순수한 초록이고, {0, 0, 255}인 값을 갖는 화소는 순수한 파랑이다. 세 가지 기본 컬러 채널 값의 다른 혼합은 궁극적으로 다른 컬러를 생성한다.

 RGB 컬러 영상의 기본 개념에 대한 더 광범위한 설명은 2장에서 소개한 영상처리 툴박스의 매뉴얼에서 찾을 수 있다. 자유롭게 열람할 수 있는 PDF 포맷인 파일을 매쓰 웍스의 웹사이트에 있는 http://www.mathworks.com/help/pdf_doc/images/images_tb.pdf에서 찾을 수 있다.

컬러 영상에 대한 앞 설명에서 추론할 수 있는 사실은 이전 장에서 다룬 방법을 컬러 영상에 적용하기 위해 동일한 처리를 세 번(각 컬러 채널마다) 되풀이해야 한다는 점이다. 4장의 나머지에서 보겠지만 일반적으로 맞다. 1장에서 다뤘던 기본 컬러 영상 조작으로 시작해보자.

기본 컬러 영상 조작

아주 기본부터 시작해보자. 컬러 영상을 가져온 후 화소에 접근하는 것은 그레이스케일 영상의 경우와 거의 같다. 1장에서 사용했던 영상의 컬러 버전을 이용함을 볼 수 있다. 컬러 버전과 그레이스케일 버전을 모두 열려면 imread를 두 번 사용한다.

```
>> img_gray = imread('my_image.bmp');
>> img_color = imread('my_image_color.bmp');
```

작업공간을 조사하면 앞에서 언급했던 그레이스케일과 컬러 영상 간의 차이점이 차원수임을 보여준다. 다음 그림에서 볼 수 있듯이 그레이스케일 버전은 485×686이고 컬러 버전은 485×686×3이다.

Command Window				Workspace			
>> img_gray = imread('my_image.bmp');				Name ▲	Value	Min	Max
>> img_color = imread('my_image_color.bmp')				img_color	<485x656x3 uint8>	<Too ...	<Too ...
fx >>				img_gray	<485x656 uint8>	0	255

그레이스케일 영상과 컬러 영상은 물론 이 컬러 영상의 세 컬러 채널을 동일한 그림 창에 각각 표시하기 위해 다음과 같이 입력한다.

```
>> subplot(2,3,1),imshow(img_gray);title('Grayscale image')
>> subplot(2,3,2),imshow(img_color);title('Color image')
>> subplot(2,3,4),imshow(img_color(:,:,1));title('Red channel')
>> subplot(2,3,5),imshow(img_color(:,:,2));title('Green channel')
>> subplot(2,3,6),imshow(img_color(:,:,3));title('Blue channel')
```

결과 영상은 다음 그림과 같이 나타난다.

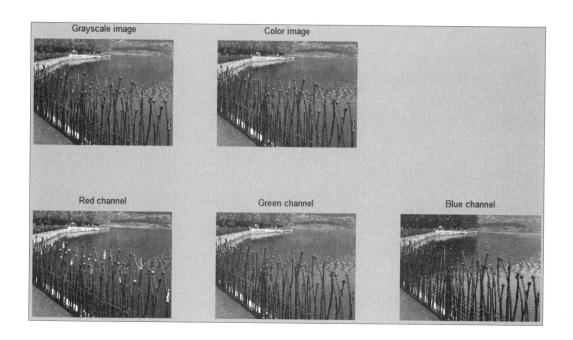

앞에 보여줬던 강조한 코드에서 세 번째의 첨자는 효과가 있었으며, 세 개의 채널을 성공적인 표시로 이어졌음을 볼 수 있다. 이 결과 영상에서는 분리한 컬러 채널의 의미를 더 잘 이해할 수 있다.

요점은 매우 밝은 빨강 값과 어두운 초록색 값 및 파란색 값을 갖는 울타리의 빨간 끝 부분에 주목함에 있다. imtool의 옵션인 Inspect Pixel Values(⬛)를 이용해 빨간색 음영의 화소를 클릭하면 요점을 더 잘 이해할 수 있다.

```
>> imtool(img_color)
```

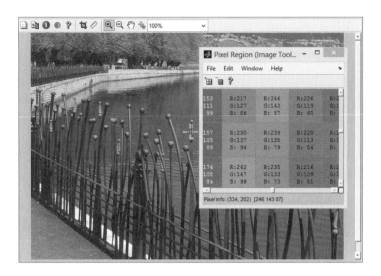

이번 예제에서는 1장에서 보여줬던 같은 방법으로 컬러 영상에 imtool을 사용할 수 있다. 이때 표시한 각 화소의 세 가지 값이 같지 않으며(그레이스케일 영상인 경우와 같이), 화소의 R, G, B 값을 나타난다.

imrotate도 그레이스케일 영상과 동일하게 사용할 수 있지만, fliplr과 flipud는 그렇지 않다. 사실 그레이스케일 영상에서 했던 같은 방법으로 컬러 영상에 사용한다면 결과는 오류 메시지로 나타난다.

```
>> figure,imshow(fliplr(img_color))
Error using fliplr (line 18)
X must be a 2-D matrix.
```

결과 메시지는 컬러 영상이 2차원 행렬이 아님을 의미하므로 fliplr을 이용해 뒤집을 수 없다. 대신에 모든 컬러 영상 뒤집기 작업을 하는 flipdim을 사용해야 한다. 따라서 다음과 같이 수평과 수직 뒤집기 수행만 할 수 있다.

```
>> img_color_lr = flipdim(img_color,2);
>> img_color_ud = flipdim(img_color,1);
>> subplot(1,2,1),imshow(img_color_lr);title('Left-right mirroring');
>> subplot(1,2,2),imshow(img_color_ud);title('Up-down mirroring');
```

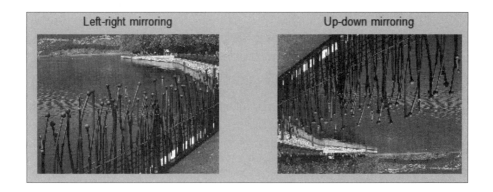

1장에서 다뤘던 나머지 함수인 경우 컬러 영상에 사용할 때도 거의 동일하게 작동한다. 좀 더 구체적으로는 이미 알고 있는 같은 방법으로 `imresize`, `imcrop`, `imwrite`를 사용할 수 있다. 4장의 나머지 부분에서 컬러 영상을 조금 더 복잡하게 처리할 때 이런 함수를 사용한다.

사각형 영역을 특정 컬러로 설정

선택한 사각형 영역의 컬러를 변경할 때의 문제는 컬러 영상인 경우 조금 다르다는 점이다. 2장에서 반복문 사용과 첨자를 통한 작업에서 화소값을 변경하는 두 다른 방법을 배웠다.

간단한 예로 모든 컬러 채널의 동일한 값을 사용한다면, 앞에 언급했던 두 방법을 여전히 사용할 수 있다. 하지만 각 컬러 채널의 값이 다르다면 이런 문제가 좀 더 복잡해질 수 있다. 실습 예제를 사용해 어떻게 할지 살펴보자.

실습 예제 | 컬러 영상의 두 영역을 칠하기

이번 예제에서 영상의 상단 왼쪽 코너의 화소값을 {R, G, B} = {128, 128, 128}로, 하단 오른쪽 코너의 화소값을 {R, G, B} = {255, 0, 0}으로 설정해보자. 차이점을 보기 위해 첨자를 사용해 목표를 달성하자. 시작해보자.

1. 먼저 영상을 불러온 후 복사본을 유지한다.

```
>> img_color = imread('my_image_color.bmp');
>> img_color_orig = img_color;
```

2. 그 다음에는 상단 왼쪽 코너를 지정한 값으로 설정한다.

```
>> img_color(1:50,1:50,:) = 128;
```

3. 지금 하단 오른쪽 코너에도 동일하게 하길 원한다면 방법을 수정해야 한다. 모든 채널에 동일한 값을 설정하지 않는 대신에 각 채널을 따로 변경해야 한다.

```
>> img_color(end-49:end,end-49:end,1) = 255;
>> img_color(end-49:end,end-49:end,2) = 0;
>> img_color(end-49:end,end-49:end,3) = 0;
```

4. 끝으로 결과를 보여준다.

```
>> subplot(1,2,1),imshow(img_color_orig);title('Original Image')
>> subplot(1,2,2),imshow(img_color);title('Altered Image')
```

보충 설명

컬러 영상의 컬러를 갖고 그럭저럭 작업했다. 이미 알고 있던 동일한 방법으로 정확하게 영역을 회색으로 바꾸기 위해 첨자를 사용한 후(모든 컬러 채널을 128로 설정), 다른 영역에서 각 다른 컬러 채널마다 화소값을 빨간색으로 설정하는 처리를 되풀이했다. 유익한 관찰은 모든 컬러 채널의 세 동일한 값이 회색 음영임을 나타낸다는 점이다. 이 사실은 오히려 직관적이다. 1장에서 imtool로 그레이스케일 영상의 화소를 같은 값의 삼중으로 표현함을 봤다. 회색이 아닌 컬러를 원한다면 처리를 약간 변경해야 한다. 이것은 이번 예제에서 각 채널의 값을 따로 변경해야 하는 이유다.

컬러 영상 임계화

이미 다뤘던 다른 기술은 영상 임계화이며, 컬러 영상처리 작업에서는 바뀐다. 컬러 영상은 적절한 임계값을 이용해 각 채널마다 따로 임계화한 후 함께 조합한 결과이어야 한다. 2장에 보여줬던 자동화 오츠 임계화 기술을 사용해 시도해보자.

먼저, 컬러 채널을 하나씩 임계화해야 한다. 어떻게 하는지 살펴보자. 이름이 ColorOtsuThresholding.m인 스크립트를 작성한다.

```
img_color = imread('my_image_color.bmp'); % 영상 불러오기
red = im2bw(img_color(:,:,1)); % 빨강 채널의 임계값
green = im2bw(img_color(:,:,2)); % 초록 채널의 임계값
blue = im2bw(img_color(:,:,3)); % 파랑 채널의 임계값
bin_image_or = red | green | blue; % OR을 이용한 합집합 찾기
bin_image_and = red & green & blue; % AND을 이용한 교집합 찾기
subplot(1,3,1),imshow(img_color),title('Original Image')
subplot(1,3,2),imshow(bin_image_or),title('Binary Union Image')
subplot(1,3,3),imshow(bin_image_and),title('Binary Intersection Image')
```

스크립트를 실행한 결과는 다음과 같다.

매트랩에서 기호 |로 표기한 OR 연산자를 이용해 두 개 이상의 이진 영상의 합집합을 얻었음에 주목하자. 두 이진 영상에 OR 연산자를 적용하면, 영상의 결과는 두 개 이상 이진 영상의 최소한 한 화소값과 동일한 해당 화소값을 포함한다. 기호 &로 표기한 AND 연산자는 모든 이진 영상의 모두 일치하는 화소값과 같은 해당 화소값을 포함한다. 이 작업에 따르면 이 방법이 다른 방법보다 더 나을 수 있다. 예제로 차이점을 증명해보자.

실습 예제 | 영상의 빨간 화소값 분리

이번 예제에서 이전 영상에 있는 울타리의 빨간-오렌지인 끝부분을 모든 채널에 직접 설정한 임계값을 이용해 분리해보자. 궁극적인 목표는 원하는 영역에 속한 화소값만 있는 이진 영상을 얻음에 있으므로 설정한 임계값과 같아진다. 분리하려는 화소의 RGB 값 중 무엇이 더 나은지에 대한 아이디어를 찾기 위해 imtool을 이용해 시작해보자.

1. 먼저 영상을 불러온 후 imtool을 호출한다.

```
>> img = imread('my_image_color.bmp');
>> imtool(img);
```

그 다음에는 이웃 화소의 RGB 값을 보기 위해 왼쪽에 있는 두 번째 아이콘을 클릭해 **Inspect Pixel Values**를 선택한 후 빨간 끝부분 중 하나에 커서를 올린다. 다른 끝부분에도 이 과정을 반복할 수 있고, 또한 다른 영상 영역의 표본을 얻을 수 있다.

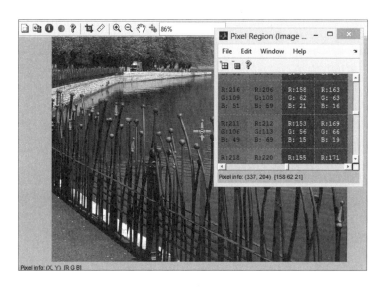

2. 지금 RGB 값에 관한 아이디어를 얻은 곳이 그 ROI이며, 임계화 처리를 시작할 수 있다. imtool의 도움으로 컬러 값을 관찰했으니 ROI에 "R 값이 높고, G값과 B 값이 낮도록 유지하고 싶다."와 같은 일반적인 임계화 규칙을 설정할 수 있다. 이 규칙의 구현부는 다음과 같을 수 있다.

```
>> red_binary = img(:,:,1) > 150;
>> green_binary = img(:,:,2) < 150;
>> blue_binary = img(:,:,3) < 150;
```

이제 AND 연산자를 이용해 세 이진 영상을 혼합하고 새로운 그림창에 결과를 띄울 수 있다.

```
>> final_mask = red_binary & green_binary & blue_binary;
>> figure, imshow(final_mask)
```

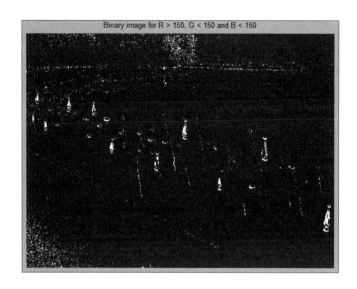

Binary image for R > 150, G < 150 and B < 150

3. 잘 진행했지만 결과는 아직도 최적화가 덜 됐음을 볼 수 있다. 선택한 임계값과 아마도 몇 가지 형태학적 연산으로 약간 수정할 필요가 있다. 이런 상황에서 할 수 있는 현명한 일은 입력인 컬러 임계값을 취하고 임계화된 이진 영상을 반환하는 함수를 작성함에 있다. 이 방법이면 2단계의 모든 명령어를 입력하는 대신에 임계값을 여러 개로 묶어 코드 한 줄마다 테스트를 할 수 있다. RGBTestThreshold.m이라고 하는 함수를 작성하기 위해 편집기를 이용해보자.

```
function [output] = RGBThreshold(input,thresholds)
% Function that performs color image thresholding using
% user-defined threshold values. Emphasises red areas.
% Inputs:
% input      - Input image
% thresholds - 1x3 matrix with the threshold values
% for the R, G and B color channels.
% Output:
% output - Output image (binary)
red_bin = input(:,:,1) > thresholds(1); % 빨강 임계화
green_bin = input(:,:,2) < thresholds(2); % 초록 임계화
blue_bin = input(:,:,3) < thresholds(3); % 파랑 임계화
output = red_bin & green_bin & blue_bin; % 최종 영상
```

4. 임계값의 세 가지의 다른 집합인 {R,G,B} = {150,150,150}, {160,130,130}, {180,140,140}에 따른 결과를 생성하고 비교하는 새로운 기능을 지금 이용해 보자.

```
>> [output1] = RGBThreshold(img,[150 150 150]);
>> [output2] = RGBThreshold(img,[160 130 130]);
>> [output3] = RGBThreshold(img,[180 140 140]);
>> subplot(1,3,1),imshow(output1),title('Using [150 150 150]')
>> subplot(1,3,2),imshow(output2),title('Using [160 130 130]')
>> subplot(1,3,3),imshow(output3),title('Using [180 140 140]')
```

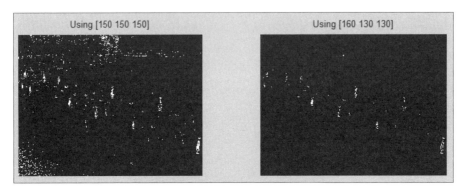

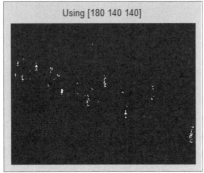

5. 선호하는 결과를 지금 선택할 수 있으므로 형태학적 도구를 이용해 수정할 수 있다. 원하는 크기로 ROI를 확대하는 팽창이 분명히 필요한 중간 결과인 output2를 이용해보자. 먼저 불필요한 영역을 제외하기 위해 100번째 줄 이상의 화소값을 0으로 설정한다. 그 다음에는 무슨 일이 있는지 보기 위해(원 영상 옆에 결과를 보여줌), 5화소 크기의 다이아몬드와 비슷한 구조화 요소로 imdilate를 이용할 수 있다.

```
>> output2(1:100,:) = 0;
>> final = imdilate(output2,strel('disk', 5));
>> figure, subplot(1,2,1), imshow(img), title('Original Image')
>> subplot(1,2,2), imshow(final), title('Final binary mask')
```

보충 설명

이번 예제에서는 컬러 영상을 수정한 마스킹 예를 만들기 위해 지금까지 그레이스케일 영상에 적용했던 여러 방법을 조합했다. 분리하려는 영역을 포함한 영상의 여러 영역에 있는 화소값이 무엇인지 감을 잡기 위해 imtool을 사용했다. 사용자가 정의한 임계값을 이용해 모든 세 컬러 채널에 임계화를 수행하는 함수를 작성했다. 시행착오를 거치면서 가장 적합한 임계값을 선택했고(4단계), 포함하길 원하지 않는 영역을 지운 후, 최종 이진 영상을 얻기 위해 이진 결과를 팽창했다(5단계).

이번 예제에서 RGB를 임계화할 수 있지만, 결과를 최적화하려면 모든 컬러 채널에 처리를 정말로 수행해야 한다는 유용한 결론을 얻었다. 사실 RGB 컬러 공간 채널은 서로 상관관계가 높다는 관계가 있는데, 주어진 컬러를 설명할 때 모든 세 값이 필요함을 의미한다. 이런 결과는 직관에 어긋나게 도출하는데, 보통 빨간 화소를 분리하기 위해 R 채널에만 임계화할 수 없지만, 최적 결과를 만들기 위해 R 채널 마스크를 G 채널 마스크 및 B 채널 마스크와 함께 조합해야 한다는 점이다.

컬러 마스킹 달성

마스킹 처리를 수행한 후부터 이전 절에서 나온 당연한 질문은 "생성했던 마스크가 2차원인데, 3차원(컬러) 영상을 수행할 때 어떻게 이 마스크를 이용할 수 있는가?"라는 점이다.

이 질문에 대한 답은 꽤 쉽다. 실제로 각 컬러 채널에 따로 수행하며, 동일한 마스크를 항상 이용한다. 이 처리의 까다로운 부분은 모든 채널에 따로 마스킹을 수행한 후 최종 영상을 얻기 위해 다시 함께 합쳐야 한다는 점이다.

매우 중요한 매트랩 함수인 cat은 행렬을 합칠 수 있게 해준다. 컬러 영상인 경우 네 개의 입력과 함께 cat을 호출한다. 첫 번째 입력은 원하는 순서대로 연결하는 차원, 다음 세 입력은 R, G, B 컬러 채널이다. 예로 보여주겠다.

```
>> img = imread('my_image_color.bmp');
>> R = img(:,:,1); % 새로운 행렬에 R 채널 저장
>> G = img(:,:,2); % 새로운 행렬에 G 채널 저장
>> B = img(:,:,3); % 새로운 행렬에 B 채널 저장
>> img_cat = cat(3,R,G,B); % 컬러 채널을 다시 합침
>> img_cat_mixed = cat(3,G,B,R); %컬러 채널을 다시 합침(혼합)
>> subplot(1,3,1),imshow(img),title('Original Image')
>> subplot(1,3,2),imshow(img_cat),title('Concatenated image')
>> subplot(1,3,3),imshow(img_cat_mixed),title('Concatenated image mixed')
```

Concatenated image-mixed

이번 예제는 cat을 사용하는 방법을 명확하게 보여준다. 먼저 영상의 컬러 채널을 세다른 행렬에 따로 저장한 후, 첫 번째는 정상적인 순서로, 그 다음은 혼합 순서(처음은 G, 다음은 B, 그 다음은 R)로 3차원으로 합쳤다. 첫 번째 결과는 예상했던 대로 원래와 동일한 반면, 두 번째 결과는 색채 왜곡됐다.

매우 인기 있는 영상처리 효과인 컬러 분리를 달성하기 위해 컬러 마스킹을 사용해보자. 이 효과는 본질적으로 보통 특정 컬러로 채운 ROI 그대로 보존하면서, 전체 컬러 영상을 그레이스케일로 변환하는 처리다(쉰들러 리스트의 빨간 옷을 입은 여자 아이를 기억하는가?). 이전 영상을 이용해 이 결과를 얻어 보자.

실습 예제 | 컬러 분리

호수 울타리 사진의 컬러 분리를 수행해보자. 목표는 빨간색을 유지해야 하는 울타리 끝부분을 제외한 전체 영상을 그레이스케일로 변환한다. 이를 달성하는 단계는 다음과 같다.

1. 먼저 전과 같이 영상을 불러온 후 임계화, 제거, 팽창을 이용해 동일한 마스크를 생성한다.

```
>> img = imread('my_image_color.bmp');
>> [output2] = RGBThreshold(img,[160 130 130]);
>> output2(1:100,:) = 0;
>> mask = imdilate(output2,strel('disk', 2));
```

2. 그 다음에는 컬러 채널을 분리하기 위해 이미 설명했던 처리를 사용해야 한다.

```
>> R = img(:,:,1);  % 새로운 행렬에 R 채널 저장
>> G = img(:,:,2);  % 새로운 행렬에 G 채널 저장
>> B = img(:,:,3);  % 새로운 행렬에 B 채널 저장
```

3. 이제 마스킹을 수행할 시간이다. 관심 영역 밖의 모든 화소를 그레이스케일로 바꾸며, 모든 채널에 동일한 값을 할당함으로써 이룰 수 있다(rgb2gray로 얻을 수 있다). 마스크에는 이런 모든 화소값이 0이다. 다음과 같다.

```
>> img_gray = rgb2gray(img);
>> R(mask == 0) = img_gray(mask == 0);
>> G(mask == 0) = img_gray(mask == 0);
>> B(mask == 0) = img_gray(mask == 0);
```

4. 끝으로 최종 영상을 얻기 위해 새로운 컬러 채널을 합친 후 결과를 띄운다.

```
>> img_final = cat(3,R,G,B);
>> figure, imshow(img_final)
```

빠른 처리치곤 나쁘지 않다. 그렇죠?

보충 설명

이번 예제에서 영상의 컬러 분리를 빠르고 아주 효율적인 방식으로 수행하는 방법을 배웠다. 울타리의 끝부분에 대한 마스크를 생성하기 위해 전과 같이 동일한 단계를 밟았고, 덜 투박한 분할을 달성하기 위해 구조화 요소를 변경했다. 그 다음에는 컬러 채널을 분리하고, 마스크에 있는 것만 제외한 모든 영역을 그레이스케일로 변환하기 위해 반전한 마스크를 사용했다(화소는 0의 값을 가짐). 이를 달성하기 위해 모든 채널을 대상으로 마스크의 0인 모든 화소의 전체 컬러를 그레이스케일로 대응하도록 설정했다. 처리 완료하면, 최종적인 결과를 얻기 위해 결과인 컬러를 합친다. 결과가 덜 최적화됐겠지만, 분리하기 위해 ROI를 직접 선택하지 않았던 대신에 마스크를 생성하기 위한 영상 임계화를 수행했음을 고려했을 때 분명히 매우 훌륭하다.

다른 컬러 공간의 중요성

지금까지의 모든 컬러 영상처리 작업은 RGB 컬러 공간을 사용했다. RGB 컬러 공간은 아마도 가장 인기 있는 컬러 공간이며, 특히 컴퓨터 화면에서 광범위하게 사용하고 있기 때문이다. 다만 이 컬러 공간의 주요한 단점은 컬러 채널 간의 상관관계가 있으며, 컬러 채널 중 하나만 사용해 특정 컬러를 분리하기가 거의 불가능하게 만든다. 더욱이, RGB 컬러 공간은 매우 중요한 컬러 왜곡을 야기하는 음영과 조명 변화에 민감하다.

이런 단점을 해결하기 위해 HSV나 CIE-L*a*b* 같은 다른 컬러 공간을 제안했다. 이 컬러 공간은 인간의 컬러 인지 방법과 매우 가깝게 모델화했고, 조명 변화에 덜 민감하며 또한 컬러 분할 목적에 매우 적합하다. 매트랩은 makecform 함수와 applycform 함수를 쌍으로 기반을 둔, 다른 컬러 공간 사이의 변환 모음을 제공한다. 두 함수의 조합으로 7개의 다른 컬러 공간을 변환할 수 있다. 게다가 매트랩은 RGB와 HSV, NTSC, YCbCr 간의 컬러 공간 변환을 위한 세 개의 함수 쌍도 제공한다. 예제를 통해 RGB 컬러 공간을 다른 컬러 공간으로 변환하는 방법을 조사해보자.

이번 예제에서 RGB 영상을 HSV와 CIE-L*a*b*로 변환하기 위해 매트랩 내장 함수의 사용법을 보여준다. 첫 번째인 HSV인 경우 rgb2hsv를 사용하고, 두 번째인 CIE-L*a*b*인 경우 `makecform`과 `applyform`을 사용한다. 다음과 같이 단계별로 수행한다.

1. 먼저 영상을 불러온다.

```
>> img = imread('my_image_color.bmp');
```

2. 그 다음에는 HSV 영상을 생성한다.

```
>> img_hsv = rgb2hsv(img);
```

3. 끝으로 영상을 CIE-L*a*b*로 변환한다.

```
>> cform = makecform('srgb2lab'); % 변환 구조체 생성
>> img_lab = applycform(img,cform); % 변환 적용
```

4. 이제 결과를 보여주자.

```
>> subplot(3,4,1),imshow(img),title('RGB image')
>> subplot(3,4,2),imshow(img(:,:,1)),title('R channel')
>> subplot(3,4,3),imshow(img(:,:,2)),title('G channel')
>> subplot(3,4,4),imshow(img(:,:,3)),title('B channel')
>> subplot(3,4,5),imshow(img_hsv),title('HSV image')
>> subplot(3,4,6),imshow(img_hsv(:,:,1)),title('H channel')
>> subplot(3,4,7),imshow(img_hsv(:,:,2)),title('S channel')
>> subplot(3,4,8),imshow(img_hsv(:,:,3)),title('V channel')
>> subplot(3,4,9),imshow(img_lab),title('CIE-L*a*b* image')
>> subplot(3,4,10),imshow(img_lab(:,:,1)),title('L* channel')
>> subplot(3,4,11),imshow(img_lab(:,:,2)),title('a* channel')
>> subplot(3,4,12),imshow(img_lab(:,:,3)),title('b* channel')
```

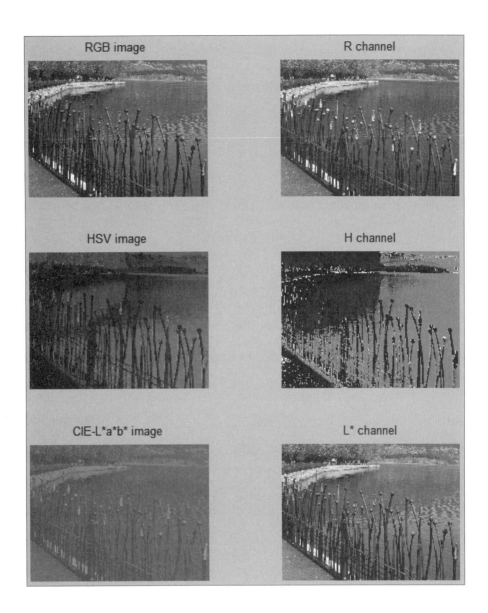

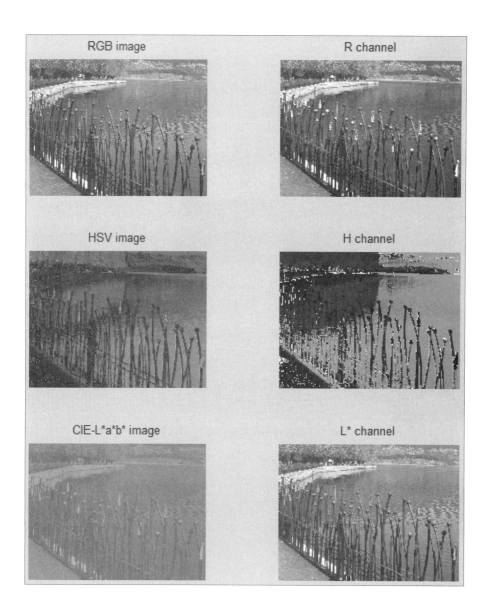

RGB image   R channel

HSV image   H channel

CIE-L*a*b* image   L* channel

보충 설명

매트랩의 기본 컬러 공간 변환 예제를 보여줬다. 이 결과는 분리한 각 컬러 채널을 제시한 일반적인 그림창이었다. 다른 컬러 공간이 제공하는 무언가에 대한 더 나은 질적 감각을 갖출 수 있다. HSV와 CIE-L*a*b* 둘 다 컬러에서 밝기 정보를 분리한다.

전자인 경우 밝기 채널은 V(명도Value)이고, 후자인 경우 밝기 채널은 L(밝기Lightness)이다. 각 컬러 공간의 나머지 두 채널은 컬러 정보를 갖는다. 기본적 차이점이 있는데, CIE-L*a*b* 컬러 공간인 경우, 두 나머지 채널(a*와 b*)은 소위 색상 대립 차원color opponent dimensions이다. a* 채널에는 빨간색에 높은 값을 할당하고, 초록색에 낮은 값을 할당한다. 마찬가지로 채널 b*에는 노란색에 높은 값을 할당하고, 파란색에 낮은 값을 할당한다. HSV 컬러 공간인 경우 채널 H(색상Hue)와 채널 S(채도Saturation)는 컬러 정보를 갖는다. 색상은 주어진 도의 각도이고, 채도는 길이다. 명도와 조합해서 컬러 음영의 원기둥으로 정의한다.

이전에 설명했던 함수는 영상의 명세에 맞게 정규화했으므로 예상했던 결과를 만들지 않아 유용함에 주목하자. 그러므로 applycform이 만든 컬러 공간은 범위가 0부터 255까지인 화소값을 갖는다. 다른 세 쌍의 컬러 공간 변환(매트랩의 구 버전에도 존재함)은 0부터 1까지인 화소값을 갖는다. 특히 주의해야 할 사항은 컬러 공간의 원래 명세에 기반을 둔 결과를 다시 만들어야 한다는 점이다(예를 들면, H는 각도이므로 0부터 180까지의 값을 가짐을 예상한다).

더 효율적인 컬러 마스킹을 위한 CIE-L*a*b*

이전 절의 이론적인 분석을 바탕으로 한다면, 대안적인 컬러 공간이 컬러 마스킹 작업에 대한 더 나은 선택임을 보여준다. 컬러 마스킹 같은 작업에 특히 유용한 CIE-L*a*b* 컬러 공간인 경우 더욱 그렇다. 가장 중요한 이유는 CIE-L*a*b*는 컬러를 a*와 b* 채널로 분리하므로, 어떤 면에서는 인간이 컬러를 인지하는 방법에 아주 가깝기 때문이다. 따라서 이론적으로 컬러 마스크를 생성하기 위해 두 컬러 채널 중 하나만 필요할 수 있다(분리하려는 컬러에 의존). 순수한 컬러라면 원하는 결과를 얻을 가능성이 더 크다. 이전 컬러 분리 예제를 다시 살펴보고, 마스크를 생성하기 위해 a* 채널만 이용한다.

이번에는 a* 채널만 이용해 호수 울타리 사진에 컬러 분리를 수행한다. 목표는 울타리 끝부분을 제외한 전체 이미지를 그레이스케일로 변환하되, 빨간색이 남아 있어야한다. 비교할 목적으로 RGB 처리도 수행한다. 다음과 같이 단계별로 밟는다.

1. 먼저 영상을 불러온 후 임계화, 제거, 팽창을 이용해 이전과 동일한 마스크를 생성한다.

```
>> img = imread('my_image_color.bmp');
>> [output2] = RGBThreshold(img,[160 130 130]);
>> output(1:100,:) = 0;
>> maskRGB = imdilate(output2,strel('disk', 2));
```

2. CIE-L*a*b* 컬러 공간을 이용해 마스크를 만들어 보자.

```
>> cform = makecform('srgb2lab'); % 변환 구조체 생성
>> img_lab = applycform(img,cform); % 변환 적용
>> maskLab = (img_lab(:,:,2) > 150); % a* 채널 임계값
```

3. 그 다음에는 컬러 채널을 분리한다.

```
>> R = img(:,:,1); % 새로운 행렬에 R 채널 저장
>> G = img(:,:,2); % 새로운 행렬에 G 채널 저장
>> B = img(:,:,3); % 새로운 행렬에 B 채널 저장
```

4. 이제 두 마스크를 이용한 컬러 분리를 수행할 때다.

```
>> img_gray = rgb2gray(img);
>> R1 = R; G1 = G; B1 = B; % 각 컬러 채널의 복사본 유지
>> R1(maskRGB == 0) = img_gray(maskRGB == 0);
>> G1(maskRGB == 0) = img_gray(maskRGB == 0);
>> B1(maskRGB == 0) = img_gray(maskRGB == 0);
>> R(maskLab == 0) = img_gray(maskLab == 0);
>> G(maskLab == 0) = img_gray(maskLab == 0);
>> B(maskLab == 0) = img_gray(maskLab == 0);
```

5. 끝으로 두 경우의 최종 영상을 취득하고 결과를 띄우기 위해 새로운 채널을 합쳐 야 한다.

```
>> img_final_RGB = cat(3,R1,G1,B1);
>> img_final_Lab = cat(3,R,G,B);
>> subplot(2,2,1),imshow(maskRGB),title('RGB Mask')
>> subplot(2,2,2),imshow(maskLab),title('L*a*b* Mask')
>> subplot(2,2,3),imshow(img_final_RGB),title('RGB Result')
>> subplot(2,2,4),imshow(img_final_Lab),title('L*a*b* Result')
```

6. 차이점을 더 세밀하게 조사하기 위해 일부 세부사항을 확대하려고 두 결과에 imtool을 사용할 수 있다. 다음 그림은 잘라낸 후 200%로 확대한, 영상의 하단 오른쪽을 보여준다. 왼쪽은 RGB 분리 결과이고, 오른쪽은 CIE-L*a*b* 분리 결 과다.

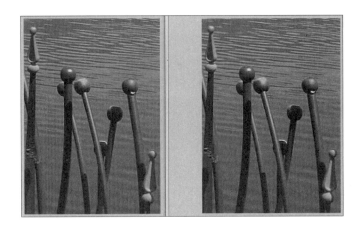

보충 설명

이번 예제는 컬러 분리에 있어 CIE-L*a*b*를 이용했을 때 2배로 우수함을 분명히 보여준다. 첫 번째, 단 한 컬러 채널만 이용해 빨간색 분리 마스크를 생성했다. 따라서 한 임계값이다. 두 번째, 최종 분리 결과는 형태학적 조정이 필요 없을 정도로 더 좋고 매우 일관적이다. 이 처리는 앞에 설명했던 처리와 동일하므로 현 시점에서 새로운 방법을 제시하지 않는다.

도전 과제 | 영역 컬러 분리를 위한 함수 작성

지금쯤이면 마스킹 처리를 파악했겠다. 게다가 지금까지 다양한 작업을 수행하는 몇 사용자 정의 함수를 작성했다. 따라서 세 컬러 임계값을 영상에 적용한 후 임계값으로 얻은 분리된 컬러 영상을 반환을 겸하는 함수를 작성하면 어떨까? 함수를 다양하게 만들기 위해, 하나 이상의 컬러 공간을 지원하고, 영역 컬러 분리(분리하려는 컬러가 있는 ROI 선택)를 지원하는 두 개 기능을 더 추가한다.

다음과 같이 정의한 함수를 작성할 때는 너무 귀찮게 생각하지 말자.

```
function [output] = ROIColorIsolation(input, thresh, cspace)

% Function for color isolation in a user-defined image ROI
% Inputs:
```

```
%        input  - Input image
%        thresh - Thresholds matrix ([1st 2nd 3rd])
%        cspace - Color space for mask selection (0: RGB
%                                                 1: CIE-L*a*b*)
% Output:
%        output - Output image (masked)
```

코드가 정확한지 테스트해보자. 이 함수를 두 번 호출하며, 한 번은 RGB 경우고, 다른 한 번은 CIE-L*a*b* 경우다. 처리할 때 사용하지 않을 채널의 임계값은 0이어야 한다. 약간의 변화를 주기 위해, 함수를 테스트할 이 책의 표지 영상을 이용한다. 다행히도, 일부 비슷한 결과를 얻을 수 있으며, RGB 방법의 R과 G 채널(두 채널 다 높은 값을 가져야 함) 및 CIE-L*a*b* 방법의 b* 채널(물론 높은 값을 가져야 하며, 노란색임을 의미함)을 이용한다.

```
>> steps = imread('Steps.bmp');
>> [resultRGB] = ROIColorIsolation(steps,[150 150 0], 0);
>> [resultLab] = ROIColorIsolation(steps,[0 0 150], 1);
```

두 경우에서 다음 그림과 같이 영상의 왼쪽 아래 부분에 있는 선택한 ROI는 주위에 꽃이 있다.

결과는 다음 그림과 같이 나타난다.

```
>> subplot(3,1,1),imshow(steps),title('Original Image')
>> subplot(3,1,2),imshow(resultRGB),title('RGB - ROI color isolation')
>> subplot(3,1,3),imshow(resultLab),title('L*a*b* - ROI color isolation')
```

RGB 컬러 공간의 조명 문제 해결

지금까지 그레이스케일에 한정해 다뤘던 영상처리의 다른 부분은 명암대비 개선과 조명 문제 처리다. 컬러 영상으로 일반화하는 방법은 4장에 보여줬던 모든 다른 기술과 거의 동일하며, 모든 컬러 채널에 그레이스케일 처리를 되풀이한다.

2장에서 사용했던 함수를 그레이스케일 영상에서만 이런 작업에 이용하므로 (imadjust를 제외한 나머지이며, 물론 별도 입력 정의 없이는 컬러 영상에 작업할 수 없다), 지금까지 본 모든 명암대비 개선 기술을 통합하는 함수를 작성한다.

```
function output = ColorContrastEnhance(input, method)

% Function for color contrast enhancement of input image
% Inputs:
% input    - Input image
% method   - Enhancement method selection (0: histeq
%                                          1: adapthisteq
%                                          2: imadjust)
% Output:
% output   - Output image (enhanced)
output = input;
switch method
  case 0
    for i = 1:3
      output(:,:,i) = histeq(output(:,:,i));
    end
  case 1
    for i = 1:3
      output(:,:,i) = adapthisteq(output(:,:,i));
    end
  case 2
    for i = 1:3
      output(:,:,i) = imadjust(output(:,:,i));
  end
end
```

함수가 예상했던 대로 작동하는지 살펴보자.

```
>> img = imread('Steps.bmp');
>> img1 = ColorContrastEnhance(img, 0);
>> img2 = ColorContrastEnhance(img, 1);
>> img3 = ColorContrastEnhance(img, 2);
>> subplot(1,4,1),imshow(img),title('Original image')
>> subplot(1,4,2),imshow(img1),title('Color histeq')
>> subplot(1,4,3),imshow(img2),title('Color adapthisteq')
>> subplot(1,4,4),imshow(img3),title('Color imadjust')
```

이번 경우 histeq와 adapthisteq 함수는 컬러 왜곡을 만들어냄이 분명하므로, RGB 컬러 영상의 채널별로 처리할 때는 두 방법을 매우 신중하게 사용해야 한다. 반면에 imadjust 함수는 잘 작동하는 듯 하며, 그런대로 괜찮은 결과를 만든다.

CIE-L*a*b 컬러 공간의 조명 문제 해결

이전 절의 예제에서 관찰한 컬러 왜곡은 RGB 컬러 영상인 경우 R, G, B 채널 사이의 높은 상관관계에 기인한다. 대부분 경우에서 컬러 영상처리 작업을 하기 위한 컬러 채널의 가장 안전한 선택이 CIE-L*a*b*인 또 다른 이유다. 이전 절에서 작성했던 함수를 변경해보자. RGB 입력 영상을 CIE-L*a*b* 컬러 공간으로 바꾼 후 선택한 개선 방법을 밝기 채널(컬러에 영향을 주지 않도록)에만 적용한 다음에 결과 영상을 RGB로 다시 변환한다.

```
function output = ColorContrastEnhanceLab(input, method)

% Function for color contrast enhancement of input image in L*a*b*
% Inputs:
```

```
% input  - Input image
% method - Enhancement method selection (0: histeq
%                                        1: adapthisteq
%                                        2: imadjust)
% Output:
% output - Output image (enhanced)

cform = makecform('srgb2lab'); % 변환 구조체 생성
img_lab = applycform(input,cform); % L*a*b*에 변환 적용

switch method

% Apply chosen method in the Lightness channel (img_lab(:,:,1))

case 0
  img_lab (:,:,1) = histeq(img_lab (:,:,1));
case 1
  img_lab (:,:,1) = adapthisteq(img_lab (:,:,1));
case 2
  img_lab (:,:,1) = imadjust(img_lab (:,:,1));
end

cform = makecform('lab2srgb'); % 역변환 구조체 생성
output = applycform(img_lab, cform); % RGB에 변환 적용
```

이제 결과가 개선됐는지 보기 위해 새로운 함수를 테스트할 수 있다.

```
>> img = imread('Steps.bmp');
>> img1 = ColorContrastEnhanceLab(img, 0);
>> img2 = ColorContrastEnhanceLab(img, 1);
>> img3 = ColorContrastEnhanceLab(img, 2);
>> subplot(1,4,1),imshow(img),title('Original image')
>> subplot(1,4,2),imshow(img1),title('CIE - L*a*b* Color histeq')
>> subplot(1,4,3),imshow(img2),title('CIE - L*a*b* Color adapthisteq')
>> subplot(1,4,4),imshow(img3),title('CIE - L*a*b* Color imadjust')
```

154

성공했다! 이번에는 컬러 왜곡이 없다. adapthisteq 결과도 이번에 원 영상에 매우 상세한 부분을 추가한 것처럼 보이며, 음영 구역을 어느 정도 개선하므로 눈을 매우 편안하게 한다.

이제 컬러 영상으로 바꿔 지금까지 접한 대부분의 영상처리 기술을 보여줬으며, 이번에는 여러 방법을 혼합한 매우 실전적인 예제를 제시한다. 적목 감소^{red eye reduction}는 아마추어 사진 촬영의 공통 문제이며, 여러 가지 방법으로 해결했었다. 사진(보통 밤에서 찍었거나 플래시를 이용해 어두운 영역에서 찍었을 때)에 적목이 나타나는 원인은 동공 확대다. 플래시 빛이 닿은 부분을 확대하는 효과가 있다. 망막에 닿으면 붉은 표면을 비추는데, 이때 카메라 렌즈가 잡아낸다.

발생한 적목 문제를 해결(사진을 처리하는 단계에서)하기 위한 매우 일반적인 방법은 두 간단한 단계를 따르는 것이다.

1. 눈의 빨간 영역을 자동으로 또는 수동으로 검출한다.

2. 검출한 영역에 포함한 R 화소값을 덜 밝은 값으로 바꾼다. 보통 이 값은 나머지 두 채널(G와 B)의 평균으로 얻는다. 따라서 결과는 눈의 음영과 채색적으로 관련이 없다.

자, 이 기술이 정말로 작동하는지 살펴보기 위해 실제 사례를 해결해야 한다.

이번 예제에서 저자의 사진을 사용해 적목 효과를 줄여보자. 물론 다른 사진에도 이 도구를 사용할 수 있도록 가능한 범용적으로 만들어야 한다.

1. 먼저 편집기에서 다음과 같이 함수를 작성한다(RedEyeReduction.m이라고 부르겠다).

```
function output = RedEyeReduction(input, thresh)

% Function for red eye reduction in input image
% Inputs:
%       input  - Input image
%       thresh - Threshold value in channel a*
% Output:
%        output - Output image (after red-eye reduction)
```

```
cform = makecform('srgb2lab'); % 변환 구조체 생성
img_lab = applycform(input,cform); % L*a*b*에 변환 적용

eyes = roipoly(input); % 눈 영역 선택
mask = (img_lab(:,:,2) > thresh) & (eyes > 0); % 눈의 빨간 화소

% 세 채널 분리
R=input(:,:,1);
G=input(:,:,2);
B=input(:,:,3);

R(mask) = round((G(mask)+B(mask))/2); % R값을 (G+B)/2로 변경

output = cat(3,R,G,B); % 컬러 채널을 결과 영상으로 합침
```

2. 사진에 실제로 작동했는지 보기 위해 함수를 지금 테스트해보자. 눈을 포함한 영역을 선택한 후, a*에 꽤 높은 임계값을 사용한다(즉, 150).

```
>> img = imread('my_red_eyes.bmp');
>> output = RedEyeReduction(img, 150);
```

3. 그 다음에는 함수가 영상에 수행한 무언가를 확인할 때다.

```
>> subplot(1,2,1),imshow(img),title('Original image')
>> subplot(1,2,2),imshow(output),title('Image after red-eye
correction')
```

4. 적목 감소 함수의 결과가 대성공이었음을 증명했다! 그렇지 않은가? 사실은 실질적으로 함수를 철저하게 테스트하지 않았다. 임계값을 바꾸고 무슨 일이 일어났는지 보자. 낮은 임계값과 높은 임계값으로 시도한다.

```
>> output = RedEyeReduction(img, 170); % 매우 높은 값으로 설정
>> output2 = RedEyeReduction(img, 120); % 매우 낮은 값으로 설정
>> figure,subplot(1,2,1),imshow(output),title('Very high threshold')
>> subplot(1,2,2),imshow(output2),title('Very low threshold')
```

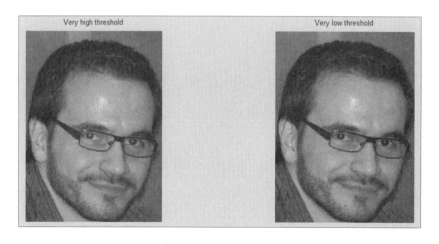

5. 이전 단계의 결과가 컬러에 꽤 많이 의존함을 보여준다. 이런 이유로 임계값을 신중하게 선택해야 한다. 지금 매우 큰 영역을 선택한 후 무슨 일이 있어났는지 보

자(다음 그림은 선택한 영역과 결과를 보여준다).

```
>> output3 = RedEyeReduction(img, 150); % 매우 큰 영역을 설정
```

보충 설명

올바른 임계값을 선택했을 때 핵심 코드를 10줄 미만으로 작성했던 예제에서 매우
만족스러운 결과를 얻을 수 있다. 과정을 단계별로 기술했다. 즉, 영상을 CIE-L*a*b*
로 변환하고, 눈을 포함한 영역을 선택한 후 마스크를 생성하는 임계값과 조합한 다
음에 R값을 G와 B의 평균값으로 바꾸는 마스크를 사용한다. 평균값을 구하려고 두
가지로 구분한 후 두 채널의 덧셈을 수행했음을 주목하자. 정수가 아닌 결과로 나올
수 있는데, 결과에 가장 가까운 정수값으로 반올림하는 round 함수를 사용해 정수로
변환했다. 마지막 두 단계에서 사용자가 적절하게 선택한 컬러 임계값과 눈 영역에
너무 많이 의존하는 불편한 진실을 보여줬다.

눈의 원형 활용

이전에 설명했던 문제가 있는 결과에 볼 수 있듯이, RedEyeReduction 함수는 좋은 결
과를 얻기 위해 매우 신중하게 사용해서 작성했었다. 개선하는 방법은 눈의 추가적인
속성인 방사 대칭을 고려하는 것이다. 눈이 원형이므로 빨간 영역도 둥글게 나타나야
한다. 3장에서 보여줬던 imfindcircles 함수를 사용해 검출할 수 있다. 어떻게 하는지
살펴보자.

이번에는 함수에서 ROI 선택을 요구하지 않는 외부 도구 하나를 사용한다. 개선한 함수의 원리는 먼저 영상에 컬러 채널 a*(두 개를 찾아야 함)의 원형 영역이 있는지 확인한 후 높은 a* 값을 갖는 영역의 화소에 마스킹을 수행하는 것이다. 직접 ROI를 선택 단계를 언급하지 않았음에 주목하자. 아무튼 원을 검출하기 위해 추정한 반지름을 명시해야 한다.

1. 먼저 함수를 작성하면서, 이 방법이 작동하는지 살펴보자.

```
function output = RedEyeReductionCircular(input, thresh, radii)

% Function for red eye reduction in input image
% Inputs:
%          input  - Input image
%          thresh - Threshold value in channel a*
%          radii  - 2x1 matrix with lowest and highest radius
% Output:
%          output - Output image (after red-eye reduction)

cform = makecform('srgb2lab'); % 변환 구조체 생성
img_lab = applycform(input,cform); % L*a*b*에 변환 적용

a = img_lab(:,:,2); % a* 채널 분리
[I,r] = imfindcircles(a,radii); % ROI의 원 검출

mask = zeros(size(a)); % 모두가 0인 마스크 생성

if size(I,1) ~= 2 % 한 쌍의 눈을 검출하지 못했다면
  disp('No pair of eyes detected in ROI!')
  % 실패했을 경우, 직접 선택하는 함수로 복귀
  output = RedEyeReduction(input, thresh);
else
  mask(round(I(1,2)),round(I(1,1)))=1; % 첫 번째의 눈 중심
  mask(round(I(2,2)),round(I(2,1)))=1; % 두 번째의 누 중심
  average_radius = round((r(1)+r(2))/2); % 눈 평균 반지름 찾음
```

160

```
mask = imdilate(mask,strel('disk',average_radius)); % ROI 확대
mask = (mask > 0) & a > thresh; % 높은 a* 값을 갖는 화소 유지
% Split the three color channels
R=input(:,:,1);
G=input(:,:,2);
B=input(:,:,3);

R(mask) = round((G(mask)+B(mask))/2); % R값을 (G+B)/2로 변경

output = cat(3,R,G,B); % 컬러 채널을 결과 영상으로 합침
end
```

2. 이때 결과를 자동으로 계산했다. 따라서 임계값과 반지름 값을 적절하게 선택했
   다면, 결과가 정확해야 한다. 참인지 확인해보자. 먼저 영상을 불러온 후 적절한
   입력으로 함수를 호출한다.

   ```
   >> img = imread('my_red_eyes.bmp');
   >> output = RedEyeReductionCircular(img, 150, [10 25]);
   ```

3. 이제 결과를 시각화할 때다.

   ```
   >> figure,subplot(1,2,1),imshow(img),title('Original image')
   >> subplot(1,2,2),imshow(output),title('Automatic red eye reduction')
   ```

4. 지금까지는 아주 좋다. 함수가 매력적으로 작동하는 듯하다! 다만 반지름을 잘못 선택했다면 무슨 일이 생길까? 함수가 직접 선택하는 방법으로 복귀하거나 완벽하게 실패했다면? 매우 큰 반지름 값을 준다면 어떤 일이 생길지 살펴보자.

```
>> figure; % 새로운 그림창을 열기
>> output = RedEyeReductionCircular(img, 150, [40 45]);
```

이전 코드의 결과는 다음과 같다.

```
No pair of eyes detected in ROI!
Warning: Image is too big to fit on screen; displaying at 33%
> In imuitools\private\initSize at 72
  In imshow at 283
  In roipoly>parse_inputs at 184
  In roipoly at 81
  In RedEyeReduction at 13
  In RedEyeReductionCircular at 22
```

5. 이전 작업의 결과를 예상했었다. 경고 메시지에 내해 걱정할 필요가 없다. 영상을 띄울 때 화면에 맞추기엔 매우 클 때마다 나타난다. 경고 메시지 후에는 영상을 해당 크기의 33%로 표시하며, 전과 같이 눈의 ROI를 선택해야 한다.

6. ROI를 선택한 후에 결과를 띄울 수 있다.

```
>> figure,subplot(1,2,1),imshow(img),title('Original image')
>> subplot(1,2,2),imshow(output),title('Automatic red eye reduction')
```

보충 설명

간단한 적목 감소 자동화 뒤에 감춰진 비밀을 터득했다. 원형 객체를 검출하기 위해 적절한 매트랩 함수를 사용하므로 ROI 선택 과정은 더 이상 필요가 없다. 또한 안전 점검을 포함했으므로, 한 쌍의 눈을 검출하지 못했을 경우(혹은 검출한 원형 객체가 두 개 이상일 때) 함수가 아무런 일을 하지 않는다. 이번 경우, 명령행에서 오류 메시지를 출력하는 disp를 사용한 후, 결과인 입력을 반환한다. 한 쌍의 원형 객체를 검출한 경우, 해당 원형 객체의 중심 좌표를 찾아 영상의 크기와 동일한 빈 마스크를 생성한 후, 마스크와 같도록 중심의 화소값을 설정한다. 그 다음에는 두 눈의 평균 반지름을 찾아 가장 가까운 정수로 반올림한 후에 중심을 팽창하는 원형 구조화 요소를 사용한다. 이 과정은 거의 완벽한 마스크 생성으로 이끈다. 이전 예제에서 사용했던 컬러 임계화 처리를 사용해 이 마스크를 정제한 후 끝으로 이미 설명했던 빨간 화소값을 변경한다. 한 쌍의 원을 검출할 수 없는 경우에서는 함수는 구현했던 이전 방법으로 되돌아간 후 적목 감소를 수행하기 위해 선택한 임계값과 사용자가 선택한 ROI를 사용한다.

퀴즈 1. 다음 문장 중 어떤 것이 참인가?

1. RGB 화소값이 {0, 255, 0}이면 빨강이다.

2. 3차원 행렬 내 첫 번째 차원의 모든 화소값을 0으로 설정하면, 남아 있는 빨간 화소값이 없다.

3. HSV와 CIE-L*a*b는 조명 변화를 매우 효율적으로 다룰 수 있는데, 밝기 채널과 컬러 정보 채널을 분리하기 때문이다.

4. RGB 영상의 조명을 보정할 때 histeq를 사용한다면 제일 좋은 독창적인 방법이다.

5. 영상의 빨강 채널에 대한 임계화를 수행함으로써 적목 감소를 효율적으로 다룰 수 있다.

요약

4장은 3장의 그레이스케일 방법에 기반을 둔 컬러 영상처리 기술 시연에 집중했다. 컬러 영상 조작과 함께 컬러 의미를 설명한 후 예제로 다양한 채널을 갖는 컬러 영상 임계화를 두루 접했으며, 적절한 컬러 채널의 중요성을 보여줬다. 또한 컬러 영상 조명 개선의 여러 기술과 그레이스케일 버전과 비교를 제시했다. 끝으로 사진의 적목 감소를 위한 두 가지 방법을 개발하고 설명했다. 더 구체적으로 4장은 다음과 같이 다룬다.

- 컬러 영상 설명과 컬러 영상을 조작할 수 있는 방법
- imrotate, imresize, flipdim 같은 함수를 이용한 방법으로 컬러 영상을 조작할 수 있는 방법
- 전체 혹은 선택한 채널의 화소값을 변경하는 방법
- im2bw를 이용해 컬러 영상 임계화에 적용할 수 있는 방법
- 컬러 분리를 수행하는 단계를 설명하며, RGB나 CIE-L*a*b*에서 달성할 수 있는 방법

- RGB와 CIE-L*a*b*의 컬러 영상 조명을 개선하는 방법
- 사진에서 직접 선택한 영역에 적목 감소를 수행하는 방법
- 사진에서 적목 감소를 자동으로 수행하는 방법

다음 장인 5장에서 흠이 있는 영상을 수리하거나 예술 효과 달성 중 하나에 사용하는 다양한 영상 필터링 기술을 제시한다. 중요성을 이해하기 위해 공간 필터와 주파수 필터를 실습 예제를 이용해 설명한다. 지금까지 이 책에서 배웠던 다른 기술과 필터링 방법을 조합해 여러 일반적인 영상처리 문제를 해결한다.

5

2차원 영상 필터링

여러 가지 유용한 영상처리 연산을 수행하려면 어느 정도까지는 입문자 수준에서 매트랩을 사용할 수 있어야 한다. 이제 더 고급 수준의 영상 필터링 과정으로 옮길 때이며, 이미 다뤘던 몇몇 처리를 다시 살펴본다. 5장에서는 영상 필터링 이론을 좀 더 깊게 보고, 영상을 개선하는 조금 더 복잡한 몇 가지 기술을 사용한다. 또한 이미 배웠던 필터링 처리에 관한 좀 더 많은 정보를 제공하므로, 커튼 뒤를 보고 무엇을 하는지 실제로 볼 수 있다. 모든 방법을 제시하며, 일반과 더 고급인 영상처리 작업에서 필터링의 중요성을 보여주는 예제를 직접 해보면서 한번 더 함께 한다.

5장에서 다음과 같은 내용을 다룬다.

- 영상 필터링 기본 이론과 이웃 화소 처리
- 회선을 이용해 영상을 필터링할 수 있는 방법
- 영상을 필터링할 수 있는 다른 방법
- 매트랩에서 영상 필터 생성
- 영상 블러링을 위한 필터 사용
- 영상의 잡음을 제거하는 방법
- 영상의 에지 개선
- 영상의 특정 ROI만 필터링

자, 시작해보자!

영상 필터링 소개

사실 필터링 개념을 완벽하게 설명하지는 않았지만, 이전 장에 걸쳐 여러 영상 필터링 과정을 수행했었다. 형태학적 연산과 에지 검출은 실제로 영상 필터링의 한 종류이며, 아무것도 알 수 없는 상태에서 이것을 사용하더라도 내부에서 정말로 들여다볼 필요가 없다. 다행히도 이런 방식은 영상 필터링의 세부 사항에 좀 더 빠르게 익숙하게 만든다.

우선 영상 필터링의 일반적인 정의를 내려보자. 전형적으로 영상의 지역 이웃에 적용하는 함수를 사용해 화소값을 변경하는 과정으로 설명할 수 있다. 많은 상황에서는 회선convolution이라고 하는 특수한 연산을 수반하는 함수를 커널kernel이라고 부르는 피연산자와 함께 이웃에 적용한다. 이런 의미에서 침식이나 팽창 경우도 물론 심지어 에지 검출 경우에도 이런 과정을 이미 적용했다. 전자 과정에서는 커널을 생성하는 strel 함수를 사용하고, 후자 과정에서는 에지 검출 방법 선택에 기반을 둔 커널을 사용했다. 그러나 앞서 가지 말자. 이웃 처리 설명부터 시작해서 차근차근 하나씩 해보자.

이웃 화소 처리

앞에서 필터링 처리는 전형적으로 특정 이웃 화소에서 행해진다고 언급했다. 모든 화소에 적용하는 이웃 처리는 슬라이딩 이웃 연산sliding neighborhood operation이라고 한다. 즉, 영상의 모든 가능한 위치를 통해 사각형 이웃 창을 미끄러지듯이 움직이면서 이웃 내 화소의 함수를 이용해 중심 화소값을 변경한다.

숫자 예제를 사용해 어떻게 수행했는지 살펴보자. 선형 필터링 처리, 즉 평균화 averaging 같은 간단한 예제부터 시작한다. 8×8 화소의 크기인 작은 영상이고, 화소값을 변경하고 싶다고 가정한다면 결국 3×3 이웃에 있는 화소값의 평균값을 반올림해 할당한다.

실제 숫자 예제를 사용해 더 쉽게 설명한다. 다음 영상에 보듯이 테두리가 굵은 3×3 이웃의 중심 화소값(네 번째 행과 여섯 번째 열)을 이웃에 있는 모든 화소값의 평균값(가장 가까운 정수로 반올림)으로 변경하는 단계에서 무슨 일이 일어났는지 설명하겠다.

132	101	101	107	115	121	110	92
120	124	122	120	129	123	121	129
134	146	144	134	134	132	134	138
143	147	136	121	121	115	107	107
145	147	138	129	119	113	113	122
162	155	152	149	142	129	118	122
127	122	115	113	117	102	95	94
67	74	78	80	89	89	107	109

132	101	101	107	115	121	110	92
120	124	122	120	129	123	121	129
134	146	144	134	134	132	134	138
143	147	136	121	121	121	107	107
145	147	138	129	119	113	113	122
162	155	152	149	142	129	118	122
127	122	115	113	117	102	95	94
67	74	78	80	89	89	107	109

영상을 I이라고 하자. 결과인 I(4,6)은 다음과 같다.

$$I(4,6) = \frac{I(3,5) + I(3,6) + I(3,7) + I(4,5) + I(4,6) + I(4,7) + I(5,5) + I(5,6) + I(5,7)}{9}$$

화소값을 대치할 때, 평균값을 계산할 수 있다.

$$I(4,6) = \frac{134 + 132 + 134 + 121 + 115 + 107 + 119 + 113 + 113}{9} = \frac{1088}{9} = 120.89$$

따라서 이웃의 중심 화소값은 121(120.89에 가장 가까운 정수)이 된다.

영상의 모든 화소를 대상으로 앞에 설명했던 과정을 반복하면, 평균값 필터링(mean filtering 또는 average filtering)으로 알려진 결과를 얻는다. 전체 과정의 최종 결과를 다음 그림에 보인다.

132	101	101	107	115	121	110	92
120	124	122	120	129	123	121	129
134	146	144	134	134	132	134	138
143	147	136	121	121	115	107	107
145	147	138	129	119	113	113	122
162	155	152	149	142	129	118	122
127	122	115	113	117	102	95	94
67	74	78	80	89	89	107	109

53	78	75	77	79	80	77	50
84	125	122	123	124	124	122	80
90	135	133	129	125	124	123	82
96	142	138	131	124	121	120	80
100	147	142	134	126	120	116	77
95	140	136	130	124	116	112	74
79	117	115	115	112	110	107	72
43	65	65	66	66	67	66	45

지금은 궁금할 수 있다. 예로 이웃 선택이 매우 편리했지만, 화소 I(1,4)와 같이 영상의 경계에 있는 화소값으로 바꾸고 싶다면 어떤 일이 일어날까? 영상에서 보여줬던 77로 설정하는 이유가 있을까?

정말 타당하고 자연스러운 질문이며 이미 생각했었다면 당신은 직관력이 뛰어나다. 결과 영상의 크기를 원 영상과 같게 하고 싶을 때 이런 문제를 해결하는 방법인 정답은 계산할 때 존재하는 이웃 화소만 포함하는 것이다. 하지만 이번 예제에서는 계산 시 이웃 화소값을 평균화 수행하므로 분모는 여전히 9다. 이런 이유로 나머지 이웃을 0으로 채우면 어떨까. 물론 이번 예제를 입증해보자.

앞 영상에 보듯이 다음과 같이 평가한 중심 화소값을 얻는다.

$$I(1,3) = \frac{I(0,3) + I(0,4) + I(0,5) + I(1,3) + I(1,4) + I(1,5) + I(2,3) + I(2,4) + I(2,5)}{9}$$

물론 0번째 줄이 없기 때문에 덧셈할 첫 세 개의 피연산자가 존재하지 않으므로 0으로 설정한다.

$$I(1,3) = \frac{0 + 0 + 0 + 101 + 107 + 115 + 122 + 120 + 129}{9} = 77.11$$

따라서 앞서 언급했던 이웃의 평균화 처리 결과는 77이다(영상에 보여줬음). 이 방식은 영상 경계에 대한 유일한 방식이 아니다. 최대 가능 값(예제에선 255)을 존재하지 않는 화소에 할당하거나 혹은 나머지 이웃의 평균값 등을 할당할 수 있었다. 나중에 실제 그림에서 보겠지만, 이런 선택은 영상의 경계 품질에 영향을 준다.

회선의 기본

영상의 겹치는 이웃에 수행하는 과정을 이전에 설명했지만 커널을 사용하지 않음을 언급했다. 그렇다면 커널이란 도대체 무엇인가? 또한 이런 구조라면 회선에 어떻게 맞추는가? 자, 사실은 이전에 설명했던 과정은 실제로 회선의 본질을 기술한다는 점이며, 영상의 이웃과 모든 가능한 동일한 크기를 갖는 커널을 전달한 후 중심 화소값을 변경할 때 커널을 사용한다. 이번 경우 유일한 문제점은 설명했던 과정에서 특정 커널을 사용하지 않았음에 있다. 아니라면 했던가? 2차원 회선을 수행하는 매트랩 코드를 이용해 찾아보자.

설명했던 과정에서 사용했던 3×3 이웃을 최종 결과가 여전히 동일한 3×3 커널로 대치할 수 있다. 같은 효과를 달성할 수 있는 이 커널은 모든 화소를 1/9로 설정한 3×3 행렬이다. 원 영상에 커널로 회선하면, 앞에 언급했던 예제와 동일한 결과를 낳는다. 이 과정을 증명하기 위해 다음과 같이 결과를 얻기 위한 2차원 회선 매트랩 함수인 conv2를 사용할 수 있다.

```
>> original = [132 101 101 107 115 121 110 92
   120 124 122 120 129 123 121 129
   134 146 144 134 134 132 134 138
   143 147 136 121 121 115 107 107
   145 147 138 129 119 113 113 122
   162 155 152 149 142 129 118 122
   127 122 115 113 117 102 95 94
   67 74 78 80 89 89 107 109]; % 원 영상 생성
>> kernel = ones(3,3)*(1/9); % 커널 생성
>> conv_result = conv2(original, kernel,'same'); % 회선 수행
>> final_result = round(conv_result) % 결과 반올림
```

다음과 같이 최종 결과를 얻는다.

```
final_result =
    53  78  75  77  79  80  77 50
    84 125 122 123 124 124 122 80
    90 135 133 129 125 124 123 82
    96 142 138 131 124 121 120 80
   100 147 142 134 126 120 116 77
    95 140 136 130 124 116 112 74
    79 117 115 115 112 110 107 72
    43  65  65  66  66  67  66 45
```

예상대로 결과는 이전에 설명했던 분석 과정을 이용해 계산한 결과와 똑같다. 회선 커널은 회선 시 작동한다. 이번 과정에서는 8×8 원 영상과 모든 화소값이 1/9(이전에 했던 그대로, 1의 모든 인스턴스가 있는 3×3 행렬에 1/9을 곱해 일어남)인 3×3 커널을 사용하고, 끝으로 경계에 대해 이미 설명했던 채움 처리를 이용한 결과를 만드는 conv2 함수를 수행하도록 했으므로, 원래와 동일한 크기를 갖는 결과를 계산한다.

하지만 어떻게 했을까? 정확히 회선이란 무엇인가? 이제 회선을 완벽하게 이해할 때다. 다만 먼저 수학 공식에 익숙해야 한다. 수학을 배우는 것은 이 책의 목표가 아니기 때문에 기본을 갖추도록 시도할 것이므로, 결국 영상 필터링에 중요한 회선에 관한 모든 것을 알게 된다.

불편한 수학적 진실

이산 함수인 회선을 수학적 정의부터 시작해보자(디지털 영상처리의 모든 함수는 이산이다). 신호처리 측면에서 우리 문제를 구성하자면, 선형 공간 불변LSI, Linear Space Invariant 시스템을 통해 입력 영상인 l을 전달함으로써 정의할 수 있고, 결과 영상인 g를 만들기 위해 커널인 h(필터라고 부르기도 함)로 회선을 수행한다. 따라서 다음과 같은 블록 다이어그램을 얻는다.

다음 방정식으로 수학적으로 이 과정을 설명할 수 있다.

$$g[i,j] = I[i,j] * h[i,j] = \sum_{k=0}^{m-1} \sum_{l=0}^{n-1} I[k,l] \cdot h[i-k, j-l]$$

여기서 *는 회선 기호고, 큰 Σ는 합을 의미한다. 두 합을 갖는 이유는 이 과정이 2차원이기 때문이다. 너무 상세하게 들어갈 필요 없이 이전에 설명했던 이 과정을 다음과 같은 단계를 이용해 요약할 수 있으며, 또한 conv2의 구현부에 따른다.

1. 방정식의 이중 합 과정에 따르도록 회선 커널을 180도로 회전한다.

2. 이웃의 중심 화소를 조사한다. 이웃이 행과 열의 홀수일 때 간단하다. 다만, 차원이 짝수일지라도 몇 가지 규칙에 기반을 두어야 한다.

3. 입력 영상의 각 화소에 회전한 커널을 적용한다. 이것은 회전한 커널의 각 화소와 영상의 처리 대상인 이웃에 대응하는 화소의 곱셈이다. 이웃 화소의 가중합으로 생각할 수 있다.

conv2의 결과는 다음과 같이 하나를 선택할 수 있다.

- full: 원 영상보다 더 클 때, 중심이 영상을 벗어날지라도 회선 커널을 사용해 계산할 수 있도록 모든 화소를 고려한다. 이는 conv2 함수의 기본 선택이다.
- same: 원 영상과 동일한 크기일 때, 경계 화소값을 계산하기 위해 0을 사용한다.
- valid: 원 영상보다 더 작을 때, 결국 계산 시 전체 유효한 이웃 화소만 사용한다.

이전 예제에서 했던 대로 원 영상과 동일한 크기인 회선 결과를 만들고 싶다면, 입력을 same으로 사용해야 함을 의미한다.

지금까지는 수학에 아주 흥미가 없다면 그만 읽고 싶을 수 있다. 따라서 수학적 전문용어는 이 정도만 하고, 실습 예제에 빠져 보자. 회선을 어떻게 하는지 알고 있고, 평균 회선 커널을 이용해 매우 작은 영상의 화소를 처리하는 예제를 봤다. 그렇다면 이 과정은 영상에 무엇을 할까?

따라하기 쉬운 예제로 시작하며 이전에 설명했던 모든 이론을 입증한다. 목적을 위해서는 이전 장의 영상 중 하나를 사용한다. 이번 예제에서 이해하기 쉽도록 몇 가지 새로운 매트랩 함수도 소개한다. 이제 시작해보자.

1. 먼저 holiday_imag2.bmp 영상을 불러온다.

```
>> img = imread('holiday_image2.bmp');
```

2. 그러면 fsepecial 함수를 이용해 회선 커널을 만든 후 180도 회전한다.

```
>> kernel = fspecial('average',3);
>> kernel = rot90(kernel,2)
```

3. 코드의 결과는 다음과 같다.

```
kernel =
    0.1111 0.1111 0.1111
    0.1111 0.1111 0.1111
    0.1111 0.1111 0.1111
```

4. 지금 영상을 회선하는 세 가지 다른 방법을 사용할 때다.

```
>> con1 = conv2(img,kernel); % 기본 사용('full')
>> con2 = conv2(img,kernel,'same'); % 'same'을 이용한 회선
>> con3 = conv2(img,kernel,'valid'); % 'valid'를 이용한 회선
```

5. 앞 단계에서 경고 문장을 아마도 접했겠다.

```
Warning: CONV2 on values of class UINT8 is obsolete.
Use CONV2(DOUBLE(A),DOUBLE(B)) or CONV2(SINGLE(A),SINGLE(B)) instead.
```

6. conv2가 앞으로 uint8 타입을 지원하지 않음을 실질적으로 의미한다. 만일을 대비해 매트랩의 제안을 사용하거나 회선하기 전에 영상을 single로 변환할 수 있다.

```
>> img = single(img);
>> kernel = fspecial('average',3); % 3x3 평균화 커널 생성
>> con1 = conv2(img,kernel); % 기본 사용('full')
>> con2 = conv2(img,kernel,'same'); % 'same'을 이용한 회선
>> con3 = conv2(img,kernel,'valid'); % 'valid'를 이용한 회선
```

7. 이제 한 그림창에 결과를 원 영상과 함께 보여줄 수 있다. 이번에는 결과를 uint8
로 변환하는 것을 막기 위해 imshow의 두 번째 인자인 빈 행렬을 사용한다.

```
>> figure;subplot(2,2,1),imshow(img,[]),title('Original')
>> subplot(2,2,2),imshow(con1,[]),title('full')
>> subplot(2,2,3),imshow(con2,[]),title('same')
>> subplot(2,2,4),imshow(con3,[]),title('valid')
```

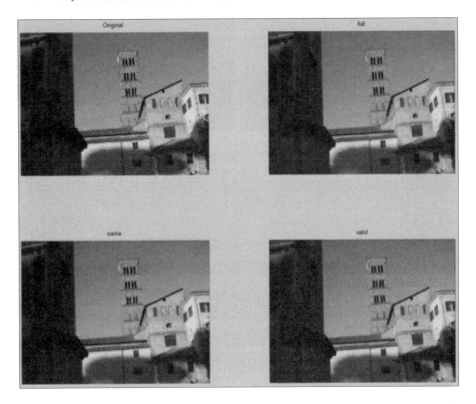

8. 세 결과가 동일함이 분명하지만 약간 차이가 있다. 크기도 동일하지 않다. 따라서
예상했던 무언가를 살펴보자. Workspace 창에서 크기에 차이가 있음을 볼 수
있다.

Name ▲	Value	Min	Max
con1	\<476x642 uint8\>	2	237
con2	\<474x640 uint8\>	4	237
con3	\<472x638 uint8\>	6	237
img	\<474x640 uint8\>	0	253

9. 평균화 영상의 물리적, 질적인 의미를 지금 이야기해보자. 정확히는 무엇인가? 답은 영상의 블러링 수행이다. 이 효과를 조사하기 위해 원 영상과 평균화 영상의 탑을 잘라낸 후 결과를 띄울 수 있다. 다음 좌표를 이용해 탑을 잘라낼 수 있다.

```
>> tower_original = img(51:210,321:440);
>> tower_blurred = con2(51:210,321:440); figure
>> subplot(1,2,1),imshow(tower_original),title('Original tower')
>> subplot(1,2,2),imshow(tower_blurred),title('Blurred tower')
```

10. 원 영상과 블러링을 거친 영상은 다음과 같다.

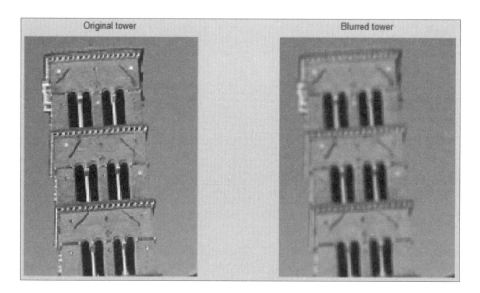

보충 설명

여러 가지 회선 구현에서 회선 사용법을 보여준 이전 예제에서는 fspecial을 이용해 생성한 평균화 커널을 사용한 과정을 설명했다. 이 fspecial 함수는 다음 절에서 더 분석할 인기 있는 필터링 작업을 위한 커널을 생성하도록 설계됐다. 이번 경우에는 값이 1/9인 3×3 커널을 생성했다(2단계의 결과이며, 0.1111과 거의 같다). 그 다음에는 회선의 세 가지 다른 선택을 적용하고, 원 영상과 함께 띄웠다. 물론 전체 크기에서는 경계의 크기 같은 세부 사항을 쉽게 관찰할 수 없다. 따라서 결과의 크기 면에서 다른 점을 관찰했다. 끝으로 평균화 과정의 결과는 영상의 블러링임을 증명하기 위해 원 영상의 일부 옆에 same 회선 결과의 같은 부분을 띄웠다.

회선에 대한 대안

회선은 영상 필터링을 수행하는 유일한 방법이 아니다. 상관관계^{correlation}도 있는데, 동일한 결과를 제공한다. 상관관계를 이용한 영상 필터링은 filter2라고 하는 매트랩 함수를 이용해 달성할 수 있으며, 이름에서 암시하듯이 두 영상을 갖고 2차원 필터링을 수행한다. 이번 경우 첫 번째 입력은 커널(필터)이고, 두 번째 입력은 영상(또는 더 일반적인 경우는 2차원 행렬)이다. 여기선 상세하게 다루지 않으며, 다만 두 방법 간의 주요한 한 가지 차이점을 언급하자면 상관관계는 커널을 회선할 필요가 없다. 경계 이슈는 여전하며, conv2를 이용한 회선 경우처럼 같은 세 가지 방식이 있다. 다음과 같이 명령어를 입력하면 두 함수가 동일함을 보여준다.

```
>> img = imread('holiday_image2.bmp');
>> img = img(51:210,321:440);
>> kernel = fspecial('average',3);
>> kernel180 = rot90(kernel,3);
>> conv_result = conv2(img,kernel180,'same');
>> corr_result = filter2(kernel,img,'same');
>> subplot(1,3,1),imshow(img),title('Original')
>> subplot(1,3,2),imshow(uint8(conv_result)),title('Blurred - conv2')
>> subplot(1,3,3),imshow(uint8(corr_result)),title('Blurred - filter2')
```

위 코드의 결과는 다음과 같이 나타난다.

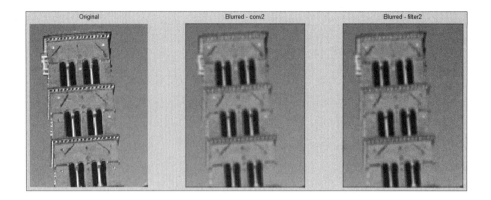

Original   Blurred - conv2   Blurred - filter2

 이번 예제에서, conv2와 filter2에 사용한 두 커널은 동일하다. 사용한 평균화 필터는 정사각형(3x3)이고, 모든 요소가 같기 때문이다. 더 복잡한 커널을 갖는다면, 보여준 일반적인 과정이 도움을 준다.

imfilter 사용

지금까지 제시했던 일반적인 2차원 신호 처리 이론에 기원을 둔 영상 필터링을 수행하는 두 가지 대안적인 해결책이 있다. 이것은 컬러 영상 필터링을 처리해야 할 때 3차원 신호로 확장해야 함을 뜻한다. 이 과정은 꽤 간단하며, 모든 분리된 모든 컬러 채널에 영상 필터링을 반복함을 수반한다. 하지만 왜 이렇게 할까? 필터를 적용하기 전에 영상을 확인한 후 올바른 방법을 선택을 전담하는 함수를 가졌다면?

영상이 그레이스케일이든 컬러이든 관계없이 영상을 다루기 위해 설계된 imfilter라고 하는 특화된 함수가 있다. 이 imfilter 함수는 이전 문단에 설명한 두 필터링 방법을 구현할 수 있으며, 결과가 same이나 full이 되도록 정의할 수도 있다. 경계 값을 다루는 방법 선택과 컬러 영상 자동 처리에 관여하는 추가 기능이 있다. 더욱이 이 기능은 영상 입력이 정수값인 경우에는 필요한 변환을 수행한다. fspecial과 조합하면 영상 필터링을 수행할 때 아마도 매트랩에서 거의 귀중한 도구가 될 것이다.

fspecial을 이용한 필터 생성

지금까지는 행렬의 모든 화소값이 1/mn인 m×n 행렬을 만들 수 있는 어떠한 방법으로 생성할 수 있었던 평균화 필터 커널을 봤었다.

이전 예제에서 사용했던 fspecial 함수는 언급했던 평균화 커널을 만드는 한 가지 방법이었다. 아무튼 여러 가지 다른 필터링 커널을 만들 때 사용할 수 있다. 이 함수에 관한 매트랩의 help를 간단하게 호출하면 결과의 첫 몇 줄에 있는 사용법을 보여준다.

```
>> help fspecial
```

매트랩의 help 명령어를 호출하면 다음과 같은 결과를 제공한다.

```
fspecial Create predefined 2-D filters.
   H = fspecial(TYPE) creates a two-dimensional filter H of the
   specified type. Possible values for TYPE are:
     'average' averaging filter
     'disk' circular averaging filter
     'gaussian' Gaussian lowpass filter
     'laplacian' filter approximating the 2-D Laplacian operator
     'log' Laplacian of Gaussian filter
     'motion' motion filter
     'prewitt' Prewitt horizontal edge-emphasizing filter
     'sobel' Sobel horizontal edge-emphasizing filter
     'unsharp' unsharp contrast enhancement filter
```

fsepcial은 사용자가 선택한 입력에 의한 9가지 다른 필터를 생성할 수 있음을 의미한다. 기능에 따라 필터를 분류하고 싶다면 세 가지 넓은 범주를 사용해야 한다.

- 영상 스무딩smoothing 또는 블러링blurring: 이는 저주파 통과 필터를 사용해 수행하는 과정이다. fspecial이 제공하는 필터는 average, disk, motion, gaussian이다. 이 타입의 필터는 보통 저주파 통과라고 하며, 저주파수가 있는 영상 영역에 영향을 주지 않기 때문이다.

- 에지 검출 필터: 이는 3장에서 접했던 에지 검출 기술에 사용하는 핵심 필터다. fsepcial이 지원하는 필터는 laplacian, log, prewitt, sobel이다. 이런 모든 필터는 영역에 있는 모든 화소값을 억제하여, 에지를 많이 갖지 않게 하고, 영상의

에지를 개선한다. 임계화를 거치면, edge가 생성한 것과 비슷한 결과를 만든다.

- 끝으로 fspecial은 고주파 통과 필터링에 사용하는 필터를 생성할 수 있다. 즉, 많은 세부 사항을 포함하는 영역을 개선한다. 필터의 첫 번째 그룹의 효과와 반대이며, unsharp 커널을 사용해 달성할 수 있다.

5장의 나머지에서 현실적이면서도 실제적인 예제를 사용해 이런 필터의 일부 기능을 확인해보자.

영상을 블러링하는 다른 방법

영상 블러링이나 스무딩은 많은 방법으로 달성할 수 있다. 가장 인기 있는 기술 중 세 가지는 imfilter와 special로 달성할 수 있다. 이전 예제의 탑 그림이 효과를 보여주기에 충분한 세부 사항을 포함하므로, 이번 예제에서 사용한다.

실습 예제 | 블러링이 얼마나 충분한가?

이전 장에서 했던 그대로 삶이 더 편하도록 매트랩 함수와 조합을 포함한 사용자 정의 함수를 작성한다. 이번에는 함수가 영상 블러링을 수행하므로, BlurrImage.m으로 명명한다.

```
function [output] = BlurImage(input,kernel_choice,kernel_size,method)

% Function for image blurring
% Inputs:
%       input - Input image
%       kernel_choice - User's choice of filter
%          (1: disk
%           2: average
%           3: gaussian)
%       kernel_size - User's choice of kernel size
%          ([radius] for disk,
%           [rows, columns] for average,
%           [rows, columns, standard deviation] for Gaussian)
```

```
%         method - User's choice of filtering method
%            (1: correlation
%             2: convolution)
% Output:
%         output - Output image (after bluring)

switch kernel_choice
  case 1
    kernel = fspecial('disk',kernel_size);
  case 2
    kernel = fspecial('average',kernel_size);
  case 3
    kernel = fspecial('gaussian',kernel_size);
end

switch method
  case 1
    output = imfilter(input,kernel,'conv');
  case 2
    output = imfilter(input,kernel,'corr');
end
```

이제 코드를 테스트할 수 있다. 세 가지 다른 필터를 사용해 동일한 영상을 필터링하며 두 다른 크기를 사용한다.

1. 먼저 영상을 불러온 후 잘라낸다.

```
>> img = imread('holiday_image2.bmp');
>> img = img(51:180,321:440);
```

2. 그러면 선택한 3×3 크기로 세 필터를 적용한다.

```
>> f1 = BlurImage(img,1,1,1);
>> f2 = BlurImage(img,2,[3,3],1);
>> f3 = BlurImage(img,3,[3,3,1.5],1);
```

3. 5×5 크기의 커널로 동일하게 작업한다.

```
>> f4 = BlurImage(img,1,2,1);
>> f5 = BlurImage(img,2,[5,5],1);
>> f6 = BlurImage(img,3,[5,5,1.5],1);
```

4. 끝으로 동일한 그림창에서 원 영상 옆에 모든 영상을 띄운다.

```
>> subplot(2,4,1),imshow(img),title('Original')
>> subplot(2,4,2),imshow(f1),title('Blur by disk of radius 1')
>> subplot(2,4,3),imshow(f2),title('Blur by 3x3 averaging kernel')
>> subplot(2,4,4),imshow(f3),title('Blur by 3x3 Gaussian kernel')
>> subplot(2,4,6),imshow(f4),title('Blur by disk of radius 2')
>> subplot(2,4,7),imshow(f5),title('Blur by 5x5 averaging kernel')
>> subplot(2,4,8),imshow(f6),title('Blur by 5x5 Gaussian kernel')
```

5. 결과는 다음과 같다.

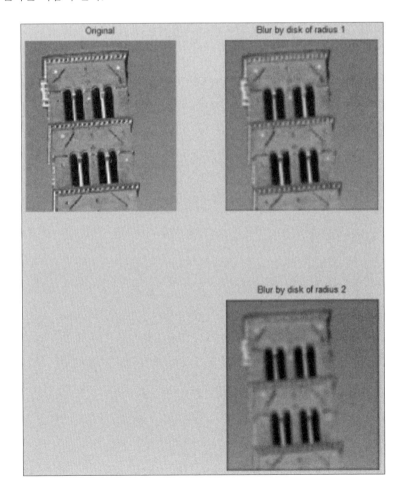

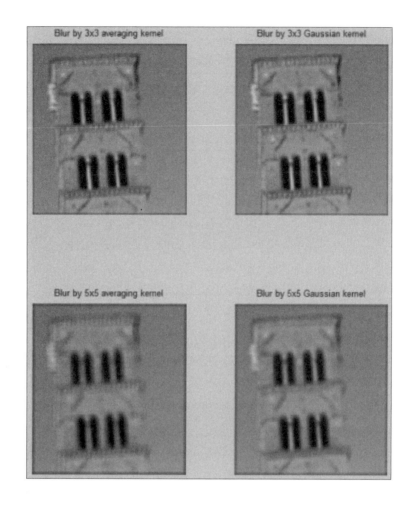

보충 설명

영상을 한 번 만에 블러링하기 위해 유용할 수 있는 도구를 만들었다. 세 가지 블러링 방법을 포함했고 필터 파라미터를 선택할 수 있었다. 다른 커널 크기로 세 가지 방법을 입증했으며, 영상에 적용한 효과는 확실해졌다. 이번 예제에서 각 선택의 장단점이 매우 분명하지 않았다. 단지 분명한 문제라면 모두 다 세부사항을 잃는 것이며 특별한 경우에 유용할 수 있다.

블러링을 이용한 예술 효과 생성

영상을 블러링하면 정보를 잃는데 항상 나쁜 것만 아니다. 많은 사진 작가는 영상에 예술적인 손길을 추가한 효과를 사용한다. 일반적인 효과는 보케bokeh라고 하며, 사진의 아웃 포커스out of focus 영역을 흐리게 한다. 사진 중 하나에 아웃 포커스 효과를 만들 수 있는 방법을 살펴보자. 내가 자랐던 도시인 요아니아Ioannina의 파노라마 야경 사진을 사용한다. 반지름이 25인 원판 커널로 시도해보자.

```
>> img = imread('Ioannina.jpg');
>> kernel = fspecial('disk',25);
>> for i=1:size(img,3),
bokeh(:,:,i) = imfilter(img(:,:,i),kernel);
end
>> subplot(2,1,1),imshow(img),title('Original image of Ioannina')
>> subplot(2,1,2),imshow(bokeh),title('Bokeh image of Ioannina')
```

사용자가 포커스를 맞춘 채로 유지할 관심 영역ROI을 정의한 후 원판 커널을 이용해 블러링을 수행하는 함수를 작성해 영상에 효과 같은 것을 지금 추가해보자.

| 영상의 보케 효과 생성

독일 베를린에서 촬영한 다른 야경 영상을 갖고 지금 작업한다. 이 영상의 백열 전구 병정을 분리한 후 다른 영역에 블러링을 수행해보자. 사용하는 함수는 그레이스케일과 컬러 영상 모두 다룰 수 있다. 이 함수를 살펴보자.

```
function [output] = Bokeh(input, radius)

% Function that performs blurring on the whole image except a user defined
% ROI,using a disk kernel. The effect resembles the bokeh effect.
% Inputs:
%        input  - Input image
%        radius - User's choice of radius for the disk kernel
% Output:
%        output - Output image (only user-defined ROI stays in focus)

kernel = fspecial('disk',radius);       % 원판 커널 생성
disp('Select area to keep in focus!')   % 사용자에게 메시지 출력
mask = roipoly(input);                  % 사용자가 관심 영역 선택
output = [];                            % 빈 영상부터 시작
for i = 1:size(input,3)                 % 컬러 영상을 다루는 경우임
  cropped = input(:,:,i);               % 채널별 처리 수행
  channel = input(:,:,i);               % 채널 복제
  cropped(mask == 1) = 0;               % 마스크 밖에 있는 ROI만 유지
  cropped = imfilter(cropped,kernel);   % ROI에 블러링 수행
  channel(mask==0) = cropped(mask==0);  % 영향을 받지 않은 ROI만 유지
  output = cat(3,output,channel);       % 채널 조합
end
```

설명했던 영상에 함수를 이제 사용할 수 있다.

1. 먼저 영상을 불러온다.

```
>> img = imread('soldier.jpg');
```

2. 그러면 입력 영상 이름과 필터의 반지름(15 화소를 사용함)을 받아 Bokeh 함수를 호출해야 한다.

```
>> [output] = Bokeh(soldier,15);
```

함수는 다음과 같은 메시지를 출력한다.

Select area to keep in focus!

3. 포커스를 유지하고 싶은 영역을 선택한다.

4. 이제 원 영상과 예술적인 결과를 나란히 보여주자.

```
>> subplot(1,2,1),imshow(img),title('Original')
>> subplot(1,2,2),imshow(output),title('Bokeh effect')
```

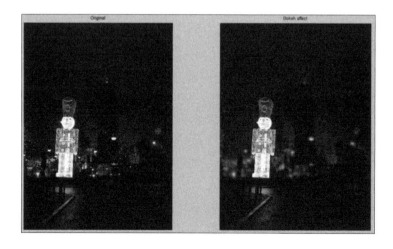

보충 설명

이번 예제에서는 예술적인 효과를 추가하기 위해 영상에 처리하는 새로운 방법을 배웠다. 영향을 받지 않도록 유지하고 싶은 영역을 선택하기 위해 이전 장에서 다뤘던 ROI 선택 과정을 사용했다. 그런 후에 영상의 모든 채널(하나 혹은 세 개임)에 원판 커널로 블러링을 수행했으며, 이것이 사진 렌즈로 아웃 포커스 광원을 렌더링해 발생시킨 보케 효과와 아주 비슷하다. 이런 식으로 선택하지 않은 영역을 아웃 포커스로 자연스럽게 보이도록 만들 수 있다. 유사한 방법으로 영상의 선택한 부분에 다른 효과를 추가할 수 있다. 처리할 선택 영역(마스크에서 1로 설정)과 영향을 받지 않은 채 유지하고 싶은 영역(마스크에서 0으로 설정)이 무엇인지 신중히 적용해야 한다.

도전 과제 | 영상에 모션 효과 추가

이제 운전할 차례다. 블러링을 수행하기 위해 작성했던 Bokeh 함수를 원판 커널 대신에 모션 효과motion effect를 사용하도록 변경해보자. 모션 필터는 더 큰 커널과 빠른 움직임으로 영상에 움직이는 느낌을 추가한다. 병정 영상에서 자동차가 이동하는 것처럼 보인다면 재미있지 않을까? 시도해보자. 이전에 만들었던 함수 코드에 기반을 둘 수 있다. 정의부는 다음과 같다.

```
function [output] = Motion(input,len)

% Function that performs motion blurring on a user defined
% ROI,using the motionkernel. The effect resembles a local motion.
% Inputs:
%       input - Input image
%       len   - User's choice of length for the motion in pixels
% theta - User's choice of angle for the motion in degrees
% Output:
%       output - Output image (only user-defined ROI appears to move)
```

함수가 작동하는지 확인하기 위해 입력해야 한다.

```
>> img = imread('soldier.jpg');
>> [output] = Motion(soldier,25,0);
```

그러면 움직이는 것처럼 보이길 ROI를 정의하기 위해 마우스를 사용할 수 있어야
한다.

원 영상 옆에 띄울 때 최종 결과는 다음과 같이 나타나야 한다.

블러링을 이용한 잡음 제거

블러링을 이용한 다른 매우 인기 있는 영상처리 작업은 영상 내 잡음 제거다. 예로 스캔 과정에서 필름 그레인이 불필요한 잡음을 추가하는 등의 다양한 이유로 영상이 왜곡될 수 있다. 하지만 스캐너도 잡음을 끼워 넣거나 스캔할 사진에 인공적인 표식(긁힘 같은 것)이 들어 있을 수 있다. 게다가 디지털 사진조차 잡음이 있을 수 있다. 예로 CCD 검출기 때문임을 들 수 있다. 전자 매체를 통해 영상을 전송할 때 손실이 생길 수도 있어서 잡음이 낀 결과로 이어진다. 많은 유형의 잡음 추가는 매트랩의 영상처리 툴박스에서 구현됐고, 앞에서 언급한 영상 손상의 일부를 모의 실험할 때 사용할 수 있다. 영상에 잡음을 추가할 때 사용하는 함수는 imnoise라고 부른다. help를 사용해 사용법을 조사할 수 있다. 결과의 첫 번째 줄을 살펴보자.

```
>> help imnoise
```

앞 명령어의 결과는 다음과 같다.

```
imnoise Add noise to image.
   J = imnoise(I,TYPE,...) Add noise of a given TYPE to the intensity image
   I. TYPE is a string that can have one of these values:
       'gaussian'        Gaussian white noise with constant
                         mean and variance
       'localvar'        Zero-mean Gaussian white noise
                         with an intensity-dependent variance
       'poisson'         Poisson noise
       'salt & pepper'   "On and Off" pixels
       'speckle'         Multiplicative noise

   Depending on TYPE, you can specify additional parameters to imnoise. All
   numerical parameters are normalized; they correspond to operations with
   images with intensities ranging from 0 to 1.
```

이것은 다섯 개의 다른 종류인 잡음을 영상에 추가할 수 있음을 의미한다. 각 종류는 잡음의 일부 물리적인 소스에 대응하며 영상의 잡음을 제거하기 위한 방침을 선택할 때 고려해야 한다.

이번 절에서 각 종류의 잡음에 사용해야 하는 필터가 무엇인지 경험 법칙으로 시도해
보자.

다양한 종류의 잡음을 제거해보자

로마의 휴일 사진으로 다시 돌아가자. 다양한 종류의 잡음을 추가한 후 잡음이 낀 결
과를 블러링 커널로 필터링한다.

1. 한 번 더 영상을 불러온다.

```
>> img = imread('holiday_image2.bmp');
```

2. 지금 네 종류의 잡음을 추가한다(기본 설정을 사용함).

```
>> gauss = imnoise(img,'gaussian');
>> poiss = imnoise(img,'poisson');
>> speck = imnoise(img,'speckle');
>> snp = imnoise(img,'salt & pepper');
```

3. 먼저 원 영상과 왜곡된 영상, 잡음 종류를 입력으로 취하는 작은 함수를 작성해
   세 개의 필터로 필터링 수행한 후 결과를 띄운다. 함수 이름을 Denoise AndPlot.
   m으로 한다.

```
function DenoiseAndPlot(original,distorted,type)

% Function that performs filtering of the distorted image with
% three different kernels and displays the results
% Inputs:
%        original  - Original image
%        distorted - Image distorted by noise
%        type      - Type of noise
%        (1: Gaussian, 2: Poisson, 3: speckle, 4: Salt & Pepper)

switch type
  case 1
    message = 'Noisy image (Gaussian)';
```

```
  case 2
    message = 'Noisy image (Poisson)';
  case 3
    message = 'Noisy image (speckle)';
  case 4
    message = 'Noisy image (Salt & Pepper)';
end

f1 = BlurImage(distorted,1,2,1);
f2 = BlurImage(distorted,2,[5,5],1);
f3 = BlurImage(distorted,3,[5,5,2],1);

subplot(2,3,1),imshow(original),title('Original image')
subplot(2,3,2),imshow(distorted),title(message)
subplot(2,3,4),imshow(f1),title('Filtered by disk kernel')
subplot(2,3,5),imshow(f2),title('Filtered by averaging kernel')
subplot(2,3,6),imshow(f3),title('Filtered by Gaussian kernel')
```

4. 이제 가우시안 잡음^{Gaussian noise}인 경우에 대한 함수를 호출한다.

```
>> DenoiseAndPlot(img,gauss,1);
```

5. 앞 코드의 결과는 다음과 같다.

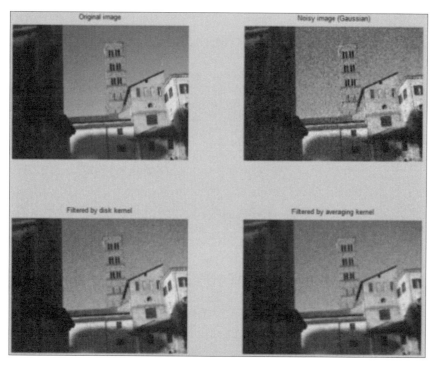

6. 많은 세부 사항을 잃게 하는 평균화 필터 결과를 비교해 모든 세 개의 필터 결과 가 비슷함을 관찰할 수 있다.

7. 알려진 필터를 이용해 포이송 잡음poisson noise을 제거해보자.

```
>> DenoiseAndPlot(img,poiss,2);
```

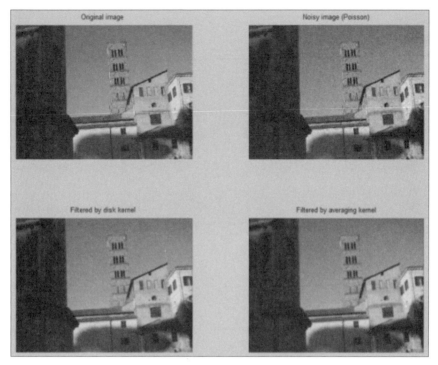

8. 많은 세부 사항을 잃게 하는 평균화 필터 결과를 비교해 모든 세 개의 필터의 결과가 비슷함을 또 다시 관찰할 수 있다.

9. 이번은 세 번째 잡음 종류인 스페클 잡음speckle noise이다. 다시 한 번 실행한다.

```
>> DenoiseAndPlot(img,speck,3);
```

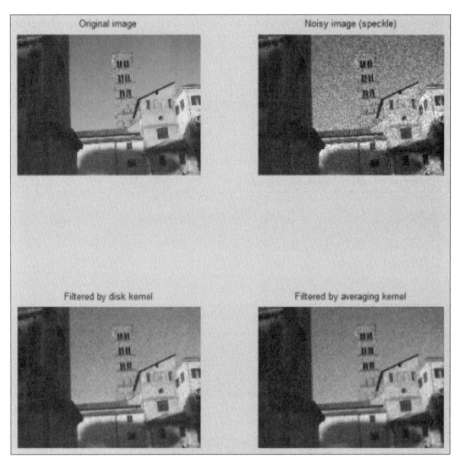

10. 결과는 이전 잡음 경우와 역시 비슷하다.

11. 마지막으로 소금 & 후추 잡음^{salt & pepper noise}을 시도해보자.

```
>> DenoiseAndPlot(img,snp,4);
```

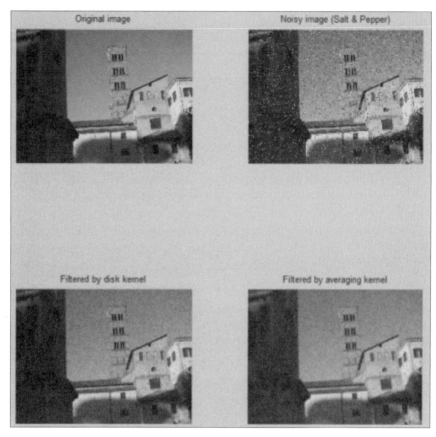

12. 소금 & 후추 잡음인 경우로 얻은 결과에는 모든 세 가지 필터의 잡음이 꽤 나타 난다. 블러링 필터가 모든 종류의 잡음에 동일하게 성공할 수 없겠다는 실마리를 제시한다. 이 잡음 제거는 정말 직관적이지만 아직까지는 최소한 소금 & 후추 잡 음에 더 잘 작동하는 다른 필터를 찾아야 한다.

보충 설명

우선 코드의 매우 길었던 반복 부분을 수행하는 함수를 작성함으로써 매우 현명하게 선택했다. 선택한 필터에 따라 바뀌는 유일한 부분은 잡음 영상의 제목이었다. 이런 이유로 잡음 종류에 의존한 메시지를 변경하는 switch문을 포함했다. 이 함수의 모든 다른 줄은 아주 간단하다. 이미 만들었던 BlurImage 함수를 이용한 모든 필터를 통해 잡음 영상을 전달했고, 원본과 잡음 영상이 있는 동일한 창에 모든 결과를 띄웠다.

모든 경우에 대한 결과는 소금 & 후추 잡음인 경우를 제외하고는 괜찮았다. 뛰어나고 완벽할 수는 없다. 그래도 결과 영상에서는 일반적으로 잡음 영상을 개선했다.

따라서 잡음을 줄일 목적으로 다음과 같은 경우에는 세 가지 필터를 사용할 수 있다.

- 영상의 더 밝은 부분에 있는 영상 센서 잡음이며 보통 포이송 잡음과 비슷하다. 이 잡음 종류는 일반적으로 산탄 잡음shot noise이라고 부른다.
- 영상의 더 어두운 부분에 있는 영상 센서 잡음이며. 보통 가우시안 잡음과 비슷하다. 이 잡음 종류는 일반적으로 증폭기 잡음amplifier noise이라고 부른다.
- 필름 그레인 잡음이며 가우시안 잡음으로도 모델링할 수 있다.
- SAR(합성 개구 레이더Synthetic Aperture Radar) 영상에 나타나는 잡음은 알갱이 모양이 며 스페클 잡음과 비슷하게 나타난다.

하지만 A/D(아날로그-디지털Analog to Digital) 변환이나 전송 과정에서 영상 데이터 비트 오류로 추가된 잡음인 경우 이 필터로 매우 효율적으로 다룰 수 없다. 미디언 필터링 median filtering이라고 하는 다른 매우 중요한 필터링 방법을 지금 봐야 하는 이유가 있다.

미디언 필터의 중요성

미디언 필터도 이웃 필터로서 평균화 필터와 비슷하지만 처리할 때 이웃의 평균값을 계산하는 대신에 중간값을 찾아 중심 화소에 할당한다. 미디언 필터링 과정에 기인한 차이점은 극단치에 덜 민감함에 있다. 소금 & 후추 잡음은 근본적으로 임의로 배치된 극단치(검은색이나 흰색) 화소의 모음이므로, 미디언 필터는 이런 잡음 종류에 더 잘 작동한다. 정말인지 보기 위해 medfit2 함수를 이용해보자.

실습 예제 | medfit2로 소금 & 후추 제거

정석으로 시작해서 매트랩이 제공하는 미디언 필터링 함수를 사용해 영상의 소금 & 후추 잡음 제거를 시도해보자.

1. 영상을 불러온 후 소금 & 후추 잡음을 추가해보자.

```
>> img = imread('holiday_image2.bmp');
>> snp = imnoise(img,'salt & pepper');
```

2. 이제 필터링하고 결과를 보여주자.

```
>> denoised = medfilt2(snp,[5,5]);figure
>> subplot(1,3,1),imshow(img),title('Original image')
>> subplot(1,3,2),imshow(snp),title('Noisy image (Salt&Pepper)')
>> subplot(1,3,3),imshow(denoised),title('Denoised image')
```

보충 설명

훨씬 더 낫다. 소금 & 후추 잡음인 경우에 대한 좋은 필터링 해결책을 찾았던 것 같다. 유일한 작업은 소금 & 후추 잡음으로 인해 왜곡된 영상에 5×5커널을 이용한 미디언 필터링을 적용했을 뿐이었다.

도전 과제 │ 실제 영상의 잡음 제거

잡음을 제거하는 대부분의 필터를 지금 배웠으니 실제 잡음을 테스트할 때다. 예로 높은 ISO 설정으로 촬영했거나 나쁜 JPEG 압축으로 야기된 문제가 있는 사진을 내려받은 후, 아주 성공적으로 잡음을 제거할 수 있는 필터를 찾아내야 한다. 잡음이 있는 영상을 인터넷에서 간단하게 찾을 수 있도록 작업하기 위한 다수의 예제를 제공해야 한다.

세부 사항으로 돌아오기

지금까지는 영상의 세부 사항을 빼는 필터를 사용했다. 반대로 작동하는 방법이 있는데, 세부 사항을 강조하는 것이다. 활용할 수 있는 에지 개선 커널이나 fsepcial 함수가 제공하는 unsharp 커널을 사용해 수행할 수 있다. 두 번째 옵션은 매우 간단하며 명암대비 개선 필터를 사용해 영상을 필터링하는 것만 포함한다. 다만 첫 번째 옵션은 조금 까다롭고 에지 개선 필터링 결과에 대한 이해를 요구한다. 먼저 예제를 이용해 결과를 이해해보자.

지금 에지 개선이 도대체 무엇인지 느껴보자. 그레이스케일 개선을 수행하기 위해 휴일 영상과 컬러 개선을 수행하기 위해 병정 영상을 사용한다(그레이스케일 영상과 관계된 3장의 에지 검출 기술을 기억하라).

1. 먼저 두 영상을 두 행렬로 불러온다.

```
>> gray = imread('holiday_image2.bmp');
>> color = imread('soldier.jpg');
```

2. 지금 커널을 준비하자(기본 설정을 사용한다).

```
>> lp = fspecial('laplacian');
>> lg = fspecial('log');
>> pr = fspecial('prewitt');
>> sb = fspecial('sobel');
```

3. 그 다음은 두 영상에 필터를 적용한다(여백을 줄이기 위해 같은 줄에서).

```
>> g1 = imfilter(gray,lp); c1 = imfilter(color,lp);
>> g2 = imfilter(gray,lg); c2 = imfilter(color,lg);
>> g3 = imfilter(gray,pr); c3 = imfilter(color,pr);
>> g4 = imfilter(gray,sb); c4 = imfilter(color,sb);
```

4. 그리고 지금은 동일한 그림창에 그레이스케일을 보여주자.

```
>> subplot(3,2,1),imshow(gray),title('Original grayscale image')
>> subplot(3,2,2),imshow(g1),title('Grayscale Laplacian result')
>> subplot(3,2,3),imshow(g2),title('Grayscale LoG result')
>> subplot(3,2,4),imshow(g3),title('Grayscale Prewitt result')
>> subplot(3,2,5),imshow(g4),title('Grayscale Sobel result')
```

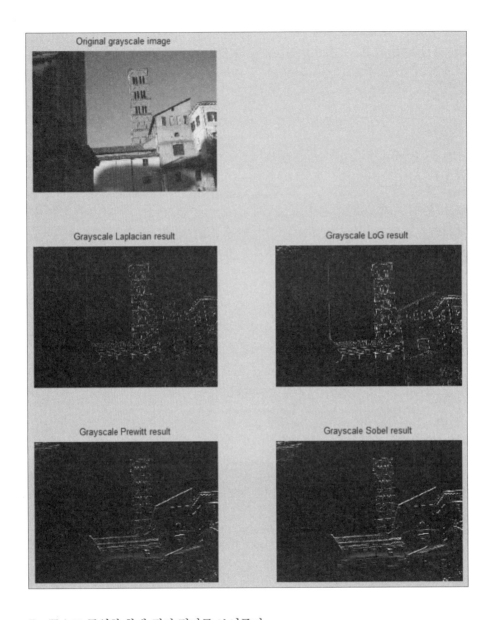

5. 끝으로 동일한 창에 컬러 결과를 보여주자.

```
>> subplot(3,2,1),imshow(color),title('Original color image')
>> subplot(3,2,3),imshow(c1),title('Color Laplacian result')
>> subplot(3,2,4),imshow(c2),title('Color LoG result')
>> subplot(3,2,5),imshow(c3),title('Color Prewitt result')
>> subplot(3,2,6),imshow(c4),title('Color Sobel result')
```

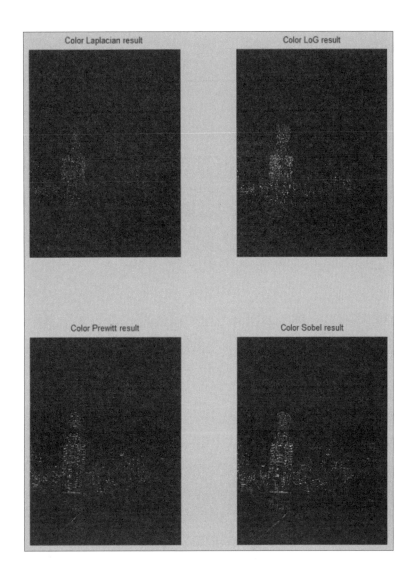

Original color image

보충 설명

`fsepcial` 함수로 사용할 수 있는 모든 필터를 사용해 에지 개선을 수행했다. 2단계에서 커널을 준비했고, 3단계에서 각 커널로 영상(1단계에서 불러옴)을 필터링했다. 텍스트의 여백을 줄이기 위해 한 명령행에서 세미콜론(또는 화면에 결과를 출력함에 신경을 쓸 필요가 없다면 콤마임) 기호로 분리함으로써 여러 명령어를 사용할 수 있다는 점을 활용했음에 주목하자. 플로팅 경우에 동일한 방법을 항상 사용할 수 있다. 따라서 지금쯤이면 로직을 이해해야 한다. 4단계에서 생성한 결과는 매우 흥미로운 효과를 만드는 에지 개선 필터를 보여준다. 그레이스케일 영상에서는 어둠과 밝음(고주파수) 사이의 갑작스러운 변화가 있는 영역을 개선하고, 컬러 영상에서는 각 컬러 채널 별로 동일한 효과를 갖는다. 그러므로 야경 장면의 밝은 빛을 개선한다. 흥미로운 효과다. 그렇지 않은가?

조명을 밝게 하기

수행했던 예제의 마지막 결론을 병정 사진의 조명을 밝게 하기 위해 지금 활용해보자. 야경 장면의 컬러 에지 개선은 광원을 개선하는 효과가 있음을 이미 봤다. 따라서 원 영상에 에지 개선 필터의 결과를 더함으로써, 영상의 빛을 증폭하기 위한 결과를 사용하면 무슨 일이 생길까? 정상적으로는 덧셈 후에 255(8-비트 영상의 최대 밝기 값)를 초과하는 값을 걱정해야 한다. 하지만 매트랩은 결과를 자동으로 절삭하며 255로 만들어준다. 그러므로 단지 문제라면 부자연스러운 결과를 제공하는 만큼 많은 화소에 최댓값을 할당하지 않도록 주의해야 한다는 점이다. 예제로 모든 것을 살펴보자.

실습 예제 | 병정 사진의 조명을 밝게 하기

한번 더 백열 전구 병정이 있는 컬러 영상을 갖고 작업한다. 결과는 영상의 그레이스케일에서도 볼 수 있어야 하므로, 이 기술을 적용하기 전에 그레이스케일로 변환할 수 있다.

1. 영상을 불러온 후 필터를 생성하자. 프리윗prewitt 커널을 사용한다(기본 값으로서, 수평 에지를 강조함).

   ```
   >> img = imread('soldier.jpg');
   >> kernel = fspecial('prewitt');
   ```

2. 그러면 영상에 필터를 적용한 후 원본에 결과를 더한다.

   ```
   >> edges = imfilter(img,kernel);
   >> brighter = img + edges;
   ```

3. 이제 원본과 나란히 있는 결과를 살펴보자.

   ```
   >> subplot(1,2,1),imshow(img),title('Original image');
   >> subplot(1,2,2),imshow(brighter),title('Brightened image');
   ```

4. 효과에 있어 더 좋은 생각을 얻기 위해 영상의 나무의 크리스마스 백열 전구를 포함하는 왼쪽 부분을 잘라내자.

```
>> imcrop(brighter);
>> imcrop(img);
```

5. 왼쪽 영상이 밝아졌음이 분명했고 심지어 원 영상에서 희미하게 보이는 일부 백열 전구를 개선했다(오른쪽). 더욱이 수평 에지만 강조할 때 사용하는 프리윗 필터에 한번 더 주목해야 한다. 반면에 하늘의 중요하지 않은 세부 사항을 개선하는 부작용도 있다. 수정할 수 있는 방법은 특정 임계값(수동 또는 자동 중 하나)보다 더 큰 화소값만 개선하는 것이다. 이전 장에서 이미 해당 방법을 다뤘기 때문에 여러분에게 실습으로 남겨둔다.

퀴즈 1. 다음 문장 중 어떤 것이 참인가?

1. 회전과 상관관계는 동일한 필터링 커널을 사용한다.
2. conv2의 유효한 필터링 선택을 사용하면 결국 원본보다 더 작은 결과 영상을 얻는다.
3. 영상을 laplacian 커널로 필터링한 결과는 블러링이다.
4. 가우시안 필터로 소금 & 후추 잡음을 최적으로 제거할 수 있다.
5. 세부 사항을 개선한 영상 결과를 필터링하기 위해 unsharp 커널을 사용한다.

요약

5장에서 매트랩의 2차원 필터링에 관한 매우 상세한 도구를 제공했다. 영상 필터링에 숨겨진 기본 수학적 아이디어를 설명했으며 실습 예제를 제공했다. 영상 내 잡음을 제거하거나 영역을 개선한 블러링 같은 실생활 문제의 2차원 필터링을 사용하는 다양한 기술을 봤다. 또한 영상 필터링으로 인한 몇 예술적인 효과를 배웠으며 영상에 효과를 사용하는 방법을 실습했다. 더 구체적으로 5장은 다음과 같은 내용을 다룬다.

- 영상의 이웃 기반 연산 소개
- 회선 설명과 중요한 이유
- 상관관계를 이용한, 필터링을 수행하는 다른 방법
- 영상 필터링을 수행하는 imfilter 사용법

- 영상 필터링을 사용하기 위한 `fsepcial`로 커널을 만드는 방법
- 영상을 블러링하는 방법과 중요한 이유
- 블러링을 이용한 예술적인 효과 생성 방법
- 블러링을 이용한 잡음 제거 방법
- 영상의 에지 개선 방법과 중요한 이유, 에지 검출과 연계하는 방법
- 야경 영상의 광원을 에지 개선을 이용해 밝게 하는 방법

6장에서는 예술적이고 과학적인 영상처리 구현에 관한 흥미진진한 실습 예제를 다룬다. 다중 분광 영상, 파노라마와 HDR 예제 영상으로 작업한다. 또한 지금까지 배웠던 일부 기술을 혼합한 다른 예술적인 효과를 다룬다. 늘 그랬듯이 모든 예제와 함께 직접 작업한다.

6

예술 과학을 위한 영상 혼합

이전 장에서 영상처리에 사용하는 많은 일반적인 기술을 다뤘으며 매트랩을 이용해 구현할 수 있다. 6장은 다뤘던 알고리즘 복잡도 면에서 조금 더 고급이지만, 입문자를 위한 방식으로 상냥하게 제시한다. 과학적 목적과 순수한 예술적인 결과 중 하나인 새로운 영상을 만들기 위해 여러 영상 혼합 혹은 조합하는 방법을 배우기 때문에 이 결과는 훨씬 더 재미있을 것이다. 더 구체적으로 6장에서는 숨겨진 세부 사항을 밝히기 위해 매트랩에서 다중 분광 영상(multispectral image)으로 작업할 수 있는 방법을 다룬다.

아름다운 파노라마 영상을 생성하는 파노라마 잇기(panorama stitching)로 옮긴 후, 영상의 마스크 영역을 다른 영상과 조합하는 섞기 기술(blending technique)을 보인다. 끝으로 매트랩을 이용한 높은 동적 범위(HDR, High Dynamic Range) 영상 생성을 다룬다. 모든 이런 기술을 직접 실습하는 예제를 사용해 되도록 가장 간단한 방법으로 보여준다.

6장에서는 다음과 같은 내용을 다룬다.

- 영상 혼합의 중요성은 무엇인가
- 다중 분광이 무엇이며 매트랩으로 조작할 수 있는 방법
- 매트랩에서 조합 영상을 생성할 수 있는 방법
- 흥미로운 시각 결과를 생성하기 위해 영상의 선택한 영역을 섞을 수 있는 방법
- 높은 동적 범위HDR 영상이 무엇이며 매트랩에서 생성하고 처리하는 방법

- 매트랩으로 파노라마를 생성하기 위해 영상을 겹치는 방법

자, 시작해보자!

혼합 또는 조합 영상의 중요성

영상처리 분야에서 초보자가 던질 분명한 질문은 혼합 영상의 중요성이 무엇인가라는 점이다. 답은 혼합 또는 조합 영상 뒤의 기본 아이디어는 영상을 풍부하게 하는 데 있으며, 다음과 같은 결과를 달성한다.

- 복합 영상multimodal image에 들어 있는 정보를 개선한다. 즉, 관심 영역을 검출하기 위해 서로 다른 센서나 스캐너로부터 영상을 취득한다. 이것은 뇌 CT/MRI 영상이나 신체 PET/CT 영상처럼 의료 영상 애플리케이션에서 종종 사용하는 기술이다.
- 동일한 주체의 조합 영상으로 눈이 볼 수 있는 것보다 더 보며, 전자기 스펙트럼의 서로 다른 주파수에서 취한다. 이것은 정보를 추출하는 방법이며, 예를 들어 적외선 파장 같이 사람이 일반적으로 보지 못한다.
- 예술적인 결과를 만들기 위해 두 개 이상의 영상을 함께 혼합한다.
- 높은 동적 범위로 결과 영상을 만들기 위해 서로 다른 노출 수준을 이용해 동일한 주체를 촬영한 영상을 조합한다.
- 매우 큰 촬영된 장면의 파노라마 영상을 생성하기 위해 여러 영상을 함께 이으며, 서로 부분적으로 겹친다.

6장의 나머지에서는 매트랩을 이용해 이전에 언급했던 많은 예제로 달성할 수 있는 방법을 보여준다.

다중 분광 영상화 이용

다중 분광 영상화는 매우 정교한 기술이며, 아주 다양한 과학 애플리케이션에서 대단히 유용함을 보여준다. 다음과 같은 분야에서 널리 사용한다.

- 합성 개구 레이더SAR, Synthetic Aperture Radar 영상 해석에서 분석이 조금 까다롭다. 같은 구역의 다중 분광 영상으로부터 얻은 정보에서 추출한 정보를 조합하므로 많

은 유용한 결론을 내릴 수 있다.

- 화가가 사용하는 기술 판정과 그림 조건에서 그림의 가시광선, 적외선, 자외선, X-선 사진이다.
- 지문 영상 취득 장치에서 눈에 보이지 않는 것을 초음파 영상 장비를 이용해 검출할 수 있는 표면 패턴으로 피부 표면에 있는 가시 지문 패턴 간의 관계를 잡아낸다. 즉, 취득한 지문은 좀 더 많이 상세하다.

다중 분광 영상을 불러온 후 조작

다중 분광 영상을 다양한 포맷으로 저장할 수 있다. 일반적인 포맷은 ERDAS LAN 포맷으로서, 위성이 수집한 지리 지도 데이터를 저장할 때 흔히 사용하며, 확장자를 .lan으로 쓴다. 매트랩은 multibandread 함수를 사용해 이런 파일 종류를 읽을 수 있다. RGB로 시각화 가능하도록 채널을 3으로 제한할 수 있어야 한다. 한 줄 코드로 수행할 수 있으며, multibandread가 매트랩으로 읽는 대역을 정의할 수 있기 때문이다. 일반적인 도구인 help 명령어로 함수 사용에 관한 자세한 내용을 제공한다.

```
>> help multibandread
```

앞 코드의 결과는 다음과 같다.

```
multibandread Read band interleaved data from a binary file
    X = multibandread(FILENAME,SIZE,PRECISION,
                      OFFSET,INTERLEAVE,BYTEORDER)
    reads band-sequential (BSQ), band-interleaved-by-line (BIL), or
    band-interleaved-by-pixel (BIP) data from a binary file, FILENAME.  X is
    a 2-D array if only one band is read, otherwise it is 3-D. X is returned
    as an array of data type double by default.  Use the PRECISION argument
    to map the data to a different data type.
```

나머지는 꽤 길므로 남겨 두겠다. 가장 중요한 부분은 이 함수가 상당히 복잡한데다가 어떻게 작동할지 정의하는 여러 가지 입력을 사용한다는 점이다. 몇 가지 다중 분광 영상처리 기술로 다중 분광 영상 사용을 증명해보자.

몇 가지 기본 영상처리 단계를 보여주기 위해 영상처리 툴박스에 포함한 .lan 파일 중 하나를 사용하자. 매트랩 문서에서 프랑스 파리의 랜드샛Landsat[1] 위성 영상을 다루므로, 다른 예제를 사용하겠다. 다만 먼저 선택한 파일을 보자.

매트랩 2012b에 포함된 문서에 있는 예제에서 사용하는 이 영상은 home\toolbox\ images\imdemos 폴더에 들어 있다. 이때 home은 매트랩의 설치 디렉토리다. 이번 경우 home은 c: \MATLAB\2012b\다. 이런 이유로 명령행에서 다음과 같이 도스DOS 와 비슷하게 사용해 이 디렉토리에 들어 있는 영상을 살펴볼 수 있다.

```
>> dir('C:\MATLAB\R2012b\toolbox\images\imdemos\*.lan')
```

다음과 같은 결과로 나타난다.

```
Command Window
  >> dir('C:\MATLAB\R2012b\toolbox\images\imdemos\*.lan')

littlecoriver.lan   montana.lan        rio.lan
mississippi.lan     paris.lan          tokyo.lan

fx >>
```

보통 dir 함수는 도스와 동일하며, 현재 디렉토리를 나열한다. 입력인 지정 경로와 함께 호출하면, 지정한 디렉토리의 내용을 나열한다. 예제에서 와일드 기호(*) 사용하면, 지정한 디렉토리 경로에서 .lan으로 끝나는 모든 파일을 출력하도록 dir에게 요청한다.

이제 매트랩에 포함한 6개의 다른 랜드샛 영상이 있음을 알고 있으므로 예제에서 사용하려는 영상 하나를 선택할 수 있다. 브라질의 리오를 사용해보자.

실습 예제 | 리오의 다중 대역 영상 내 가시 스펙트럼

예제에서 rio.lan 파일을 사용한다. 이 파일의 가시 스펙트럼 대역을 조작해보자. 이 파일에 7가지 대역이 들어 있다. 이 대역 중에서 세 번째는 빨간색, 두 번째는 초록

---

1 랜드샛(Landsat)은 미항공우주국(NASA)이 최초로 쏘아 올린 자원탐사위성의 이름이다. 1972년 1호를 발사한 후, 약 3년을 주기로 발사했는데, 현재 7호 위성까지 발사했다. 지상 약 950km의 고도를 북극과 남극 상공을 지나는 궤도로 돌고 있다. 지표면을 촬영해 데이터를 송신하며, 수자원, 광물 자원 등을 조사하는 자료로 활용한다. – 옮긴이

색, 첫 번째는 파란색이다. 매트랩에서 세 대역만 가져온 후 처리하는 단계를 이용해보자.

1. 먼저 multibandread를 사용해 다중 대역 영상을 불러온다(여전히 imread를 사용할수 있는데, 가능한 경우는 다중대역 영상의 타입은 .tif이다.)

```
>> image = multibandread('rio.lan', [512, 512, 7],...
'uint8=>uint8',128, 'bil', 'ieee-le', {'Band','Direct',[3 2 1]});
```

2. 앞 단계는 영상의 빨강, 초록, 파랑 대역을 8비트 정수 값으로 행렬에 저장하며,일반적인 방법으로 RGB 영상으로서 지금 띄울 수 있다.

```
>> figure,imshow(image),title('Original RGB image')
```

3. 다만 2단계에서 얻은 영상은 대비가 매우 약하고, 컬러 대역들이 서로 상관관계가 높다. 이것은 결과 영상이 단색, 즉 한 컬러의 음영만 들어 있는 것처럼 보이는이유이다. 이 영상을 개선해 괜찮고 진짜 같은 결과를 얻기 위해 모든 세 채널의대비를 조정할 수 있다. 달성하는 방법은 다음과 같다.

```
>> for i=1:size(image,3)
adjusted(:,:,i) = imadjust(image(:,:,i));
end
>> subplot(1,2,1),imshow(image),title('Original RGB image')
>> subplot(1,2,2),imshow(adjusted),title('Adjusted RGB image')
```

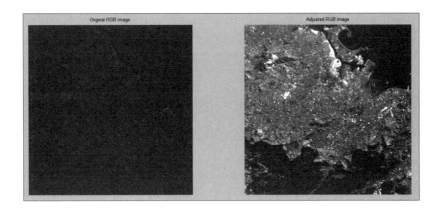

4. 가끔은 더 뚜렷하다고 말할 수 있는 결과가 필요하다. 예로 랜드샛 영상의 식물은 매우 밝은 색임을 의미한다. 대역 중에 높은 상관관계를 갖는 영상을 만드는 소위 비상관관계 늘리기^{decorrelation stretch}를 사용해 달성할 수 있다.

5. 매트랩의 decorrstretch 함수를 이용해 대비 늘리기를 쉽게 해낼 수 있다. 다음 과 같이 낮고 높은 명도에서 포화[2]하도록 영상 'Toi'의 부분을 정의함으로써 선형 대비 늘리기를 수행한다.

```
>> stretched = decorrstretch(image,'Tol',0.01);
```

6. 이제 원 영상 옆에 결과 영상을 띄울 수 있다.

```
>> subplot(1,2,1),imshow(adjusted),title('Adjusted RGB image')
>> subplot(1,2,2),imshow(stretched),title('Stretched RGB image')
```

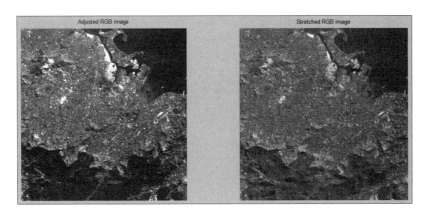

---

2 포화(staturation)는 클램핑 기법 중 하나로서, 화소값이 0보다 작으면 0으로, 255 이상은 255로 결정한다. – 옮긴이

보충 설명

다중 분광 영상을 방금 알게 됐다. 첫 단계는 이진 파일이자 리오의 다중 대역 BIL^{Band} ^{Interleaved by Line3} 위성 영상인 rio.lan을 매트랩에서 가져오는 것이었다. 달성할 때 사용하는 함수는 `multibandread`이었으며 입력을 다음과 같이 사용한다.

- 이진 파일 이름('rio.lan')
- 영상의 행, 열, 대역 개수([512 512 7])
- 이진 파일의 데이터를 읽을 때 사용하는 포맷(정수 즉, 'uint8=>uint8')
- 오프셋, 즉 파일 시작 후의 바이트 수로서 데이터 시작(128)
- 저장 데이터 포맷('bil')
- 저장 데이터 바이트 순서(리틀 리디안용 'ieee-le')
- 부분 집합인 셀로서, 이진 영상부터 데이터를 가져오는 방법을 기술함(예제에서 {'Band', 'Direct', [3 2 1]}은 분광의 세 번째(빨강), 두 번째(녹색), 첫 번째(파랑)인 가시 대역을 읽음을 의미)

그 다음에는 가져온 영상을 띄웠으며 단색처럼 보였기에 각 컬러 채널의 대비를 따로 조절함으로써 이 결함을 수정했다. 지표면의 차이를 더 개선할 수 있는 대안적인 해결책을 제공하기 위해 비상관관계 늘리기를 수행했으며, 결국 결과 영상의 대비를 선형적으로 늘렸다. 이런 기술은 지리공간 분석 시스템의 토대로 사용할 수 있으며 자동적 혹은 반자동적으로 위성영상의 묘사된 영역을 다양한 지형 집단으로 분류한다. 다음 예제에서는 동일한 다중 분광 영상의 많은 대역을 사용할 수 있는 방법을 살펴본다.

실습 예제 | 비가시 분광으로 작업

이번에는 가시 분광에 속하는 대역만을 가져오지 않으며 모두 일곱 대역이다. 이런 대역의 중요성을 보여주려고 결과 영상을 갖고 좀 해보겠다. 시작해보자.

1. 먼저 영상을 가져오지만 이때 세 채널만 지정하지 않는다.

---

3 BIL은 각 대역 영상을 줄 단위로 순차 저장하며, 예로 1번 대역의 첫 번째 줄, 2번 대역의 첫 번째 줄을 저장한 후, 다시 1번 대역의 두 번째 줄, 2번 대역의 두 번째 줄 저장 등 동일한 방식으로 파일에 저장한다. - 옮긴이

```
>> multi = multibandread('rio.lan', [512, 512, 7],...
'uint8=>uint8',128, 'bil', 'ieee-le');
```

모든 일곱 채널을 불러왔다는 사실을 증명하기 위해 결과 행렬의 크기를 확인해
보자.

```
>> size(multi)
```

앞 코드의 출력은 다음과 같다.

```
ans =
  512 512 7
```

2. 일곱 대역을 포함한 행렬을 가졌으므로 다른 방법을 이용해 RGB 영상을 만들어
보자. 밴드의 뒤집은 컬러 채널은 R:세 번째, G:두 번째, B:첫 번째임을 알고 있으
므로, 이전과 동일한 대비 조정 기술인 적절한 연결 방법을 사용한다.

```
>> rgb = cat(3,multi(:,:,3),multi(:,:,2),multi(:,:,1));
>> for i=1:size(rgb,3)
adjusted(:,:,i) = imadjust(rgb(:,:,i));
end
```

3. 자, 나머지 일곱 대역은 어떤 것일까? 무엇인지 알아보기 위해 가시 분광 및 만들
었던 조정한 RGB 영상과 함께 띄워보자. 할당한 이름에서 볼 수 있듯이 나머지
대역은 적외선 분광 범위를 포함하며, 그중 더 큰 파장은 여섯 번째 대역(열적외
선)이다.

```
>> subplot(2,4,1),imshow(multi(:,:,1)),title('Band 1: Blue')
>> subplot(2,4,2),imshow(multi(:,:,2)),title('Band 2: Green')
>> subplot(2,4,3),imshow(multi(:,:,3)),title('Band 3: Red')
>> subplot(2,4,4),imshow(adjusted),title('Contrast adjusted RGB')
>> subplot(2,4,5),imshow(multi(:,:,4)),title('Band 4: Near-IR')
>> subplot(2,4,6),imshow(multi(:,:,5)),title('Band 5: Short-IR 1')
>> subplot(2,4,7),imshow(multi(:,:,6)),title('Band 6: Thermal-IR')
>> subplot(2,4,8),imshow(multi(:,:,7)),title('Band 7: Short-IR2')
```

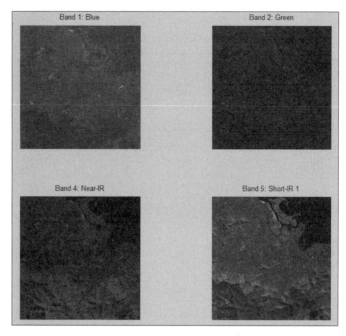

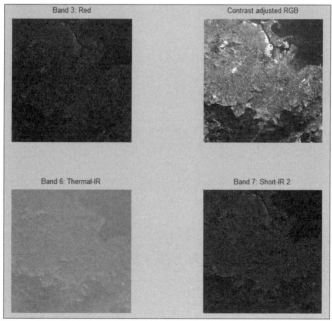

4. 비가시 대역을 사용하는 첫 실전적인 방법은 이론적으로 식물은 붉게 띠고, 물은 어둡게 나타나는 근방 적외선 컬러 영상을 구성하는 것이며, 네 번째, 세 번째, 두 번째를 연결해 RGB 영상을 생성함으로써 이룰 수 있다.

```
>> nearIR = cat(3, multi(:,:,4), multi(:,:,3), multi(:,:,2));
```

5. 결과 영상을 보여주기 전에 단파 적외선 영상도 만들어 보자. 이런 영상은 수분에 기인한 변화를 강조하며, 과학자에게 매우 중요하다. 일곱 번째, 네 번째, 두 번째를 조합해 생성할 수 있다.

```
>> shortwIR = cat(3, multi(:,:,7), multi(:,:,4), multi(:,:,2));
```

6. 이제 조정한 RGB 영상 옆에 있는 결과를 살펴보자.

```
>> subplot(1,3,1),imshow(adjusted),title('Contrast adjusted RGB')
>> subplot(1,3,2),imshow(nearIR),title('Near Infrared')
>> subplot(1,3,3),imshow(shortwIR),title('Shortwave Infrared')
```

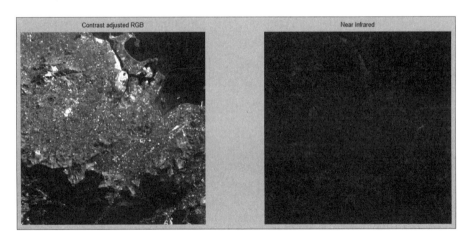

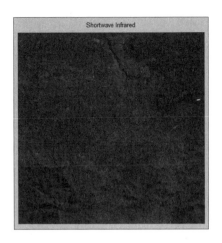

Shortwave Infrared

보충 설명

이번 예제에서 가시 대역 이상을 조작했다. 다중 분광 파일의 모든 일곱 대역을 한 행렬로 불러온 후, 더 볼 수 있는 중요한 세부 사항을 갖는 결과 영상을 생성하기 위해 대역 일부를 혼합했다. 이번 절의 목표는 공간영상 전문가로 만드는 것이 아니라 영상의 비가시 계층에 관한 약간의 통찰을 제공함에 있었다. 게다가 지리공간 데이터 분석에 대한 대안적인 해결책을 제공하려고 했다. 또한 이런 애플리케이션에서 매트랩을 사용할 수 있으므로 이런 영상을 시각화하는 방법에 관한 좋은 아이디어를 얻었기 때문에 개선, 필터링, 혹은 심지어 결과를 마스킹하기 위해 이전 장에서 설명했던 방법의 일부를 갖고 여기에 제시했던 기술을 혼합할 수 있다. 기회는 얼마든지 있다!

 밴드 특성화는 http://landsat.usgs.gov/best_spectral_bands_to_use.php에서 찾은 정보에 기반을 둔다. 각 밴드의 유용함에 관한 약간의 정보를 찾기 위해 이 페이지를 방문할 수 있다. 이런 영상과 작업하는 방법에 관한 아이디어를 http://zulu.ssc.nasa.gov/mrsid/tutorial/Landsat%20Tutorial-V1.html에서 좀 더 찾을 수 있다.

합성 영상 생성

모든 과학에 질렸다면 영상 혼합의 더 재미 있는 부분으로 빠져들 때다. 선택한 요소를 동시에 같은 장면에 나타내기 위한 두 개 이상의 영상을 합성하는 인기 있는 영상 처리 모음집을 매우 효율적으로 다룸에 있다. 성공적으로 수행했다면, 이 기술은 아름다운 예술적인 결과 혹은 심지어 재미있거나 이상한 장면으로 이어진다. 다만, 합성 작업을 하기 전에 먼저 매트랩에서 사용하는 도구를 알아야 한다.

합성 영상을 생성하는 imfuse 사용

합성 작업이 있을 때 사용하는 가장 유용한 함수는 imfuse다. 이 함수는 입력인 두 영상을 취해 영상 융합 버전을 결과로 반환한다. 또한 두 입력 영상에 대한 공간 참조 정보, 융합 방법 선택, 명도 스케일링 옵션, 두 영상의 각 결과 컬러 채널 같은 추가 옵션 입력을 받을 수 있다. 주요 결과는 두 입력 영상의 합성이다. 결과인 합성 영상을 가짐은 이전 장에서 보여준 imwrite 함수를 사용해 저장할 수도 있음을 의미한다.

합성 영상을 점검하는 imshowpair 사용

일반적으로 영상을 저장하기 전에 적절한 조정이나 실험하고 싶을 수 있다. 합성인 경우 훨씬 그러하며, 혼합 과정은 원하는 결과를 만들기 위해 보통 많이 수정할 필요가 있다. 수정 과정은 imfuse와 동일한 기능을 갖지만, 결과 영상 생성만 빠진 imshowpair 함수를 이용해 수행할 수 있다.

앞에 언급했던 함수를 사용해 두 영상을 섞는 간단하며 작은 예제부터 시작하자. 수 초 간격으로 촬영한 동일한 갈매기가 있는 두 사진을 이용한다.

실습 예제 | 갈매기 복제

이번 예제에서 두 입력 영상을 실제 전처리 없이 영상 섞기를 수행할 수 있는 방법을 보여준다.

1. 늘 그랬듯이 첫 단계는 매트랩에서 두 영상을 가져오는 것이다. 이미 언급했던 대로 전처리를 할 필요 없이 이름이 segull1.jpg와 segull2.jpg인 두 영상을 이용한다.

```
>> A = imread('seagull1.jpg');
>> B = imread('seagull2.jpg');
```

2. 지금 불러온 영상을 가졌으므로 목표에 부합하도록 보기 위해 서로 나란하게 띄울 수 있다.

```
>> figure,imshowpair(A,B,'montage');
```

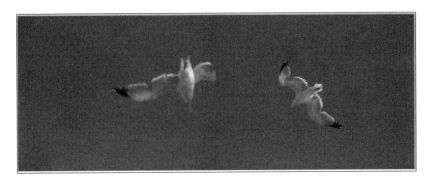

3. 영상이 목표에 매우 적합했음을 알 수 있다. 거의 동일한 배경이며 각 사진의 갈매기는 영상의 다른 부분에 있다. 따라서 두 영상을 섞도록 매트랩에게 요청함으로써 한 번 해볼 수 있다.

```
>> figure,imshowpair(A,B,'blend');
```

4. 지금 예를 들어 의사 컬러 요소로 더 환각을 일으키는 결과를 달성하고 싶다고 하자. 그렇다면 좋은 소식이 있다! 매트랩은 어떠한 복잡한 전처리 단계를 요구하지 않은 것을 제공한다. 해야 할 일은 입력인 'blend'를 생략하고, 매트랩이 기본 선택('falsecolor')을 사용하도록 해 서로 다른 컬러 대역에 겹친 두 영상을 보여줌에 있다.

```
>> imshowpair(A,B);
```

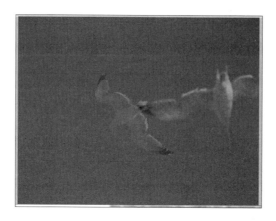

5. 앞 단계에서 사용했던 미리 정의된 컬러를 바꿈을 선호한다면 변경할 수도 있다. 입력인 'ColorChannel'을 통해 수행한다. 이 입력은 기본 선택('green-magenta'), 'red-cyan' 선택 혹은 [R G B] 벡터를 이용해 생성할 수 있는 임의 선택을 할당할 수 있다.

```
>> imshowpair(A,B,'ColorChannel','red-cyan');
```

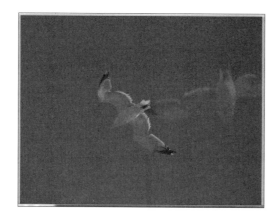

6. 이제 우리가 무엇을 하고 있는지 대략 파악했으니, 최종 결과를 RedCyanSegulls. jpg라고 부르는 새로운 영상에 저장해보자.

```
>> C = imfuse(A,B,'ColorChannel','red-cyan');
>> imwrite(C,'RedCyanSeagulls.jpg');
```

보충 설명

이번 예제로 정말 사용하기 쉬운 매트랩의 능력 일부를 이해하기 시작했다. 유일한 작업은 동일한 크기, 매우 비슷한 배경, 겹침이 없는(혹은 더 정확히는 최소한 겹침) 객체가 있는 두 사진을 정말로 골랐을 뿐이고, imshowpair-imfuse 함수 쌍의 여러 만들어진 선택을 사용해 섞었다. 일단 결과에 만족했으며 imwrite를 이용해 새로운 JPEG 파일로 저장했다.

 컬러 채널에 대한 미리 정의된 'green-magenta'와 'red-cyan' 선택도 [R G B] 삼중을 이용해 달성할 수 있음을 주목하자. 전자가 [2 1 2]이며, 빨강과 파랑(자홍)을 두 번째 영상에 사용했고, 녹색을 첫 번째 영상에 사용했음을 의미한다. 후자는 [1 2 2]이며, 빨강을 첫 번째 영상에 사용했던 반면에, 초록과 파랑을 두 번째 영상에 사용했음을 의미한다. 지금 [R G B] 삼중을 갖고 일부를 시도해볼 때이다. 그렇게 하면 갈매기 합성 사진의 네 가지 다른 버전의 예술 작품을 만들 수 있다.

도전 과제 | 사진으로 워홀(Warhol) 재현

이번 실습에서는 갈매기 사진의 네 가지 다른 가짜 컬러 합성 버전 생성을 시도해야 한다. 원하는 [R G B] 조합을 시도한 후, 네 가지 영상을 포함한 큰 2×2 격자를 만들기 위해 네 가지 영상을 연결한다.

imread, imfuse, flipdim, cat 함수를 사용해 다음 그림과 같이 생긴 사진을 만들 수 있어야 한다.

정확히는 어렵지 않았다. 그렇죠? 물론 결과 수정에 관한 선택은 거의 제한이 없다. 예술 작업 디자인 과정에서 상상력만이 하고 싶은 선택에 영향을 줄 수 있기 때문이다. 무슨 일이 있는지 보기 위해 다른 입력 선택을 시도해도 무방하며 마찬가지로 결과에 다양한 필터를 적용할 수 있다.

이번 실습에서 두 평범한 영상만 사용해 아주 흥미로운 시각적인 결과를 만들었다. falsecolor 방법 설정과 세 컬러 채널의 다른 혼합을 해봄으로써, 섞은 영상의 네 가지 다른 변형을 이끌어낸다. 수직 축을 따라 두 영상을 뒤집으면 더 대칭적인 결과가 나온다. 차후 결과 영상을 사용자 정의하기 위해 회전 같은 다른 변환 종류로 실험할 수 있었다.

이전 절에서 어떠한 전처리 적용하지 않은 채 두 사진으로 합성 영상을 생성하는 방법을 조사했다. 이제 이전 장에서 다룬 몇 가지 기술을 가져다 쓸 때이며, 이로써 결과 영상이 더 정교해진다. 쉬운 예제부터 시작해보자. 우선 화소의 일부를 0으로 설정하여 같은 크기인 두 영상을 섞어보자.

베를린 지하철 역에서 촬영한 두 사진을 사용한다. 우선 불러와서 보여주자.

```
>> A = imread('bench1.jpg');
>> B = imread('bench2.jpg');
>> imshowpair(A,B,'montage')
```

이 영상의 몽타지에서 관찰할 수 있듯이 가까운 벤치(오른쪽 사진에 있음)는 왼쪽 사진의 철도 마루 위의 상단 에지를 갖고 있는 것처럼 보인다. 상단 에지에 **Data Cursor**(10번째 아이콘)를 올리면, 거의 796번째 행에 위치함을 볼 수 있다. 이제 요령을 시도해볼 수 있다. 왼쪽 영상의 796번째 아래에 있는 모든 화소를 0으로 만들고, 또한 오른쪽 영상의 795번째 행 위에 있는 모든 화소를 0으로 만든다. 그 다음에는 두 영상을 섞은 후 결과를 띄운다.

```
>> A(796:end,:,:)=0;
>> B(1:795,:,:)=0;

>> C = imfuse(A,B,'blend');
>> figure,imshow(C);
```

결과는 눈으로 보기엔 매우 흐뭇하지만, 섞었기 때문에 명도가 낮다. 결과에 2를 곱함으로써 쉽게 수정할 수 있다.

```
>> C = C*2; imshow(C)
```

쉬운 과정에 비해 결과가 매우 좋다. 하지만 이번에는 행운이 따랐다. 두 영상은 서로 비슷했다. 다만 더 복잡한 작업을 수행할 때 어떻게 될까? 혼합하려는 영역을 너무 쉽게 구분할 수 없을 경우라면 어떨까? 다음 실습에서 이런 예제를 볼 수 있다.

실습 예제 | 위협적인 장면 연출

이번에는 이전 예제보다 좀 더 어려운 작업을 목표로 한다. 위협적인 장면을 연출하기 위해 동물원에서 촬영한 두 영상을 섞으려고 한다. 더 구체적으로 첫 번째 사진은 펭귄 무리를 보여주며 돔에서 평화롭게 서 있다. 두 번째 사진은 북극곰을 보여주며

224

500미터 더 떨어진 마당에서 어슬렁거리고 있다. 지금 곰 가까이에 데려다 준다면 어떻게 될까? 불안해 보이겠다. 특히 섞는 과정을 올바르게 수행했다면 말이다. 늘 그랬듯이 사진을 불러오는 것부터 시작하자.

1. 두 사진을 penguins.jpg와 bears.jpg라고 부른다. 모두 불러온 후 서로 나란히 띄운다.

```
>> peng = imread('penguins.jpg');
>> bear = imread('bear.jpg');
>> imshowpair(peng,bear)
```

2. 지금 사진에선 공통점이 거의 없으므로 혼합 가능성이 매우 좋아 보이지 않는다. 그래도 모든 희망이 사라지지 않았다. 첫 번째 단계는 서로 겹침 없이 동일한 높이에서 곰과 펭귄이 대략 있는 곳을 목표로 두 사진을 잘라내는 것이다. 따라서 결과가 다음과 같이 보이도록 imcrop을 두 번 호출한 후 최선을 다해보자.

```
>> bear = imcrop(bear);
>> peng = imcrop(peng);
>> subplot(1,2,1),imshow(peng);title('Penguins after cropping')
>> subplot(1,2,2),imshow(bear);title('Bear after cropping')
```

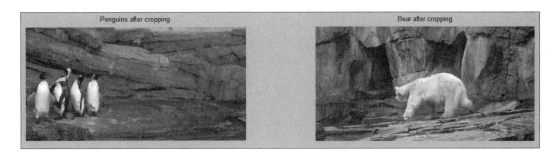

3. 다만 아직까지 준비가 안 됐다. 자르는 기술이 완벽할지라도 두 영상의 크기가 정확히 같을 수 없었으므로 imfuse를 제대로 사용할 수 있도록 영상을 다른 영상에 맞춰 크기를 조정해야 함을 의미한다. 가장 좋은 선택은 곰 영상의 크기를 조정하는 것이며 매우 크고, 많은 왜곡을 유발하지 않기 때문이다. 펭귄 영상의 크기로 조정하기 위해 다음과 같이 입력한다.

```
>> bear = imresize(bear, [size(peng,1) size(peng,2)]);
>> imshowpair(peng,bear,'montage');
```

4. 지금 크기 말고는 만족하며, 영상을 실제로 함께 잘 섞을 수 있었음을 확인했다. 가장 완벽한 섞음을 수행하는 방법만을 가능한대로 찾아야 한다. 적절한 마스크를 만들 수 있도록 곰 영역을 잘라내보자(또한 부자연스럽게 보이지 않도록, 앞발을 숨긴 바위를 포함한다).

```
>> mask = roipoly(bear);
```

5. 다음 단계는 두 영상으로부터 원하는 영역만 유지하는 마스크를 사용하는 것이며, 마스크 값이 1인 곰 사진의 영역과 마스크 값이 0인 펭귄 사진의 영역을 유지

함을 의미한다. 컬러 영상을 사용하기 때문에 각 채널마다 마스킹을 수행한다. 먼저 두 새로운 3차원 마스크를 만든다. 즉, 마스크 행렬을 연결한다.

```
>> bear_mask = cat(3,mask,mask,mask); % 곰 마스크 구성
>> peng_mask = 1- cat(3,mask,mask,mask); % 펭귄 마스크 구성
```

6. 그 다음에는 마스크 하려는 영상을 single로 타입을 변환한 후(곱셈이 가능하도록), 각 마스크를 원소 대 원소로 곱한다(원소끼리 곱셈).

```
>> bear_img = single(bear).*bear_mask; % 곰 마스킹
>> peng_img = single(peng).*peng_mask; % 펭귄 마스킹
```

7. 끝으로 결과를 uint8로 다시 변환한 후, 결과를 띄운다. 어떤지 보자.

```
>> bear_img = uint8(bear_img); % 결과를 uint8로 변환
>> peng_img = uint8(peng_img); % 결과를 uint8로 변환
>> figure, imshowpair(peng_img, bear_img,'montage');
```

8. 이제 마지막 단계에서 두 영상 섞기를 수행해야 한다.

```
>> pengbear = imfuse(peng_img,bear_img,'blend');
>> figure, imshow(result)
```

9. 마지막 손질은 결과 영상 대비를 수선하는 것이다. `imfuse`로 생성한 합성 영상은 원 대비의 절반으로 나타난다. 이를 수정하는 방법은 결과에 두 배를 곱하는 것이다. 이를 다루는 가장 좋은 방법은 몇 가지 대비 늘리기 방법을 사용한다. 결과를 더 선명하게 하기 위해 각 채널에 따라 `imadjust` 함수를 사용할 수 있다. 이를 수행하려면 다음과 같이 입력한다.

```
>> for i = 1:size(result,3)
result(:,:,i)=imadjust(result(:,:,i));
end
>> imshow(result)
```

결과는 다음과 같다. 펭귄은 별로다! 운이 좋게도 착시일 뿐이다.

보충 설명

이번 예제에서는 이 책에서 지금까지 배웠던 많은 것을 조합했다. 유사성이 거의 없는 두 영상으로 다소 도전적인 합성 영상을 만들고 싶었다. 유리한 단 한 가지는 두 영상을 잘라낸 후, 펭귄과 곰 위치를 겹치지 않게 하는 것이 필요했다는 점이다. 또한 영상을 잘라낼 때 수직 축에서 대상 영역(펭귄과 곰)을 최적으로 조정했다. 일단 수행한 후에 펭귄 영역에 곰을 전달하기로 선택했는데, 곰이 더 컸으므로 품질 저하 없이 다른 영상에 맞춰 크기를 줄였기 때문이다. 곰을 줄인 후 마스크를 만들기 위해 직접 ROI를 정의했다. 펭귄 사진에서 역 마스크를 선택했다. 그런 후에 5단계에서 각 마스크를 사용해 두 영상에 마스킹을 수행했다. 결국 결과 영상은 섞었으며 명도를 개선하기 위해 `imadjust`를 사용해 각 채널을 필터링한 결과를 얻었다.

가끔은 너무 많은 정보가 꼭 좋은 것만 아니다. 자세하게 보면 곰 다리의 에지에 있는
섞인 영상의 일부 영역은 영상을 처리했다는 사실을 알려준다. 이런 효과를 줄일 때 사
용할 수 있는 묘책은 영상을 부드럽게 하는 미디언 필터를 적용하는 것이다. 즉, 결과
영상이 덜 선명하지만, 결함을 숨길 수 있다. 미디언 필터를 컬러 영상에 적용하려면,
각 채널에 따로 해야 한다.

높은 동적 범위 영상 생성

지금까지는 다른 분광이나 다른 영상 간의 혼합을 이야기했다. 같은 장면의 다른 버
전 간 혼합을 포함하는 비교적 새로운 기술은 높은 동적 범위^{High Dynamic Range} 촬영이
다. 이 기술에서는 같은 장면을 다른 노출 값^{EV, Exposure Values}으로 촬영한 여러 샷을 혼
합한다. 카메라 설정의 EV는 노출 시간과 구경비의 조합을 의미한다. 다른 주체에 대
한 최적 EV 설정에 관한 규칙과 제안은 사진학에 관한 이론서와 웹사이트에서 폭넓
게 다루며 실제로 이 책의 범위 안에 들어가지 않는다.

이 책의 범위 내에서 무엇인가 하면, 여러 EV 사진을 혼합할 수 있는 것을 이해함에
있다. 간단하게 말하자면 영상 내 어두운 영역과 밝은 영역 사이의 매우 큰 동적 범위
를 갖는 결과 사진을 만든다. 다만 기술을 최대치로 사용하려면 혼합할 영상은 8비트
가 아니어야 하는데, 영상에 포함한 컬러당 256값의 범위는 일반적으로 인공물을 만
들기 때문이다.

이 책의 평범한 독자는 보통 8비트 영상에 접근할 수 있기 때문에 이 방법을 실증하
는 예제를 사용한다. 다만 먼저 필요한 영상을 촬영하는 방법에 관해 한두 마디 말하
겠다.

우선 수동 설정을 지원하는 카메라가 있어야 한다. 그 다음은 다중 노출로 촬영할 수
있게 하는 자동 보정^{Auto Bracketing} 설정을 찾아야 한다. 몇몇 카메라는 세 가지 다른 값
(보통 -2, 0, 2 또는 -1, 0, 1) 선택을 제공하는 반면에 다른 카메라는 사용할 수 있는 많
은 값을 제공한다. 대안으로는 최소한 세 가지 다른 노출로 촬영하기 위해 삼각대(카
메라를 전혀 움직이지 않도록 하기 위함이며, 원격 제어면 금상첨화다)를 사용해 선호하는
ISO와 조리개 수치 설정으로 조정한다.

세 가지 샷을 촬영한 후, HDR 영상으로 합성하는 매트랩의 `makehdr` 함수를 사용한 다음에는 보기 위해 결과 영상을 렌더링하는 `tonemap`을 사용해야 한다. 모든 과정을 보여주는 예제를 살펴보자.

실습 예제 | **HDR 영상 조합**

지금 이론을 알았으므로 실제 예제를 해보자. 실습 목표를 위해 사무실에서 세 가지 다른 EV 설정인 -2, 0, 2를 사용해 넓은 밝기 범위가 있는 세 가지 사진을 촬영했다. 세 영상의 이름은 image_-2.jpg, image_0.jpg, image_2.jpg다. 자, HDR 영상을 만드는 세 영상을 사용하기 위해서는 다음과 같이 단계를 따른다.

1. 세 영상의 이름을 셀에 저장하고, 행렬 안에 각 EV 선택을 저장한다.

```
>> filenames = {'image_-2.jpg', 'image_0.jpg', 'image_2.jpg'};
>> expValues = [-2, 0, 2];
```

2. 해당 영상이 어떻게 생겼는지 알아보기 위해 선택적으로 해당 영상을 불러오고 띄울 수 있다.

```
>> im1 = imread('image_-2.jpg');
>> im2 = imread('image_0.jpg');
>> im3 = imread('image_2.jpg');
>> subplot(1,3,1),imshow(im1),title('EV: -2')
>> subplot(1,3,2),imshow(im2),title('EV: 0')
>> subplot(1,3,3),imshow(im3),title('EV: 2')
```

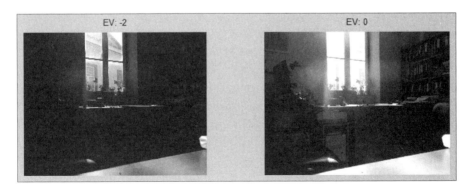

3. HDR 영상을 만들기 위해 1단계에서 생성했던 두 변수를 지금 사용한다.

```
>> hdr = makehdr(filenames, 'ExposureValues', expValues);
```

4. 이 HDR 영상에는 볼 목적으로 준비된 몇몇 후처리가 지금 필요하다. 기본 값으로 tonemap을 사용해 수행할 수 있으며, HDR 결과를 더 낮은 동적 범위 RGB 영상으로 바꾼 결과를 반환한다.

```
>> rgb = tonemap(hdr);
```

5. 결과는 분명히 매우 상세하지만 JPEG 압축과 비트 깊이 제한 때문에 그레인 잡음이 일부가 있다. 물론 부드러운 영역(책상 표면 같은)에서 일부 작은 차단 효과가 들어 있다.

```
>> rgb = tonemap(hdr);
```

6. 앞에 언급했던 그레인 잡음을 미디언 필터를 이용해 줄일 수 있다. 7×7 미디언 필터로 충분하며 영상의 품질 큰 열화를 유발하지 않는다. 컬러 영상인 경우 각 채널에 필터를 따로 사용해야 한다. 대비 조정으로 필터를 조합하면 다음과 같은 결과로 나타난다.

```
>> for i=1:size(rgb,3)
filtered(:,:,i) = medfilt2(imadjust(rgb(:,:,i)),[7 7]);
end
>> subplot(1,2,1),imshow(im2);title('Original image at 0EV')
>> subplot(1,2,2),imshow(filtered);title('Final HDR result')
```

보충 설명

찍는 방법과 매트랩에서 HDR 영상을 처리하는 방법을 다룬 기본 예제였다. 특히 JPEG 영상을 사용하면 HDR 영상이 어떤 것인지 파악에 도움이 되지 않을 수 있다. 하지만 HDR 영상을 생성하는 방법에 관한 기본 지식을 확실히 얻었다. 선언한 영상 이름과 각 노출 값을 조합한 후 makehdr 함수를 호출했다. 그런 후에 tonemap을 이용해 높은 동적 범위를 RGB 영상으로 변환했다. 원한다면 최종 결과를 얻기 위해 몇몇 후처리를 더 수행할 수 있다.

실제 장면으로 HDR 영상을 생성하고 싶을 때 앞에 설명했던 처리는 주체의 움직임 때문에 보통 문제를 일으킬 수 있다. 이런 상황에서는 높은 컬러 깊이(12비트 또는 심지어 16비트)의 기초 영상(raw image)을 캡처하는 카메라를 사용할 수 있다. 다음 링크에 제시한 방법과 비슷한 기술을 사용해 단일 샷에서 세 가지 다른 노출을 인위적으로 생성할 수 있다.

http://captainkimo.com/single-exposure-hdr/

파노라마를 생성하기 위해 영상을 잇기

지금까지는 다른 영상 위에 한 영상을 올려 수행하는 영상 혼합 기술을 제시했다. 이제 파노라마 영상을 만들고 싶다면 어떻게 할지를 다룰 때다. 즉, 하나의 큰 영상을 만들기 위해 영상을 부분적으로 이어 조합한다. 이 기술은 종종 파노라마 잇기^{panorama} ^{stitching}라고 부르며, 최근 10년동안 많은 주목을 받았다. 요즘은 일부 최신 카메라에 내부 잇기 알고리즘이 딸려 나온다.

가능한 가장 단순한 방법으로 이런 영상을 생성하려면 두 가지가 필요하다. 기하학적 구조가 올바르도록 이름 그대로 인접한 영상 간의 몇몇 대응점을 검출(수동 혹은 자동으로)한 후, 영상을 변환할 때 이를 사용한다. 영상 섞기가 필요할 수가 있는데 이때 연결 영역을 더 부드럽게 해야 한다.

입문자 수준 지침서의 목적을 고려해 파노라마 잇기를 직접 수행하는 방법을 보여준다. 이번 예제에서 결과 영상에 아무런 변환을 가하지 않으며 왜 이런 방법이 덜 최적인지 보여준다.

실습 예제 | 파노라마 잇기를 위한 기본 접근 방식

이번 예제에서 공간 내 동일 시점에서 카메라를 단지 수평 축으로 회전해 촬영한 세 사진을 사용한다. 필요한 단계를 살펴보자.

1. 먼저 늘 그랬듯이 영상을 불러온 후 띄운다.

```
>> L = imread('Left.jpg');
>> M = imread('Middle.jpg');
>> R = imread('Right.jpg');
>> subplot(1,3,1);imshow(L);title('Left image')
>> subplot(1,3,2);imshow(M);title('Middle image')
>> subplot(1,3,3);imshow(R);title('Right image')
```

2. 이제 연결에 사용할 점 두 쌍을 취하자(여기서 어떠한 기하학 변환을 사용하지 않음을 기억하라). 선택할 때 **Zoom In**과 **Data Cursor** 도구를 사용한다. 먼저 왼쪽과 가운데 영상에 작업하자.

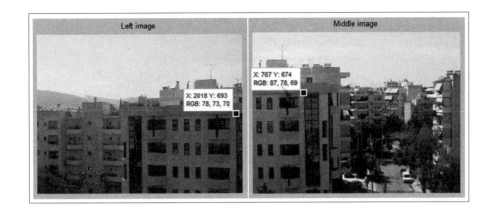

그 다음은 가운데 영상과 왼쪽 영상의 점 쌍을 취할 때다.

두 영상을 연결하기 위해 일치하는 정확한 두 점을 찾았으니 지금 잇기로 옮기자.

3. 왼쪽 영상과 가운데 영상부터 시작하자. 왼쪽 영상에서 선택한 점은 693행과 2018열에 있다. 동일한 점은 가운데 영상의 674행과 767열에 있는데, 왼쪽 영상을 693-674=19 화소로 올려야 함을 의미한다(점이 같은 행에 있기 위해). circshift 함수를 이용해 달성할 수 있다. 이 함수는 차원 내 사용자가 지정한 행렬 요소를 순환 방식으로 이동한다. 즉, 화소가 그림 밖에 떨어진다. 이동 처리로 인해 화소가 그림 밖을 벗어나며 반대편 끝에 다시 나타난다.

```
>> Lr = circshift(L,-19);
```

이제는 공통 점을 통과하는 수직선에서 두 영상을 연결해야 한다.

```
>> First = cat(2,Lr(:,1:2018,:),M(:,767:end,:));
```

4. 지금은 오른쪽 영상으로 결과 영상을 조합할 수 있다. 다만 먼저 3단계와 비슷하게 정렬^{alignment}을 수행해야 한다. 가운데 영상에서 선택한 점이 587행과 1767행에 있는 반면에 오른쪽 영상에서는 618행과 466행에 있다. 오른쪽 영상을 618-597=31 화소만큼 위로 이동해야 함을 의미한다.

```
>> Rr = circshift(R,-31);
```

공통 점을 통과하는 수직선에서 두 영상을 연결해야 한다.

```
>> All = cat(2,First(:,1:3019,:),Rr(:,466:end,:));
```

5. 완료한 결과가 무엇인지 살펴보자.

```
>> imshow(All)
```

6. 결과를 자세하게 살펴보자. 잘못된 여러 가지가 보이는데 특히 가운데 영상을 오른쪽 영상과 연결하는 부분의 일부 배치가 너무 왜곡됐다. 몇 가지 실험에서 이동 처리와 가운데-오른쪽을 연결하는 수직 좌표를 약간 조절해 개선할 수 있음을 보여준다. 하지만 미디언 필터링 수행만으로도 더 좋은 결과가 나온다.

```
>> Rr = circshift(R,-21);
>> All = cat(2,First(:,1:3019,:),Rr(:,450:end,:));
>> for i = 1:size(All,3)
panorama(:,:,i)=medfilt2(All(:,:,i),[5 5]);
end
>> figure,imshow(panorama)
```

보충 설명

이번 예제에서 파노라마 잇기에 대한 가능한 가장 간단한 접근 방식을 입증했다. 최소한으로 노력한 결과에 납득할 경우 이런 접근 방식은 나쁘지 않지만, 사용자가 매우 복잡한 방법을 찾아달라고 요구할 수 있는데, 기하학적 영상 변환을 이용한 특징 검출과 조합이다. 여기서 이 방법을 제시한다. 영상 사이의 공통 점을 직접 선택하는 것부터 시작해서 배치할 좌표를 사용해 영상을 잇는다. 정확한 좌표의 몇몇 개선이 보통 필요하며, 마찬가지로 미디언 필터링 같은 몇 가지 후처리 필터링 단계도 필요하다. 최종 결과는 여전히 인공물이지만 쉽고 간단한 과정을 확실히 받아들일 수 있다. 이동 명령 후 영상의 하단에 나타나는 파란 영역을 깜깜하게 만들거나 더 좋은 결과를 얻기 위해 잘라낼 수 있다.

깜짝 퀴즈 | 영상 혼합 세부 사항

퀴즈 1. 다음 문장 중 어떤 것이 참인가?

1. 확장자가 lan인 7개의 영상 파일에 걸쳐 있는 4개 대역을 사용해 정보를 추가하면 인간의 눈에 보이지 않는다.

2. imfuse를 사용해 두 영상을 섞은 후의 결과 영상은 매우 밝다.

3. 2차원 마스크와 원소끼리 곱셈함으로써 컬러 영상 마스킹을 수행할 수 있다.

4. 8비트보다 높은 비트인 비압축 영상을 사용해 HDR 영상을 구성해야 한다.

5. 좋은 파노라마 영상에 필요한 유일한 부분은 정확한 열에서 영상을 연결하는 것이다.

요약

6장에서 지금까지는 과학 혹은 예술적인 가치가 있는 결과를 만들기 위해 몇몇 새로운 기술로 제시한 많은 방법을 조합했다. 6장에서 살펴본 방법은 독자에게 매우 복잡한 일부 이론을 포함하기 때문에 예제로 배우는 방식을 따르도록 선택했다. 다중 분광 영상, 영상 합성, HDR 사진과 파노라마 잇기를 직접 실습하는 과정에서 모든 기술을 소개했다. 더 구체적으로는 6장에서 다음과 같이 다뤘다.

- 혼합 방법에 관한 서두 설명과 혼합 방법의 중요성
- MATLAB의 기본 다중 대역 영상처리 기술 설명
- 영상 섞기를 수행하기 위한 기본 매트랩 도구(imfuse와 imshowpair)
- 실용적이고 예술적인 예제로 영상 섞기를 완벽하게 설명
- 실사 영상을 생성하기 위해 영상에서 선택한 영역을 사용한 영상 합성 응용
- 영상 섞기 개념이 어떤지 보고, HDR 영상을 만들기 위한 많은 낮은 동적 범위 영상 조합으로 확장
- 간단한 예제로 파노라마 잇기를 설명하며, 받아들일 수 있는 결과 생성

다음 7장에서 비디오 처리를 논의하며, 처음에는 저속 비디오를 만드는 정지 영상의 시퀀스를 조합한다. 프레임률과 움직임 개념을 설명하고, 비디오 객체를 생성하고 프레임 추가하여 비디오를 보는 기본 매트랩 도구를 소개한다. 또한 자신만의 타임 랩스 비디오를 어떻게 만드는지 직접 경험할 수 있다.

7

움직임 추가 – 정지 영상에서 디지털 비디오로

이전 모든 장에서는 다양한 목표를 위해 많은 방식으로 매트랩을 이용해 정지 영상(static image)을 가져와 조작하고, 처리하고, 저장하는 방법에 중점을 뒀다. 지금부터는 유일한 도구인 매트랩을 사용해 비디오 처리의 특색에 천천히 빠져들 때다. 비디오 특성과 생성할 수 있는 방법 설명부터 시작한다. 매트랩에서 비디오를 불러와 보는 방법에 관한 지침으로 비디오에 대한 일부 필요한 이론적인 세부 사항을 설명한 후, 정지 영상을 사용해 비디오 스트림을 생성하는 방법을 계속 진행한다. 이것은 타임 랩스(time-lapse) 비디오의 원리이며, 7장의 마지막에서 매트랩을 이용해 첫 타임 랩스 비디오를 만들 수 있다. 끝으로 타임 랩스 시퀀스를 gif 포맷으로 저장하는 다른 방법을 제공한다.

7장에서 다음과 같은 내용을 다룬다.

- 디지털 비디오 처리의 기본 원칙
- 프레임률의 중요성
- 매트랩에서 비디오를 불러올 수 있는 방법
- 매트랩에서 비디오를 재생할 수 있는 방법
- 정지 영상을 사용해 비디오를 생성할 수 있는 방법
- 매트랩을 이용해 비디오의 모든 또는 일부 프레임을 조사할 수 있는 방법
- 비디오를 재생하는 `implay`를 사용하는 방법

- 매트랩에서 타임 랩스 비디오를 생성하고 저장할 수 있는 방법

자, 비디오와 함께 시작해보자!

디지털 비디오 소개

다음 8장과 마찬가지로 7장의 탄탄한 토대를 구성하기 위해 디지털 비디오의 기본 개념을 보여주므로 처음에는 조금 시간이 걸린다. 또 다시 어디든지 가능한 예제를 직접 해봄으로써 매우 실전적인 방법으로 이론을 설명한다.

실제로 정지 영상을 여러 개 합쳐 비디오를 생성하는데 프레임^{frame}이라고 한다. 순서를 유지하도록 여분 차원을 더함으로써 영상 합침을 수행한다. 지금 이미 알고 있는 대로 그레이스케일 영상은 2차원이고 컬러 영상은 3차원이므로, 그레이스케일 비디오는 3차원이고 컬러 비디오는 4차원이다. 예로 1080행과 1920열인 그레이스케일 영상을 100개 합친다면 $1080 \times 1920 \times 100$인 행렬을 얻는다. 마찬가지로 동일한 크기인 컬러 영상을 100개 합친다면 결과인 행렬은 $100 \times 1920 \times 3 \times 100$이다.

디지털 비디오를 생성할 때 가장 흔하면서도 자연스러운 방법은 비디오 캡처링 디바이스를 사용하는 것이며 예로 비디오 카메라다. 또한 최신 사진 카메라도 디지털 비디오를 촬영하는 기능이 있다. 더욱이 비디오를 연속적인 정지 영상의 시퀀스로 간주할 수 있으므로 사진술 혹은 심지어 스케치를 이용해 생성할 수도 있다. 7장에서 보게 될 애니메이션 gif 파일을 생성할 때도 이런 기술을 사용한다. 일단 먼저 비디오 처리의 몇 가지 중요한 측면을 설명하며, 모든 설명은 압축하지 않은 비디오와 관련 있으므로 항상 유념한다.

프레임의 의미

정답이 없다. 두 가지 방법으로 해석할 수 있기 때문이다. 특정 기간의 동영상에 필요한 프레임이 얼마여야 하는지 혹은 명확하게 묘사하기 위해 어느 정도 움직임이 필요한 프레임률$^{frame\ rate}$은 얼마인가?

두 질문에 충분한 답변을 얻기 위해 먼저 비디오의 두 매우 중요한 특성인 비월주사와 프레임률을 이야기할 필요가 있다.

비월주사와 순차주사

비디오를 촬영할 때 첫 중요한 선택은 비월주사interlaced 모드와 순차주사progressive 모드 중 하나다. 비월주사 비디오는 홀수 선을 포함하는 프레임과 짝수 선을 포함하는 프레임인 두 종류의 프레임이 들어 있다. 따라서 충분히 높은 주파수에서 연속적으로 프레임을 표시(처음에는 홀수, 다음에는 짝수)할 때 보는 사람이 빈 선을 식별할 수 없으므로, 비디오를 순차적인 전체 프레임으로 간주한다. 반면에 순차주사(혹은 비 비월주사non-interlaced) 비디오는 전체 프레임을 보여준다(각 프레임에서 모든 선이 나타난다).

비디오의 두 타입 설명으로부터 순차주사 비디오는 동일한 길이와 해상도를 갖는 비월주사의 2배의 크기를 요구함을 추론할 수 있다. 이 특성의 다른 해석은 관객이 인지하는 비월주사 비디오의 프레임률으로써 동일한 크기인 순차주사 비디오의 두 배다. 프레임률이 무엇이며 어떤 영향을 주는지에 대한 프레임 질문으로 돌아온다.

프레임률과 중요성

프레임률의 개념은 프레임 수를 나타내며, 눈 깜짝할 사이에 촬영(결과적으로 보여줌)하므로 초당 프레임fps, frame per second으로 측정한다. 높은 프레임률은 낮은 프레임률보다 초당 많은 변화를 캡처할 수 있기에 초당 프레임 수는 비디오 내 움직임을 캡처하는 품질을 정의한다. 예로 스포츠 비디오처럼 많은 움직임이 들어 있는 비디오에 특히 유용하다.

비디오의 프레임률은 촬영할 때 사용하는 카메라와 촬영한 것이 있는 미디어 타입에 상당히 의존한다. 프레임률을 기술하는 방식에 영향을 주는 비디오의 또 다른 매우 중요한 특징은 순차주사인지 비월주사인지에 대한 여부다. 가장 널리 사용되는 프레임률은 다음과 같다.

- 24fps 순차주사 혹은 24p이며 제일 많이 알려졌다. 24p의 프레임률은 매초마다 24프레임을 찍음(혹은 보여줌)을 의미한다. 이 프레임률은 영화 산업의 일반적인

표준이다.

- PAL 비디오에서 많이 사용되는 비슷한 프레임률은 25p다. 이름에서 나타나듯이 순차주사 비디오의 25fps 프레임률이다. 주파수를 고르게 나누므로 전류가 50Hz 인 나라에서 이 포맷을 선호한다. 일반적인 방식은 약 23.98fps로 PAL 비디오를 촬영함에 있으며, 1000/1001배수로 감속한다. 이는 PAL 비디오를 다음에 설명할 NTSC 포맷으로 더 쉽게 전환하는 과정을 유도한다.

- 미국과 캐나다는 물론 60Hz 전력망을 갖춘 일부 다른 나라에서 사용하는 일반적 인 프레임률은 30fps 순차주사다. 즉, 30p이다. 이 비디오 포맷은 NSTC라고 부 르며, 컴퓨터 모니터에서 비디오를 볼 때 일반적으로 더 나은 선택이다. 대부분 NSTC 비디오에 사용되는 실제 프레임률이 29.97fps임에 주목할 가치가 있다. 비 디오를 처리할 때 이를 고려해야 한다. 이유는 이런 작업에서 정확도 문제가 많이 있기 때문이다.

- 최근에 할리우드 영화제작자가 48p의 프레임으로 실험 시작했다. 이 프레임 속도 로 촬영한 첫 영화는 《호빗The Hobbit》[1]이다.

- 이미 언급했던 PAL과 NTSC 비디오와 동일한 비월주사를 각각 50i와 60i라고 부 른다. 빠른 움직임을 묘사(스포츠 비디오 같은)하기 위해 프레임 절반(예, 60i를 30p 로)으로 대치하므로 순차주사보다 일반적으로 나으며, 주어진 프레임에 정보의 절반만 있기 때문에 세부 사항이 흐려지는 경향이 있다.

- 50p, 60p(또는 NSTC와 최적으로 호환되는 59.94 fps), 심지어 120p 같은 최신 시스 템에서도 높은 프레임률을 실현할 수 있다. 이 포맷은 처음 사용한 곳인 산업 응 용 분야를 너머 서서히 확산하고 있다. 엄청난 세부 사항을 고속으로 캡처해 처리 하는 특성 때문이다.

프레임 수 계산

이제 원래 질문이었던 하나인 특정 기간, 즉 예로 20분짜리 동영상에 필요한 프레임 이 얼마여야 하는지로 되돌아가자.

---

1 정확히는 《반지의 제왕(The Lord of the Rings)》의 프리퀄로 제작된 《호빗(The Hobbit)》 시리즈로서 3부가 있는데, 《호빗: 뜻밖의 여정》(2012), 《호빗: 스마우그의 폐허》(2013), 《호빗: 다섯 군대 전투》(2014)이 있다. – 옮긴이

자, 25p(PAL)로 촬영했다고 가정하면 프레임 수는 초 숫자에 초당 프레임 수(25)를 곱한 것과 같다. 1분은 60초이므로 다음과 같이 계산한다.

(20분)×(60초/분)×(25프레임/초) = 30000프레임

자, 고전적인 NTSC 포맷(29. 97fps)으로 비디오를 촬영했다면 다음과 같이 계산한다.

(20분)×(60초/분)×(20.97프레임/초) = 35964프레임

이것은 꽤 많은 프레임이다. 그렇죠? 비디오 처리는 상당히 시간이 걸리는 작업 중 하나이며, PC에서 스트레스 테스트^{stress test}를 할 수 있다. 물론 압축하는 이유이며 하드 디스크를 정기적으로 구입하는 것을 피하고 싶다면 비디오를 저장할 때 확실히 압축 해야 한다.

프레임률 선택에 관한 고찰

비디오에 대한 적절한 프레임률 선택은 사용 목적과 많은 관련이 있다. 상식은 높은 프레임률, 시공간 평탄화 관점에서 비디오의 더 좋은 품질(움직임 세부 사항 캡처)을 좌 우한다. 이는 24fps 미만의 프레임률로 촬영한 오래된 무성 영화에서 때때로 움직임 이 부자연스럽고 흔들리게 나타나는 이유다.

심지어 24나 30fps도 유동 캡처와 움직임 표시가 완벽함을 반드시 보장하지 않는다. 일반적으로 말해서 비디오에 대해 충분히 높은 프레임률을 선택한 상태에서 묘사하 는 객체의 속도는 물론 각 세부 사항도 중요한 역할을 한다. 높은 프레임률을 선택했 다면 항상 포맷 간의 변환 특수성에 유념한다.

다른 한편으로는 애니메이션 스케치를 다룰 때 24fps로 재생하게끔 대부분을 그리 도록 하는 선택은 대개 매우 흔하다. 하지만 애니메이션 필름의 매초마다 24개의 스 케치를 그리는 과정은 너무나 시간이 걸리고 지치게 한다. 이런 문제에 대한 해결책 은 디자이너가 절반만 혹은 심지어 필요한 영상의 1/4을 그린 후 누락한 프레임을 채 우기 위해 필요한 해당 프레임을 많이 반복시킨다(예로, 초당 12프레임을 그릴 때, 24fps 프레임률을 달성하기 위해 각 프레임을 2배로 보여준다).

앞에 언급한 문제에서 다른 중요한 고려사항은 인간의 시지각 민감도이며, 시각 시스템은 매우 복잡한데다가 특정 프레임을 선호하는 방법으로 쉽게 분석될 수 없다. 눈과 뇌의 조합은 초당 12 고유 프레임만으로 직접 그린 카툰이 부드럽게 이동하는 것으로 착각할 수 있다. 반면에 섬광을 1초의 1/25 미만 안에 감지할 수 있다. 시지각은 시야각에 영향을 받을 수도 있다. 즉, 주변시는 빛 깜박임에 더욱 민감하다.

매트랩에서 비디오를 불러오기

자신만의 비디오를 만드는 방법의 논의를 시작하기 전에 매트랩이 비디오를 어떻게 다루는지 먼저 알아보는 것이 중요하다. 사실 비디오 처리는 매트랩의 한 분야로서 지난 몇 년 동안 많이 발전했다. 영상처리와 반대로서 이 소프트웨어의 초기 버전에 소개한 imread는 가장 인기 있는 영상 포맷을 불러올 때 사용할 수 있었고, 비디오를 불러오기 위한 함수들이 많이 바뀌었다. 변경에 숨겨진 주된 이유는 비디오 압축 포맷 차이에 있었을 뿐만 아니라 가능한 모든 하나로 열어 다룰 수 있는 효율적인 단일 함수를 허용하지 않기 때문이다. 비디오를 가져오기 위해 매트랩에서 사용할 수 있는 다양한 함수를 제시한다. 그런 이유로 매트랩의 이전 버전 독자는 이 함수를 사용함에 있어 매우 편안하게 느낄 수 있다.

aviread로 비디오를 불러오기

매트랩에서 비디오를 읽기 위해 사용하는 첫 번째 함수는 aviread였다 이 함수는 여전히 버전 2012b에 존재하지만 향후 버전에서 제거될 예정이다. 게다가 .avi 파일만 열도록 설계했기 때문에 이 비디오 타입에 관련된 기능에 제한이 있으며 읽을 수만 있다. aviread의 전통적인 사용법은 다음과 같이 보여주며, 매트랩에 포함한 비디오 중 하나를 이용한다(signleball.avi).

```
>> A = aviread('singleball.avi');
```

이 명령어는 다음과 같은 결과를 보여준다.

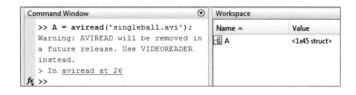

볼 수 있듯이 결과 변수 A는 struct 타입이다. A의 크기는 비디오를 구성하는 프레임 수와 같다. 다행히도 프레임 수가 많지 않았으므로 작업공간에 있는 모두를 가져올 때 문제가 없었다. 1시간짜리인 25p 비디오를 가져 오기 시도한다고 상상하자. 그러면 90000 프레임을 저장해야 한다! 특히 비디오가 고해상도였다면 특정 메모리 문제로 이어진다.

이런 문제를 피하기 위해 우선 처리하려는 비디오를 조사한 후 비디오를 가져오기 위한 전략을 결정하는 것이 일반적이다. 이렇게 하기 위해 aviread를 보완한 함수인 aviinfo를 사용할 수 있으며 비디오 파일의 정보를 보여준다. 사용하려면 명령행에서 비디오 파일 이름을 입력하면 된다.

```
>> aviinfo('singleball.avi');
```

```
>> aviinfo('singleball.avi')
Warning: AVIINFO will be removed in
a future release. Use VIDEOREADER
instead.
> In aviinfo at 67

ans =

              Filename: [1x58 char]
              FileSize: 23405568
           FileModDate: [1x20 char]
             NumFrames: 45
       FramesPerSecond: 30.0001
                 Width: 480
                Height: 360
             ImageType: [1x9 char]
      VideoCompression: 'none'
               Quality: 0
     NumColormapEntries: 0
```

예로 지금 비디오의 10 프레임만 가져오고 싶다고 하자. 유일한 작업은 aviread로 가져 오려는 프레임을 확인하는 것이다.

```
>> A = aviread('singleball.avi', 1:10);
```

프레임 벡터에서 2단계를 추가해 쉽게 줄일 수 있다. 즉, 1:10 대신에 1:2:10을 사용해 짝수 번째인 프레임을 넘기도록 이끈다. 재생 속도를 꾸준히 유지할 경우 프레임을 가져오는 속도 향상으로 이어진다.

비디오를 가져와 struct에 저장하기 때문에 알고 있는 것 즉, 다차원 행렬을 사용해 조작하는 방법을 찾아야 한다. 명령행에 struct의 이름을 입력하면 다음과 같이 얻는다.

```
>> A
```

앞 명령어의 출력은 다음과 같다.

```
A =
1x10struct array with fields:
cdata
colormap
```

이것은 struct가 두 필드인 cdata와 colormap을 가짐을 의미한다. colormap 필드는 프레임이 인덱스 영상인 비디오일 경우에만 유용하다(화소 데이터에 컬러 정보를 저장하지 않음). 지금까지 이 책에서 봤던 모든 경우처럼 프레임의 화소 데이터 안에 직접 컬러 정보를 저장했다면(이런 경우 트루컬러truecolor라고 함) colormap은 빈 행렬이다. cdata 필드는 모든 화소 정보를 담는다.

가져온 비디오의 5번째 프레임에 접근하고 싶다면 다음 명령어를 사용해야 한다.

```
>> frame5 = A(5).cdata;
```

다만 만약에 4차원 행렬에서 모든 10프레임을 읽고 싶다면 for 반복문을 사용해야 한다.

```
>> for i = 1:10, vid(:,:,:,i) = A(i).cdata; end
>> size(vid)
```

앞 코드의 출력은 다음과 같다.

```
ans =
  360 480 3 10
```

코드의 두 번째 줄은 결과의 크기를 볼 때 사용했고, 생성한 행렬이 360행, 480열, 3 컬러, 10프레임을 보여주므로 정상적이다.

 유닉스 사용자용 aviread의 큰 단점은 압축하지 않은 .avi 파일만 처리할 수 있다는 것이며 과거에 비디오 처리용 외부 툴박스를 널리 사용했던 이유다. 가장 중요한 툴박스는 VideoIO이며, 여전히 잘 관리되고 있고, http://sourceforge.net/projects/videoio/에서 찾을 수 있다.

mmreader로 비디오를 불러오기

매트랩에서 aviread 다음에 시도했던 비디오를 읽는 함수는 mmreader였다. 이 함수 (혹은 클래스)는 매트랩의 객체 지향 프로그래밍 방법의 도입 부분이었고, aviread에 비해 더 많은 비디오 포맷을 지원한다. 장점으로는 imreader를 이용하면 비디오를 가져오는 속도가 줄어든다. 이 함수는 매트랩이 향후에 릴리스할 때 버릴 예정이므로 작업함에 있어 광범위하게 사용하지 않음이 현명하다.

이미 언급했듯이 mmreader는 객체 지향 함수이며, 출력은 파일로부터 비디오 데이터를 가져올 때 사용할 수 있는 멀티미디어 리더 객체임을 의미한다. 그 다음에 read라고 하는 함수는 구성한 객체에서 비디오를 가져온다. aviread를 다룬 앞 절에서 보여준 동일한 결과를 달성할 때 이 과정을 이용해야 하며 다음과 같다.

```
>> vObj = mmreader('singleball.avi');
>> videoA = read(vObj); % 비디오 객체로부터 모든 프레임 읽기
>> videoB = read(vObj,[1 10]); % 첫 10 프레임만 읽기
```

이 과정은 작업공간에서 다음과 같은 결과를 보여준다.

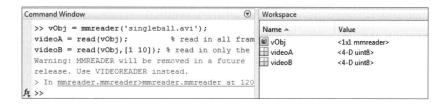

그림에 볼 수 있듯이 구성한 객체는 mmreader 타입이며 가져온 두 비디오는 4차원 8
비트 행렬이다(행 x열 x컬러 x프레임). VideoB는 이전 예제에서 생성했던 vid 행렬과
같아야 한다(size를 사용해 확인할 수 있다). 다시 한 번 말하지만 매트랩은 mmreader에
관해 향후 버전에서 제거한다는 경고를 보낸다.

매트랩에서 비디오를 불러오기 전에 비디오 파일을 조사할 필요가 있을 경우에는 비
디오 객체를 먼저 생성한 후 비디오를 조사하는 get 함수를 사용할 수 있다는 사실을
활용할 수 있다. 다음과 같이 수행할 수 있다.

```
>> get(vObj)
```

```
>> get(vObj)
  General Settings:
    Duration = 1.5000
    Name = singleball.avi
    Path = C:\MATLAB\R2013a\toolbox\vision\visiondemos
    Tag =
    Type = VideoReader
    UserData = []

  Video Settings:
    BitsPerPixel = 24
    FrameRate = 30.0001
    Height = 360
    NumberOfFrames = 45
    VideoFormat = RGB24
    Width = 480
```

VideoReader로 비디오를 불러오기

VideoReader 함수(혹은 클래스)는 mmreader 사용법과 거의 동일하다. 단지 보이는 차
이점은 VideoReader 객체를 생성한 후 일반적으로 약간 더 빠르게 수행하는 것이다.
앞 절과 동일한 결과를 달성하려면 다음과 같이 입력해야 한다.

```
>> vObj = VideoReader('singleball.avi');
>> videoA = read(vObj); % 비디오 객체로부터 모든 프레임 읽기
>> videoB = read(vObj,[1 10]); % 첫 10 프레임만 읽기
>> size(videoB)
```

앞 코드의 결과는 다음과 같다.

```
Command Window
>> vObj = VideoReader('singleball.avi');
videoA = read(vObj);          % read in all fr[
videoB = read(vObj,[1 10]); % read in only th[
>> size(videoB)

ans =

   360   480    3   10
```

```
Workspace
Name ▲        Value
ans           [360 480 3 10]
vObj          <1x1 VideoReader>
videoA        <4-D uint8>
videoB        <4-D uint8>
```

앞 명령어의 결과에서 볼 수 있듯이 결과는 이전 방법과 동일하다. 두 번째 비디오는 이전 시도처럼 프레임 수가 같다. 물론 이번에는 매트랩의 함수 선택에 관해 불만이 없는데, VideoReader는 비디오 파일을 읽기 위한 가장 많이 소개한 함수이기 때문이다. get이 VideoReader의 결과를 사용하면 쉽게 증명할 수 있어 mmreader 결과로 생성한 것과 동일한 결과를 낳는다. get이 만든 일부 필드를 사용하고 싶다면 프레임 수를 예로 다음과 같이 입력해 수행할 수 있다.

```
>> numOfFrames = get(vObj,'NumberOfFrames')
```

앞 명령어는 다음과 같은 결과를 보여준다.

```
numOfFrames =
    45
```

비디오를 읽을 때 사용하는 함수 선택

필요한 최적 비디오 읽기 함수 선택에 있어 세 가지 기본 파라미터인 사용하는 매트랩 버전, 처리하려는 비디오 파일 포맷, 원하는 처리 속도를 일반적으로 고려한다.

첫 번째 파라미터는 매트랩 버전 2012b에 기반을 두고 있기 때문에 여기서 넓게 다룰 수 없다. 다만 aviread만 들어 있는 2007b 버전 이후의 매트랩 버전을 고려하자. 버전이 2007b부터 2010b까지는 aviread와 mmreader를 양쪽 모두 지원하고, 끝으로 2010b 이후에 모든 세 가지 함수를 사용할 수 있다. 가장 오래된 두 함수를 주의 깊게 사용해야 하며 향후 버전에서 대치할 예정이었기 때문이다.

자, 각 함수가 지원하는 포맷이 무엇인지 살펴보자. 이름에서 암시하듯이 aviread는 .avi 비디오 파일만 읽고, 유닉스 시스템에서는 압축하지 않은 파일만 처리할 수 있다.

다른 두 함수는 이 비디오 포맷에 관해서는 꽤 아주 동일한 기능을 갖는다. 양쪽 모두 mmreader와 VideoRecord가 사용할 수 있는 getFileFormats 방법을 이용해 증명할 수 있다. 이를 보기 위해 다음과 같이 명령어를 입력할 수 있다.

```
>> mmreader.getFileFormats()
>> VideoReader.getFileFormats()
```

양쪽 모두를 호출한 결과는 동일하며, 윈도우에서는 다음과 같이 나타난다.

```
Video File Formats:
.asf - ASF File
.asx - ASX File
.avi - AVI File
.m4v - MPEG-4 Video
.mj2 - Motion JPEG2000
.mov - QuickTime movie
.mp4 - MPEG-4
.mpg - MPEG-1
.wmv - Windows Media Video
```

처리 속도에 관한 개선은 굉장한 구경거리도 아니고, 그렇게 완벽하지도 않으므로 두 개의 새로운 함수 중 하나를 사용하는 것에 영향을 준다. 세 함수 중 가장 빠른 함수는 aviread이지만, 거의 쓸모가 없으며 다양한 포맷을 지원하지 않으므로 피해야 한다.

모든 사실을 고려한 결과를 말하자면 적합한 함수를 선택할 때 아마도 자신의 매트랩 버전에서 지원하는 가장 최신 함수일 것이다. 그러므로 지금부터 VideoReader를 사용해 모든 비디오를 가져오는 작업을 제시한다.

매트랩에서 비디오 재생

이제 비디오를 불러오는 방법을 알았으니 어떻게 재생하는지 배울 차례다. 상기할 수 있듯이 imshow를 사용해 영상을 열린 그림창에 띄울 수 있다. 하지만 동영상 재생은 약간 매우 복잡한 과정이다. 이 과정에서 movie라고 하는 함수를 사용할 수 있다. 이 함수는 입력이자 비디오 프레임을 저장했었던 변수 이름을 취한 후, 현재 축에서 재생한다(아무 것도 없다면 현재 축을 생성한다). 기술하는 과정에는 두 가지 이슈가 있다. 하나는 비디오가 들어 있는 변수는 비디오 구조체(aviread가 생성한 것과 비슷함)여야 하고, 다른 하나는 동영상을 보여줄 때 사용하는 그림창은 비디오 크기에 맞게 정확하게 맞춰야 한다. 그렇게 하지 않으면 비디오와 별개로 축의 보이는 하얀 부분을 포함한 결과를 얻을 수 있다.

movie 함수에 재생 세부 사항을 정의한 추가 입력을 사용할 수도 있다. 더 자세하게는 동영상의 재생 횟수를 정할 수 있으며, 다음 순서는 표시할 프레임과 프레임률이다. 예제로 모든 것을 살펴보자.

실습 예제 | 비디오를 읽은 후 재생

첫 비디오 처리 예제를 직접 해볼 때다. 다음과 같이 전에 사용했던 비디오(singleball. avi)를 가져온 후 재생하는 단계를 따라해보자.

1. 먼저 VideoReader와 다음 reader를 사용해 비디오를 행렬로 가져온다.
   ```
   >> vObj = VideoReader('singleball.avi');
   >> video = read(vObj); % 비디오 객체로부터 모든 프레임 읽기
   ```

2. 자, 이번에는 aviread로 생성했던 구조체처럼 비디오 구조체를 생성하기 위해 프레임 수를 사용한다. 트루컬러 프레임인 경우 모든 화소값이 함께 있는 cdata 필드와 빈 colormap 필드로 구성함을 기억하자.
   ```
   >> numOfFrames = get(vObj, 'NumberOfFrames');
   >> for i = 1:numOfFrames,
   vid(i).cdata = video(:,:,:,i); % 프레임은 cdata에 저장됨
   vid(i).colormap = []; % 컬러맵은 빔
   end
   ```

3. avi 포맷으로 저장한 비디오를 갖고 있으므로, 지금 이 비디오를 띄우는 그림창을 생성한 후 movie를 호출할 수 있다.
   ```
   >> hf = figure;
   ```

재생한 비디오의 마지막 프레임은 다음과 같이 나타난다.

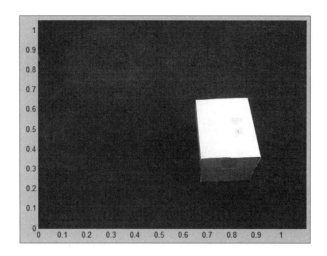

4. 비디오 재생에 성공했을지라도 최적화하지 않은 몇 가지가 있다. 이 중 하나는 프레임률이다. 동영상이 사용하는 기본 프레임률은 특별한 뭔가를 지정하지 않았을 때는 12fps다. 다른 점은 재생하는 창 크기에 관한 선택을 하지 않았다는 것이다. 두 속성을 지정해 수정해보고 동시에 매트랩에게 비디오를 5번 재생하도록 요청한다. 2단계에서 빠진 곳부터 다시 시작한다.

```
>> hf = figure;
>> set(hf,'position',[200 200 vObj.WidthvObj.Height]);
>> movie(hf,vid,5,vObj.FrameRate)
```

5. 결과는 예상했던 대로 비디오를 적절한 프레임률으로 5번 연속적으로 반복해 재생한다.

보충 설명

처음 언뜻 본 것이 매트랩의 비디오 처리에 관한 능력이었다. 먼저 avi 비디오를 4차원 행렬로 작업공간에 불러온 후 movie를 사용해 적절히 재생할 수 있도록 비디오 구조체로 변환했다. 끝으로 비디오를 적절하게 재생 창의 위치와 크기를 확인하도록 코드를 미세 조정한 후, 원 프레임률(vObj.FrameRate로 지정)로 비디오를 5번 반복하도록 요청했다. 비디오를 재생하려는 창의 핸들, 비디오 구조체 변수 이름, 비디오 재생 횟수와 재생 프레임률순으로 가능한 모든 입력으로 movie를 호출했다.

정지 영상으로부터 비디오 생성

자, 매트랩에서 가져오고 재생하는 방법을 알았으니 연속적인 정지 영상을 함께 잇기로 비디오를 만드는 방법을 논의할 차례다. 비디오는 근본적으로 프레임이라고 부르는 정지 영상의 시퀀스라고 이미 언급했고, 적절한 프레임률으로 시청자에게 움직임 감각을 묘사한다. 그러므로 비디오를 구성하기 위해 순차적으로 촬영한 사진을 해상도와 비트 깊이가 동일하다는 전제에서 사용할 수 있다. 한곳에서 수집한 모든 사진을 갖고 있다면 매트랩에서 imread를 사용해 가져올 수 있다. 동일한 이름인 함수로 VideoWriter 객체를 구성한 후 비디오에 프레임을 추가하는 writeVideo 함수를 사용한다. 예제로 모든 것을 살펴보자.

실습 예제 | 비디오를 구성하고 저장

이번 예제에서 비디오에서 얻은 영상의 시퀀스를 사용한다. 매트랩에서 프레임을 읽은 후 시간 순으로 비디오 객체에 추가해야 한다. 어떻게 수행하는지 보자.

1. 먼저 작업 디렉토리를 jpeg 이미지 시퀀스가 들어 있는 디렉토리로 변경한다. 이번 예제에서는 E:\Vides\seq로 정한다. 물론 시스템에서 시퀀스가 들어 있는 디렉토리가 다를 수도 있으므로 경로를 이에 맞춰 변경한 후 이름이 contents인 새로운 구조체 변수에 이미지 시퀀스 파일명을 저장한다.

```
>> cd ('E:\Videos\seq');
>> contents = dir('*.jpeg');
```

2. 그러면 비디오에 저장할 비디오 객체를 생성해야 한다. vid.avi를 갖고 호출하자.

```
>> outputVideo = VideoWriter('vid.avi');
>> outputVideo.FrameRate = 15;
>> open(outputVideo);
```

3. 비디오 파일을 열어 contents 변수에 저장한 파일명을 지금 얻었다. 각 사진을 한번에 불러오도록 사진의 파일명을 반복할 수 있다.

```
>> for i = 1:length(contents)
im = imread(contents(i).name);
writeVideo(outputVideo,im);
```

```
end
close(outputVideo);
```

4. 지금 새로운 비디오를 만들었다. 유일하게 남은 작업은 결과를 확인하는 것이다. 비디오를 재생할 때 사용하는 비디오 객체를 만들기 위해 이전 예제에서 설명했던 과정을 다시 한 번 따른다.

```
>> newVid = VideoReader('vid.avi');
>> for i = 1:newVid.NumberOfFrames
mov(i).cdata = read(newVid,i);
mov(i).colormap = [];
end
```

5. 재생 창을 생성해야 한다. 창의 크기를 설정하기 위해 비디오의 너비와 높이를 사용한 후 첫 프레임을 띄운다.

```
>> set(gcf,'position', [300 300 newVid.Width newVid.Height])
>> set(gca,'units','pixels');
>> set(gca,'position',[0 0 newVid.Width newVid.Height])
>> image(mov(1).cdata,'Parent',gca);
>> axis off;
```

6. 끝으로 비디오를 적절한 프레임률로 재생한다.

```
>> movie(mov,1,newVid .FrameRate);
```

7. 결과는 다음과 같다.

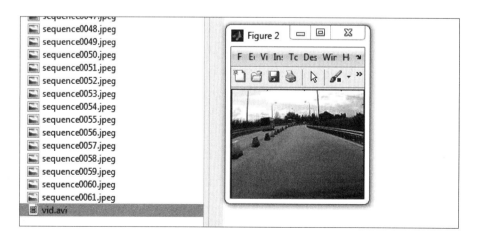

보충 설명

이번은 정지 영상의 시퀀스를 이용해 비디오를 구성하는 시간이었다. 이 과정의 첫 번째 단계에서 작업 디렉토리를 영상이 들어 있는 디렉토리로 변경한 후, dir 함수를 사용해 struct 변수에 파일명을 저장했다. 입력인 *.jpeg를 사용했는데, 모든 영상이 이 포맷이었기 때문이다. 영상이 들어 있는 폴더가 이미 있으므로 2단계에서 outputVideo라고 하는 비디오 객체 생성을 수행했으며, vid.avi라고 하는 비디오 파일에 프레임인 영상을 추가할 때 사용한다. 또한 2단계에서 비디오 프레임률을 15로 설정했고, 기록하기 위해 비디오 객체를 열었다. 3단계에서 1단계에 저장했던 모든 파일명을 살펴보면서 작업공간 내 각 영상을 불러오기 위해 해당 파일명을 사용한 후 비디오 객체에 추가했다. 비디오에 모든 프레임을 추가한 후 매트랩이나 다른 비디오 재생 소프트웨어로 재생할 준비를 함으로써 마무리했다.

예제의 두 번째 부분은 생성했던 비디오 재생이므로 중요하다. 이전 절의 우수한 함수인 VideoReader는 비디오를 비디오 읽기 객체로 불러올 때 사용하며 for 반복문을 이용해 모든 프레임을 순회한다. 이 반복문에서 구조체 변수로 저장한 각 프레임은 mov다. 5단계에서 비디오를 띄우는 그림창을 생성한다. 그림창의 하단 왼쪽 코너의 위치를 300화소 이상과 모니터 하단 왼쪽의 오른쪽을 300화소에 배치했다. 그림창의 크기는 열었던 비디오 크기와 같다. 코드의 두 번째와 세 번째 줄은 그림창처럼 동일한 위치와 크기를 추출한 곳에 축을 배치해 설정한다. 그 다음에는 시퀀스의 첫 번째 영상(물론 비디오의 첫 프레임)을 그림창에 띄운 후 그림창의 눈금과 레이블을 껐다. 마지막으로 6단계에서 전체 비디오를 재생하는 movie 함수를 사용했다.

도전 과제 | 페이드 인/페이드 아웃 효과가 있는 비디오 생성

지금 정지 영상을 비디오로 만드는 방법을 알았으니, 변화를 약간 주자. 페이드 아웃 fade out 효과와 페이드 인fade in 효과 순으로 포함하도록 시도해보자.[2] 이를 달성하기 위해 페이드 아웃을 시작할 프레임을 선택한 후 상수(이번 예제는 20)로 화소값을 더 낮춘다. 다음 프레임에서는 숫자가 2배이고, 그 다음 프레임은 3배 등으로 한다. 음수를

---

2 페이드 인 효과는 서서히 더 또렷해지는 효과이고, 페이드 아웃 효과는 서서히 더 희미해지는 효과다. - 옮긴이

0으로 설정함을 반드시 확인한다. 반대 과정은 페이드 아웃 효과를 이루지만 약간 복잡한데, 어두운 프레임부터 시작해서 다음 프레임에서는 서서히 밝아져야 하기 때문이다.

montage를 이용한 비디오 검사

비디오의 모든 프레임 혹은 시퀀스의 모든 영상을 동시에 검사하고 싶을 때 유용한 도구는 montage다. montage의 중요성을 보여주는 간단한 예제로 사용법을 설명한다.

실습 예제 | 공을 기다리지 않기

이전 예제 중 하나에서 signleball.avi라고 하는 동영상을 사용했으며, 매트랩에 데모로 들어 있다. 이 비디오는 고정된 상자와 프레임의 왼쪽부터 진입해서 프레임의 오른쪽 부분으로 빠져나갈 때까지 상자 밑을 지나가는 녹색 공을 보여준다. 물론 비디오를 검사하지 않으므로 볼이 프레임에 들어갔을 때를 알 수 없다. 비디오의 시작하는 부분이거나 볼 때까지 기다려야 할 수 있다. 더 나은 생각을 얻도록 모든 프레임을 검사해보자.

1. 우선 VideoReader를 사용해 비디오를 불러온다.

   ```
   >> vObj = VideoReader('singleball.avi');
   >> video = read(vObj); % 비디오 객체의 모든 프레임 읽기.
   ```

2. 지금 4차원 행렬에 비디오를 저장했으며, montage를 적용하기엔 충분하다.

   ```
   >> montage(video,'Size',[5 9]) % 45개의 프레임용 5x9 격자 사용
   ```

3. 앞 단계의 결과는 다음과 같다.

보충 설명

이제 프레임을 정확하게 찾아내기 위한 위치는 상당히 유용하다. 이전 예제에서 45개의 프레임으로 구성한 동일한 비디오 사진을 사용했음을 상기할 수 있다. 따라서 입력인 5×9 격자로 montage 호출은 꽤 직관적인데 어떤 빈 공간을 남기지 않은 채로 모든 프레임을 맞출 수 있기 때문이다. 쉽게 관찰할 수 있듯이 볼은 13번째 프레임에 있는 장면에 진입하며 42번째 프레임에서 빠져나간다. 물론 이번 예제에서 이 정보를 알고 제외하면 프레임 수는 적지만(시작하는 부분은 12이고, 끝나는 부분은 43이다), 여전히 전체 비디오의 1/3번째다. 하지만 움직임이 들어 있는 몇 프레임만 있는 긴 비디오라고 상상하자. 전체 검사 도구는 시간과 노력에 관한 구세주이며 예술이나 다른 비디오 편집 작업에 매우 유용할 수도 있다. 상당한 양의 프레임을 재빠르게 걸어낼 수 있고, 처리하려는 프레임을 정확하게 찾을 수 있기 때문이다.

재생에 필요한 도구 – implay

지금까지 매트랩에서 보여줬던 비디오를 띄우는 방법은 반복문에서 처리 단계를 추가할 때 상당히 유용하지만 기본 비디오 재생 소프트웨어와 비교했을 때 차이가 어느 정도 있다. 하지만 매트랩도 물론 프레임별로 처리할 때 지저분하지 않길 원하는 사용자를 겨냥한 도구를 제공한다. 도구 이름은 implay이며 사용법이 아주 간단하다. 세 가지 방법으로 사용할 수 있는데, 단독 GUI 기반 비디오 재생기, 행렬에 저장한 주어진 영상 시퀀스로 재생하는 함수 및 주어진 파일명으로 비디오를 불러오고 재생하는 함수다. 어떻게 작동하는지 살펴보자.

implay의 GUI 사용

implay의 GUI는 implay 도구를 사용하는 매우 일반적인 방법이다. 이름을 입력해 실행한다.

```
>> implay
```

다음과 같은 창을 연다.

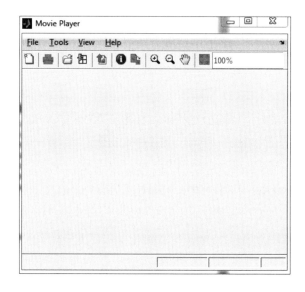

GUI는 다음 선택 사항을 제공한다.

- 새로운 재생기 열기(왼쪽의 첫 번째 아이콘을 클릭)
- 프레임 인쇄(왼쪽의 두 번째 아이콘을 클릭)
- 비디오 파일 열기(왼쪽의 세 번째 아이콘을 클릭)
- 작업공간의 행렬에 있는 영상 시퀀스 열기(네 번째 아이콘)
- 현재 프레임을 처리용 imtool에 내보내기(다섯 번째 아이콘)
- 열었던 비디오에 관한 정보 검사(여섯 번째 아이콘)

- imtool에서 사용했던 것처럼 프레임 내부의 십자선 커서가 놓인 화소값 검사(일곱 번째 아이콘)
- 확대/축소(여덟 번째/아홉 번째 아이콘)
- 영상을 패널로 드래그(열 번째 아이콘)
- 프레임을 창에 맞추도록 크기 조정(열 한 번째 아이콘)
- 주어진 비율로 프레임 크기 조정(상단 오른쪽 코너에 있는 텍스트 상자)

비디오를 불러오면 첫 번째 도구상자 아래에 두 번째 도구상자가 열린다.

두 번째 도구상자는 어떤 종류의 비디오 재생기를 사용했던 사람에게 친숙하게 보일 듯 하다. 기능은 다음과 같다.

- 첫 프레임으로 이동(첫 번째 아이콘)
- 10프레임씩 뒤로 뛰어 넘기(두 번째 아이콘)
- 한 프레임씩 뒤로 이동(세 번째 아이콘)
- 비디오 중지(네 번째 아이콘)
- 비디오 재생(다섯 번째 아이콘)
- 한 프레임을 앞으로 이동(여섯 번째 아이콘)

- 10프레임씩 앞으로 뛰어 넘기(일곱 번째 아이콘)
- 마지막 프레임으로 가기(여덟 번째 아이콘)
- 선택한 프레임으로 뛰어 넘기(아홉 번째 아이콘)
- 반복 켜기/_끄기_(열 번째 아이콘)
- 앞으로/뒤로 재생(열 한 번째 아이콘)

모든 기능은 일반적인 매트랩 사용자에게 비디오 재생할 수 있는 편리한 도구를 제공한다. 이미 보여줬던 기능과 함께 조합하는 방법을 살펴보자.

비디오 파일을 재생하기 위해 implay 사용

GUI의 세 번째 아이콘을 클릭하는 대신에 재생하려는 비디오 파일명을 입력으로 implay를 호출할 수 있다.

```
>> implay('singleball.avi');
```

다른 프레임률을 사용할 수도 있다.

```
>> implay('singleball.avi',20);
```


영상 시퀀스를 재생하기 위해 implay 사용

imread 같은 함수와 디렉토리의 모든 영상 파일명을 반복해 조합하면 이전 예제에 제시했던 운전 장면 같은 영상 시퀀스를 재생할 수도 있다.

```
>> cd ('E:\Videos\seq'); % 작업 디렉토리 변경
>> contents = dir('*.jpeg'); % jpeg 영상 이름을 가져오기
>> for i = 1:length(contents) % 모든 영상을 반복
images(:,:,:,i) = imread(contents(i).name); % 영상을 가져와서 저장
end
>> implay(images,15); % 15 fps로 비디오 시퀀스 재생
```

타임 랩스 비디오 생성

지금까지는 타임 랩스 비디오^{time-lapse video}를 만들 때 필요한 모든 내용을 다뤘다. 타임 랩스는 본질적으로 매우 낮은 프레임률로 비디오 프레임을 캡처하는 기술이다. 조합한 프레임을 일정한 프레임률(예, 25fps)로 재생하면 시청자는 보통보다 더 높은 속도로 시간이 흐름을 느끼므로 정해진 시간 경과가 된다. 고해상도 사진 카메라나 HDR 영상을 이용해 프레임을 캡처하면 결과가 장관일 수 있다. 매초마다 꽃이 피거나 짧은 시간의 프레임에서 태양이 지고 떠오를 때 봄과 같은 효과가 현실적이 된다.

최근에 타임 랩스 사진술이 다큐멘터리의 최신 예술적인 효과에 상당히 사용할 수 있는 기술 중 하나가 됐다. 인상적인 타임 랩스 비디오를 만들려면 필요한 정밀도를 달성하기 위해 카메라를 매우 천천히 움직이는 복합 리그를 인터벌라미터^{intervalometer}(주어진 간격 내 여러 사진을 촬영하는 카메라를 갖기 위해 프로그램된 특수한 장비)라고 부르는 장비와 조합한다.

실습 예제 | 일반 비디오를 타임 랩스로 만들기

타임 랩스 비디오 생성도 비디오의 여러 프레임을 넘기는 만큼이나 간단하며 초당 프레임 수만 유지해 원하는 효과를 달성한다. 이것을 어떻게 해낼 수 있는지 살펴보자.

1. 첫 단계에서 2분짜리 운전하는 비디오인 car2min.avi를 매트랩에 가져오도록 VideoReader를 이용한다.

   ```
   >> E=VideoReader('car2min.avi');
   ```

2. 그러면 비디오에서 큰 단계(12 프레임)를 사용해 반복한 후 방문했던 이 프레임을 새로운 행렬에 저장한다.

   ```
   >> k = 1; % 유지할 프레임에 대한 카운터로 사용함
   >> for i = 1:12:E.NumberOfFrames % 매 12번째 프레임 방문
   v(:,:,:,k)=read(E,i); % v의 k 번째 위치에 프레임 저장
   k=k+1; % 카운터를 1씩 증가
   end
   ```

3. 지금 비디오를 가졌으므로 104개의 프레임으로 구성해 행렬 v에 저장한다. montage를 이용해 이 비디오를 검사할 수 있다.

```
>> montage(v,'Size',[7 15])
```

4. 결과는 다음과 같다.

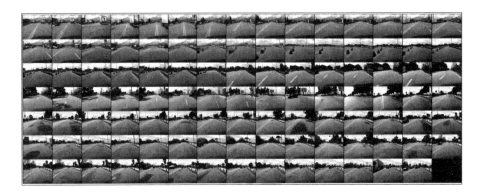

5. 이제 이미 배웠던 함수를 사용해 타임 랩스를 새로운 비디오로 저장할 수 있다.

```
>> lapse = VideoWriter('timelapse.avi');
>> lapse.FrameRate = 15;
>> open(lapse);
>> for i = 1:size(v,4)
writeVideo(lapse,v(:,:,:,i));
end
close(lapse);
```

6. 비디오를 미리 보고 싶다면 implay를 사용할 수 있다.

```
>> implay('timelapse.avi')
```

보충 설명

축하한다! 첫 타임 랩스 비디오를 방금 만들었다. 물론 다큐멘터리에서 봤었던 일반적인 비디오에 비해 좀 덜 정교했지만, 그럼에도 불구하고 첫 걸음을 내딨다. 먼저 일반 비디오를 가져온 후, 이 비디오에서 취한 샘플 프레임을 새로운 행렬에 저장하기 위해 충분한 큰 단계를 선택함으로써 달성했다. 끝으로 새롭게 구성한 행렬의 모든 프레임을 montage를 이용해 검사한 후에, 15fps 프레임률을 갖는 새로운 비디오로 저장하기 위해 모든 프레임을 반복했다. 다음 8장에서는 사진 카메라, USB 케이블과 매트랩을 설치한 노트북을 이용해 타임 랩스용 프레임을 촬영하는 방법에 대해 상세하게 다룬다.

도전 과제 | 타임 랩스 회전

자, 지금 타임 랩스를 만드는 방법을 알았으니 이를 회전하는 약간의 트릭을 사용하면 안 될까? 이미 배웠던 과정을 사용해 고정한 각 프레임을 임의 각도로 회전한 결과를 저장해야 한다. 올바르게 했다면 각 프레임의 크기는 영향을 받지 않으며 타임 랩스 비디오를 직접 갖는다. 결과가 가능한 부드럽도록 선택한 각도가 매우 작거나 큰지 확인해야 한다.

타임 랩스 비디오를 gif 파일로 저장

움직임을 포함하는 다른 매우 인기 있는 포맷은 그래픽 인터체인지 포맷graphics interchange format으로서, 줄임으로 gif로 알려져 있다. 넓게 사용하는 포맷이며 각 컬러 채널별 8비트 화소까지 지원한다. 정지 영상에 사용할 수 있고, 또한 애니메이션에 사용한다. gif 파일은 단순하고 호환성이 있기 때문에 인터넷에서 매우 자주 사용되며 사진, 플롯이나 스케치로 만든 애니메이션을 쉽게 제작할 수 있게 한다. 매트랩에서는 imwrite를 사용해 gif 파일을 만들 수 있다.

이전 예제에서 생성한 타임 랩스 비디오를 gif 파일로 저장하기 위해 이번에는 imwrite를 이용해 4단계를 반복해야 한다.

```
>> fl = 'gifTimelapse.gif';
>> for i = 1:size(v,4),
[imind,cm] = rgb2ind(v(:,:,:,i),256); % rgb 프레임을 인덱스 영상으로 변경
if i==1,
imwrite(imind,cm,fl,'gif', 'Loopcount',inf);
else,
imwrite(imind,cm,fl,'gif','WriteMode','append');
end
end
```

생성했던 gifTimelapse.gif라고 부르는 파일을 애니메이션 gif 파일을 지원하는 임의 사진 편집기를 이용해 열 수 있다. 이번 예제의 프레임률은 원 비디오의 프레임률에 따른다. 일반적으로 gif 파일의 재생 프레임률은 예로 브라우저가 gif를 재생할 때처럼 다른 여러 요인에 영향을 받을 수 있다.

깜짝 퀴즈 | 2차원 영상 필터링

퀴즈 1. 다음 문장 중 어떤 것이 참인가?

1. implay는 영상처리 작업을 지원하는 도구다.
2. gif 파일은 정지 영상 포맷이며 드물게 사용된다.
3. 비월주사 비디오는 동일한 크기와 프레임률을 갖는 순차주사 비디오 정보의 2배다.
4. 높은 프레임률은 부드러운 움직임을 보여주게 한다.
5. struct 변수는 서로 다른 타입의 필드가 들어 있는 행렬일 수 있다.
6. aviread 함수는 유닉스 시스템에 있는 압축된 비디오를 읽을 수 있다.
7. VideoReader 함수는 매트랩에서 가장 최신인 비디오 읽기 함수이므로 그런 작업을 하기 위한 안전한 선택이다.

요약

7장은 비디오 소개와 매트랩에 들어 있는 기본 비디오 처리 도구를 제시했다. 품질에 영향을 주는 비디오의 다양한 속성에 대한 간략한 설명을 7장의 첫 절반에 제공했으며, 다음으로는 매트랩에서 비디오를 불러올 때 사용하는 기본적인 함수를 시연했다. 그런 후에 명령행을 사용해 비디오와 비디오 시퀀스를 재생하는 방법을 보여줬고, 정지 영상을 갖고 비디오를 생성하는 과정을 설명했다. 7장의 나머지에서 비디오를 검사하고 재생해는 두 유용한 함수를 논의한 후 .avi와 .gif 포맷으로 타임 랩스 비디오 생성을 상세하게 보여줬다. 더 구체적으로 7장에서 다음과 같이 다뤘다.

- 디지털 비디오 기본 소개
- 비월주사 비디오와 순차주사 비디오 제시
- 프레임률에 관한 논의와 중요성
- 프레임률 선택에 대한 몇 가지 생각과 예제
- 매트랩에서 `aviread`를 이용해 비디오 불러오기
- 매트랩에서 `mmreader`를 이용해 비디오 불러오기
- 매트랩에서 `aVideoReader`를 이용해 비디오 불러오기
- 비디오를 읽기 위한 더 나은 함수 선택
- 매트랩에서 `movie`를 이용해 비디오 재생
- 정지 영상을 갖고 비디오 생성
- `montage`를 이용해 비디오 검사
- 비디오나 영상 시퀀스를 재생하는 `implay` 사용
- 일반 비디오로부터 타임 랩스 비디오 생성
- 비디오를 gif 포맷으로 저장

다음 8장에서 비디오나 영상 시퀀스의 취득 단계에서 매트랩을 사용하는 방법을 광범위하게 다룬다. imaqtool을 상세하게 제시하며 아름다운 타임 랩스 비디오를 생성할 때 imaqtool을 사용한다. 또한 비디오 처리 작업 시 디스크 공간 보존과 관계된 쟁점을 논의한다. 끝으로 개선한 컬러와 명도가 함께 있는 새로운 동영상을 만드는 목표로 비디오 프레임을 작은 덩어리로 처리하는 방법을 보여준다.

8

비디오 취득과 처리

지금은 매트랩에서 비디오를 가져오고 정지 영상으로부터 새로운 비디오를 생성하는 과정을 습득했으며 매트랩 비디오 처리의 다른 측면을 살펴볼 차례다. 8장에서는 카메라 저장 장치 대신에 컴퓨터에 저장된 비디오 혹은 영상의 시퀀스를 취득하기 위해 매트랩을 사용하는 방법을 배운다. 게다가 비디오 처리 전문가가 일상에서 접하는 저장 공간 문제를 배우고 또한 압축 문제와 방법을 논의하므로 이런 문제를 완화할 수 있다. 마지막으로 매트랩의 실시간 비디오 처리의 몇 가지 어려움을 보여주고 설명한다. 해당 과정의 속도를 더 높이는 다양한 팁을 제공한다. 이런 모든 것을 배우는 동안에는 직접 예제를 돌려봄으로써 다양한 구현 기술을 이해함에 도움을 준다.

8장에서 다음과 같은 내용을 다룬다.

- 매트랩에서 영상 취득 도구Image Acquisition Tool를 사용해 비디오를 기록할 수 있는 방법
- 비디오 압축이 무엇이며 왜 중요한가
- 매트랩에서 압축하지 않은 비디오를 작동할 수 있는 방법
- 매트랩에서 타임 랩스 비디오를 만들 수 있는 방법
- 실시간으로 비디오를 처리할 수 있는 방법

자, 시작해보자!

디지털 비디오를 기록하기 위해 매트랩 사용

지금까지는 강력하고 다양하게 쓸 수 있는 영상처리 도구를 사용했다. 또한 7장에서 비디오를 읽고 쓰는 능력을 탐색하기 시작했었다. 매트랩에 다른 유용한 기능이 있음을 찾았다면 놀랄 수 있다. PC에 연결된 카메라와 노트북에 내장한 내부 카메라 중 하나를 갖고 영상과 비디오, 비디오 장면을 캡처하고 기록할 때 사용할 수 있다. 이 도구는 이런 능력을 지원하는 영상 취득 툴박스에 들어 있으며, 영상 취득 도구라고 부른다.

매트랩이 PC를 디지털 비디오 레코더$^{DVR, Digital Video Recorder}$로 바꿀 수 있는 영상 취득 도구는 단순하면서도 효율적이며, 그래픽 사용자 인터페이스$^{GUI, Graphics User Interface}$다. 다음과 같이 명령행에서 아래 함수 이름을 간단하게 입력해 실행한다.

```
>> imaqtool
```

일단 호출했다면 창은 다음 그림과 같이 나타난다.

Image Acquisition Tool 창에서 취득 목적으로 사용하는 여러 하위 창이 있다. 여기 서 이 도구를 사용해 시작할 때 익숙해지도록 각 속성을 간단하게 배운다.

Hardware Browser 창

Hardware Browser 창에 영상 취득 도구가 사용할 수 있는 취득 장비 목록이 들어 있다. 컴퓨터에 연결된 카메라나 내장 카메라가 없으면, 이 목록이 빈다. Hardware Browser 창에서 카메라를 검출하면 이름과 함께 지원하는 비디오 포맷을 이 창에서 나열한다. 이번 경우 PC에 연결된, 지원 포맷을 두 개 지원하는 비디오 카메라가 하나만 있으므로 다음 그림과 같이 지원 포맷 목록을 확장한다.

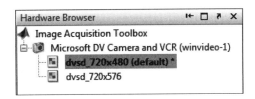

기본 비디오 포맷을 강조해 굵게 표시했으므로 사전에 선택된 포맷이 무엇인지 알 수 있다. 물론 다른 포맷을 클릭해 선택할 수 있다.

Information 창

Hardware Browser 창의 목록에 있는 항목을 클릭한 포맷에 관한 추가적인 정보를 제공할 때 사용된다. 이번 경우 목록의 첫 세 항목을 차례대로 클릭하면 다음과 같은 결과가 나타난다.

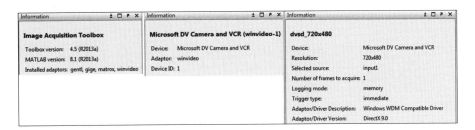

Desktop Help 창

Desktop Help 창에 이 GUI의 모든 다른 창에 관한 도움 정보가 들어 있다. 클릭해 선택한 창에 따라 내용이 바뀐다.

Preview 창

Preview 창은 이 도구의 부분이며, 카메라가 캡처한 것에 대한 시각적인 안내를 제공한다. 카메라가 보는 것을 각각 Start Preview나 Stop Preview를 클릭해 미리 보기를 시작하거나 중지할 수 있다. 여기서 Start Acquisition이나 Stop Acquisition 버튼을 각각 클릭해 취득 과정을 시작하거나 중지할 수도 있다. 또한 취득 트리거를 수동으로 설정할 때 사용할 수 있는 Trigger 버튼이 있으며(Acquisition Parameter 창을 통해), 끝으로 취득한 비디오나 영상 시퀀스를 저장하는 Export Data... 버튼이 있다. 이 옵션은 비디오를 MAT 파일이나 매트랩 Workspace, Movie Player로 혹은 VideoWriter를 사용해 비디오 파일로 내보낼 수 있도록 한다. Preview 창에 내장한 그림창에 모든 프리뷰를 띄우며, 이 창의 크기를 설정할 때마다 동적으로 프리뷰의 크기를 변경한다.

Acquisition Parameter 창

Acquisition Parameters 창은 취득 처리를 위한 모든 설정을 정의하는 패널이다. 이름이 General, Device Properties, Logging, Triggering, Region of Interest인 다섯 가지 다른 탭을 포함한다. 설정이 무엇인지 살펴보자.

General 탭

다음 두 가지를 정의할 때 General 탭을 사용한다.

- Frames per trigger 개수는 취득할 프레임 개수다(사용자가 정의한 정수 숫자나 무한 중 하나).
- Color space 탭은 취득한 프레임에 사용한다. rgb, grayscale 혹은 YCbCr일 수 있다.

Device Properties 탭

Device Properties 탭은 취득 장비가 허용할 경우에 한해 유용하다. 이번 예제에서는 예외인데 이번 카메라가 해당 속성 설정을 지원하지 않기 때문이다. 다른 카메라는 노출이나 프레임률 같은 속성을 설정하는 선택을 제공할 수 있다.

Logging 탭

Logging 탭은 취득한 프레임을 저장할 위치, 파일명, 메모리 한도를 얼마나 높일지 설정, 끝으로 사용하려는 결과 파일 포맷을 정의할 수 있게 한다. 더 구체적으로 설명한다.

- Log to 설정은 취득한 프레임을 저장할 위치를 정의한다. 가능한 선택은 다음과 같다.
  - Memory에 저장, 이런 경우 Preview 창에서 활용할 수 있는 Export Data 필드를 이용하지 않을 시 데이터를 잃는다.
  - Disk에 저장, 이런 경우 VideoWriter 함수를 이용해 컴퓨터 디스크에 데이터를 Disk Logging(VideoWriter) 설정에서 선택한 파일 이름이 있는 경로에 저장한다.
  - Disk and memory에 저장, 이런 경우 컴퓨터 디스크와 메모리 모두 데이터를 저장한다.
- Memory logging 설정은 저장할 데이터에 대한 메모리 제한(MB 단위)을 정의할 수 있게 한다. 이런 경우 선택한 데이터를 램에 저장한다.
- Disk Logging(VideoWriter)는 데이터를 저장하는 폴더도 물론 비디오 스트림 혹은 영상 시퀀스(출력 포맷 선택에 달라짐)의 파일 이름을 정의할 수 있게 한다. 선택 사항으로는 동일한 이름이되 다른 연속적인 숫자를 매겨 연속적인 비디오 파일을 저장함을 보장하는 Automatically increment filename 옵션을 선택할 수도 있다(예로, name_001.avi, name_002.avi 등).

Triggering 탭

Triggering 탭은 다음과 같은 설정 변경을 허용한다.

- Number of trigger는 사용자가 설정한 숫자 혹은 무한(Preview 창에 있는 Stop Acquisition을 클릭해 비디오를 중지할 때 결정한다) 중 하나여야 한다.
- Trigger type을 Immediate(Preview 창에 있는 Start Acquisition 버튼을 클릭해 취득 시작)로 설정할지, Manual(Preview 창에 있는 Trigger 버튼 사용 허용)로 설정할지 하나여야 한다.

- Hardware 트리거링은 설정으로서 장치가 트리거를 지원할 때만 나타난다(이번 예제에서는 사용할 수 없음). 이 설정은 장치가 파라미터에 기반을 둔 트리거링을 수행하도록 하며, 변경할 수 있지만 장치에 종속적이다.

Region of Interest 탭

Region of Interest 탭은 취득하려는 프레임의 영역을 정의할 수 있게 한다. 기본적으로 프레임 전체를 저장하지만, Select or Edit 버튼을 클릭한 후, Preview 창에 보여주는 프레임의 정사각형 영역을 정의하거나 혹은 다음 그림과 같이 X-offset과 Y-offset를 설정 중 하나로 영역을 제한할 수 있다.

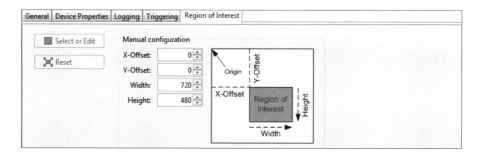

Session Log 창

Session Log 창은 1장에 보여준 매트랩 환경의 Command History 창과 비슷하며, 영상 취득 도구의 매우 유용한 부분이다. GUI에서 만드는 모든 선택에 대한 동등한 명령행 작업을 동적으로 제공한다. 영상 취득에 사용하는 핵심 함수의 일부를 알려줄 수 있으므로 향후에 자신만의 매트랩 코드에 쓸 수 있다.

실습 예제 | 파이어와이어 연결을 이용한 비디오 캡처

지금은 첫 비디오 취득 임무를 착수하는 시간이다. 디스크에 비디오를 저장하는 일반적인 설정을 대부분 사용하며, 처리의 모든 단계를 설명한다. 이 예제에 사용하는 카메라는 10년된 구식 DVI 카메라이며, 파이어와이어firewire(IEEE 1394) 포트가 달려 있다. 마더보드에 있는 파이어와이어 포트를 통해 PC에 연결한다. 사용할 수 있는 실현

가능한 해결책으로는 예로 USB 웹캠, 프레임 그래버 등을 사용할 수 있다. 제조사와 운영체제별로 지원하는 하드웨어 목록은 https://www.mathworks.com/products/imaq/supported/index.html에서 찾을 수 있다.

자, 처리를 시작해보자.

1. 첫 단계는 파이어와이어 케이블을 사용해 카메라를 연결한 후 카메라 모드로 전환하는 것이다. 일단 전환했다면 imaqtool이 장치를 인식 가능해야 한다. 윈도우에서 작업하는 관계로 공개 유틸리티를 사용해 카메라를 지원하는지 확인할 수 있으며, https://www.mathworks.com/products/imaq/supported/detect-devices-utility.zip에서 내려받을 수 있다. 64비트 시스템에서 64비트 실행 가능한 파일인 detectDevices.exe를 실행하면 다음과 같은 결과가 나타난다.

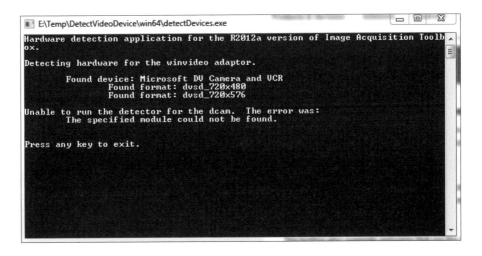

2. 카메라를 검출했으므로 Image Acquisition Tool 창에서 해당 카메라를 사용할 수 있다. 다음과 같이 실행해 검증해보자.

```
>> imaqtool
```

앞 명령어의 결과는 다음과 같다.

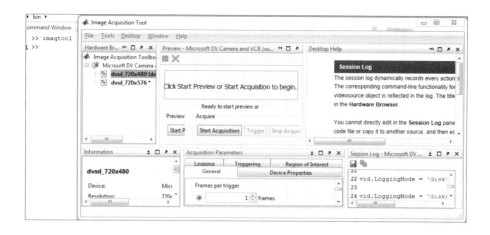

예상했던 대로 Hardware Browser 창에 인식한 카메라를 Microsoft DV Camera and VCR (winvideo-1)라는 이름으로 보여줬다.

3. 지금 카메라를 인식했으므로 기록 설정을 시작할 수 있다. 먼저 사용할 해상도를 변경하자. 기본인 720×480부터 약간 큰 750×576 해상도까지다. Hardware Browser 창의 지원 포맷 목록 중 두 번째 사용할 수 있는 항목을 클릭해 수행한다. 클릭하면 Information 창에서 다음과 같은 결과로 나온다.

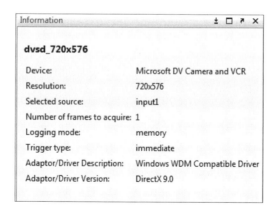

4. 다음 단계는 취득 과정의 세부 사항 일부를 선택한다. 첫 예제에서는 트리거링 처리를 이용하지 않는다. 단지 시작과 중지를 자유롭게 할 수 있는 간단한 비디오 레코더를 만든다. 이를 달성하기 위해 Acquisition Parameter 창의 General 탭에 있는 Frames per trigger 옵션을 Infinite(무한)로 설정한다.

5. 기록 옵션을 설명하기 위해 RAM과 디스크 둘 다 사용한다. 이를 수행하기 위해 먼저 Acquisition Parameters 창에 들어가서 Logging 탭의 Log to 옵션을 Disk and Memory로 설정한다.

6. 그 다음에는 Memory limit(메모리 제한)를 500.0MB로 정의한다(램이 충분하지 않다면 더 낮게 설정할 수 있다).

7. 결과 비디오 파일의 이름과 포맷을 선택한다. 비디오를 저장하려는 폴더를 선택하기 위해 Browser... 버튼을 클릭한다. 사용할 폴더는 E:\Videos\Acquisition\이다.

8. 그런 후에 Filename 필드 안에 저장한 비디오의 이름을 정의한다(기본 이름은 bin. avi이며, 전체 경로를 기준으로 채움). 이번 예제에서는 test.avi로 변경한다.

9. 최종 설정은 취득할 비디오의 포맷과 프레임률을 설정한다. 이번 예제의 경우 Profile 필드는 Uncompressed AVI이고 Frame Rate 필드가 30인 기본값을 그대로 둔다. 모든 조치를 올바르게 따랐다면 다음과 같이 Logging 탭을 볼 수 있다.

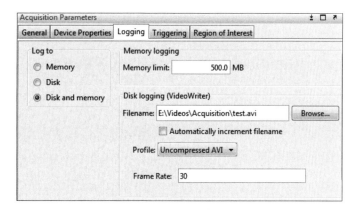

10. 이제 설정을 마무리하는 최종 단계다. 작업할 곳은 Preview 창이다. 우선 카메라 LCD 화면 역할을 담당하는 작은 프리뷰 화면을 생성하기 위해 Start Preview 버튼을 클릭하여 카메라가 실시간으로 보는 것을 띄운다.

11. 기록할 준비가 됐다면 Start Acquisition 버튼을 클릭한다. 램과 디스크(7단계와 8단계에서 설정한 파일)에 모두 기록 처리를 시작한다.

12. 끝으로 기록을 중지하고 싶다면, Stop Acquisition 버튼을 클릭한다. 이때 test.video를 디스크에 안전하게 저장했고 또한 최대치인 500.0MB짜리 비디오를 램에 저장했다. 저장 한도를 초과한 경우에는 다음과 같은 경고 메시지를 접한다.

13. Stop Acquisition 버튼을 클릭한 후에 Preview 창은 기록한 프레임의 격자를 띄운다. 이번 경우 취득한 총 401 프레임의 9 프레임을 보여준다(50마다 1). 이때 test.avi 비디오를 디스크에 저장했다.

14. 현 시점에서 램에 기록했던 비디오를 내보내기 위해 Export Data... 버튼을 클릭할 수 있다. 데이터를 이미 비디오에 저장했으므로, 매트랩 Workspace에도 내보내도록 선택할 수 있다. Variable name을 정의하는 텍스트 상자에 test를 입력한다. Workspace에 모든 취득한 프레임인 4차원 행렬이 들어가도록 한다.

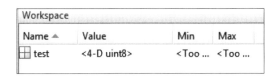

15. 선택 사항이지만 유용하다. 학습 목적을 위한 이 단계는 세션 로그를 파일로 저장하는 것이며 해당 취득 세션에서 사용했던 명령어를 공부할 수 있다. 이렇게 하려면 Session Log 창의 디스크 아이콘을 클릭한 후 선택한 폴더 안에 매트랩 스크립트처럼 명령어를 저장한다. 기술했던 모든 단계를 올바르게 수행했다면 결과인 스크립트는 다음과 비슷해야 한다.

```
vid = videoinput('winvideo', 1, 'dvsd_720x576');
src = getselectedsource(vid);
vid.FramesPerTrigger = 1;
vid.FramesPerTrigger = Inf;
vid.LoggingMode = 'disk&memory';
```

```
imaqmem(500000000);
diskLogger = VideoWriter('E:\Videos\Acquisition\bin.avi',
'Uncompressed AVI');
vid.DiskLogger = diskLogger;
diskLogger = VideoWriter('E:\Videos\Acquisition\test.avi',
'Uncompressed AVI');
vid.DiskLogger = diskLogger;
preview(vid);
start(vid);
stoppreview(vid);
test = getdata(vid);
```

보충 설명

이번에는 매트랩의 영상 취득 도구로 작업하는 간단한 방법을 아주 자세히 다룬 예제였다. 이 단계에서 간단한 비디오 레코더로서 동작하고, 사용자의 명령을 기다리고, 취득 처리 중지하기 위한 도구 설정 과정을 설명했다. 30fps로 설정된 일정한 프레임률로 취득을 수행한 후 비디오를 램과 디스크의 미리 정의한 폴더에 모두 저장한다. 주의할 사항은 램이 데이터의 직접 정의한 제한된 용량을 유지할 수 있다는 점이다. 비디오가 한도를 초과하면 12단계에서 보여준 것처럼 오류 메시지가 불쑥 나온다. 하지만 원하는 어떠한 가능한 방법으로 기록을 중지한 후 비디오 로그를 램으로 내보낼 수 있기 때문에 작업 과정에서 잃을 수 없다. 디스크에 비디오를 .avi 파일과 매트랩 작업공간에 4차원 행렬로 모두 저장한다. 이 과정에서 생성했던 명령어 저장을 매트랩 스크립트로 진행했다.

도전 과제 | 기록에 트리거 추가

지금은 영상 취득 도구로 작업하는 방법을 알고 있으므로 바퀴를 굴려볼 때다. 일부 기능을 추가해 취득 처리의 다른 변형을 만들어보자. 25로 프레임 취득을 수동으로 발생하도록 도구를 설정해보자. 선택한 폴더 안에 파일 이름인 test2.mp4를 사용해 디스크에만 데이터를 기록해야 한다. 결과 파일을 품질 인자가 100이고, 프레임률이 25fps인 MPEG-4로 압축해야 한다(1초 이상인 비디오로 만들어진다).

설정을 올바르게 수행한 후 Start Acquisition 버튼을 클릭하면, 계수기가 Trigger 버튼에 클릭한 개수가 어떤지 알려주는 메시지를 통지하며, 총 25개다. Trigger 버튼을 매번 클릭할 때마다 계수기가 취득 과정을 중지하는 25가 될 때까지 하나씩 증가시킨다. 이 방법은 1초 이상이되 25 프레임으로 구성한 비디오 파일을 만들며 타임 랩스 비디오와 비슷한데, 초당 1/25번 주기로 모든 프레임을 자연스럽게 클릭하지 않았기 때문이다.

비디오 압축 중요성

8장의 첫 예제에서 압축하지 않은 AVI 비디오를 저장했다. 500MB 한도에 다다르면 통지할 메시지가 매우 빨리 나타난다. 메시지가 나타날 때까지 캡처한 프레임 개수는 401이었고, 약 13.37초 지속에 해당한다. 작은 비디오치곤 꽤 큰 크기다!

작동 방법을 이해하기 위해 몇 가지 수학을 해보자. 7장을 상기한 대로 압축하지 않은 8비트 비디오가 소모하는 메모리를 화소의 총 개수와 프레임을 3(컬러 채널 수)을 곱해 계산할 수 있다. 결과 크기는 바이트로 계산된다.

압축하지 않은 비디오 크기 확인

지금 결과 비디오 파일이 예상했던 크기인지 Command 창을 사용해 검증해보자. 먼저 비디오 파일의 크기를 본다.

```
>> vidInfo = dir('E:\Videos\Acquisition\test.avi'); % 파일 정보를 가져 옴
>> fileSize = vidInfo.bytes % 바이트인, 저장된 파일 크기
```

앞 코드의 결과는 다음과 같다.

```
fileSize =
   498986856
```

자, 차원에 기반을 두고 예상했던 비디오 파일 크기를 계산해보자.

```
>> vidObj = VideoReader('E:\Videos\Acquisition\test.avi'); % 비디오 불러오기
>> expSize = vidObj.Width * vidObj.Height * vidObj.NumberOfFrames * 3
```

앞 코드의 결과는 다음과 같다.

```
expSize =
  498908160
```

이에 볼 수 있듯이 실제 비디오 파일은 예상했던 크기보다 약간 크다(약 58KB). 인코더가 실제 비디오 파일을 구성할 때 정보를 더 추가했기 때문이다. 컴퓨터에 결과를 다시 만들고 싶다면 비디오를 포함한 경로를 당연히 변경해야 한다.

아무런 움직임이 없는 MP4 비디오 크기 확인

두 번째 실습에서 생성했던 비디오처럼 압축한 비디오를 지금 만들어 보자. 비교하기 위해 720×480 해상도를 사용했으며 동일한 디렉토리에 test.avi가 있다. 창에서 초마다 아무런 움직임이 나타나지 않도록 카메라를 위치했다. Frames per trigger 필드에는 25로, Trigger type 필드에는 Immediate로, Number of trigger 필드에 25로 설정했다. 파일명이 testStill.mp4인 비디오를 제시했고, RAM에 기록하고, Workspace 창에 testStill로 내보내도록 선택했다. 프레임이 어떻게 나타나는지 보자.

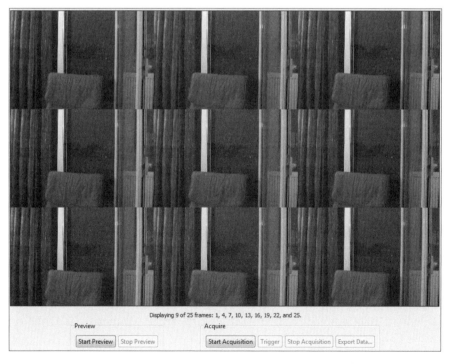

그런 이유로 파일의 실제 크기를 가져오는 처리는 동일하다.

```
>> vidInfo = dir('E:\Videos\Acquisition\testStill.mp4'); % 파일 정보를 가져 옴
>> fileSize = vidInfo.bytes % 바이트인, 저장된 파일 크기
```

결과는 다음과 같다.

```
fileSize =
    166262
```

프레임 개수인 25를 사용한다.

비압축 같은 비디오의 크기를 예상할 경우 프레임 개수인 25를 사용한다.

```
>> expSize = 720 * 576 * 25 * 3
```

결과는 다음과 같다.

```
expSize =
    31104000
```

이것은 압축의 힘이다. MP4 압축을 사용하면 대략 예상했던 31MB을 약 166KB로 비디오의 크기 한도를 관리할 수 있다. 나쁘지 않다! 압축 비율은 다음과 같다.

```
>> compressionRatioStill = fileSize / expSize
```

결과는 다음과 같다.

```
compressionRatioStill =
    0.005
```

이제 움직이는 장면에서 동일한 작업을 반복해보자.

움직임이 많은 MP4 비디오 크기 확인

이번 실험 경우 비디오 시간 동안 카메라 앞에 펜을 흔들면서 시작한다. 이것은 움직임이 많은 비디오가 많은 움직임이 없는 비디오에 비해 다른 압축률을 가짐을 보여준다. 앞 절처럼 동일한 설정을 사용하며 비디오 이름은 testMotion.mp4다. 또한 프레

임을 testMotion이라는 변수로 내보낸다. 프레임이 어떻게 나타나는지 보자.

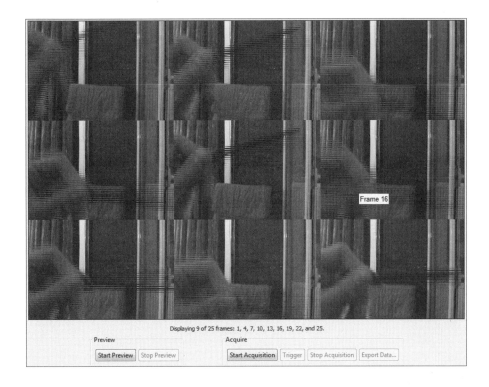

포함한 움직임이 이제 분명하며 비디오가 비월주사(7장을 상기하라)라는 사실에 기인한 영상 왜곡이다. 압축하지 않은 비디오의 예상 크기는 여전히 같다. 하지만 실제 압축한 비디오 크기에 무슨 일이 있었는지 흥미롭다.

```
>> vidInfo = dir('E:\Videos\Acquisition\testMotion.mp4');  % 파일 정보를 가져 옴
>> fileSize = vidInfo.bytes  % 바이트인,  저장된 파일 크기
```

결과는 다음과 같다.

```
fileSize =
   527062
```

따라서 움직임이 많이 들어간 비디오는 적은 움직임이 있는 비디오보다 더 큰 압축률을 가짐이 사실이다. 이런 경우 실제 압축률은 다음과 같다.

```
>> compressionRatioMotion = fileSize / expSize
```

결과는 다음과 같다.

```
compressionRatioMotion=
   0.0169
```

testStill.mp4 비디오의 압축률을 testMotion.mp4 비디오의 압축률로 나누면 약 3.2
배로 큰 것을 발견할 수 있다. 높은 압축률은 압축 과정에서 생기는 공간을 더 적게
절약한다.

압축하지 않은 비디오로 작업

앞 절을 읽은 후에 던지는 일반적인 질문은 많은 공간 이슈에 직면하지 않기 위한
MP4 비디오로 왜 작업하지 않는가라는 점이다. 여기서 멈추고 이에 관해 생각한다면
답은 아주 간단하다. 압축하지 않은 파일의 장점이 매트랩에서 이 비디오를 불러오는
순간에 사라진다. 일단 불러왔다면, 모든 정보를 포함한 프레임은 불러온 모든 프레
임을 구성한 행렬의 요소 전체를 요구한다. 그런 이유로 압축하지 않은 비디오를 불
러올 때와 동일하다.

앞 절에서 생성했던 testStill과 testMotion 변수를 검사해 확인할 수 있다. 주어진
변수에 관한 모든 정보를 보고하도록 설계된, 매트랩 함수인 whos를 사용해 수행할
수 있다. 입력은 string 포맷인 변수 이름으로 해야 한다. 두 변수를 갖고 이 함수를
호출해보자. 다음 줄은 testStill에 대한 정보를 제공하는 코드다.

```
>> whos('testStill')
```

앞 코드의 결과는 다음과 같다.

```
Name           Size      Bytes      Class Attributes
testStill      4-D        25920000  uint8
```

다음 줄은 testMotion에 대한 정보를 제공하는 코드다.

```
>> whos('testMotion')
```

앞 코드의 결과는 다음과 같다.

```
Name            Size        Bytes        Class Attributes
testMotion      4-D         25920000     uint8
```

볼 수 있듯이 두 변수는 바이트인 크기가 동일하다. 이것은 이전 추측을 증명하며, 새롭고 매우 중요한 질문인 작업공간에 매우 제한된 용량만 저장할 수 있는데, 어떻게 큰 비디오를 처리할 수 있는가로 이어진다.

이 질문에 대한 답은 비디오의 작은 덩어리(예로, 한 번에 10프레임)로 작업한 후 처리한 비디오와 결과를 조합하는 비디오 처리 설계에 있다.

영상 편집에서 큰 비디오로 작업

이미 취득한 비디오 시퀀스의 프레임에 몇 가지 처리 작업을 주기적으로 적용해야 한다. 이미 파악했겠지만, 매트랩에 가져올 때 동영상 크기를 고려해야 하기 때문에 매우 까다로운 문제다. 이런 작업을 어떻게 다룰 수 있는지 살펴보자.

실습 예제 | 에지 검출 비디오 생성

이번 예제에서 메모리에 비해 너무 많은 크기를 갖는 이미 캡처한 비디오 파일을 후처리하자.

1. 램에 500MB의 여유를 감당할 수 없다고 가정하고, 이전에 생성했던 test.avi 파일을 선택한다. 처리 작업은 각 프레임을 그레이스케일로 바꿔 에지 검출을 수행한 후, 결과를 새로운 파일로 저장한다.

2. 메모리 한도 초과를 방지하기 위해 비디오를 각 10프레임씩 작은 덩어리chunk를 처리하여 진행한 후 비디오 파일에 덧붙인다.

   작은 덩어리로 처리하면 매우 큰 비디오 처리(메모리가 충분하지 않아 오류를 야기함)와 비디오에 의한 프레임을 하나씩 처리(이 방식으로 에지 검출은 그런대로 괜찮으나 종종 불안정하다. 몇몇 처리 작업은 작업 시 한 프레임 이상을 필요하기 때문이다) 간의 상반관계trade-off를 만들어낸다. 다음 함수는 에지 검출 작업을 수행한다.

```
functionEdgeDetectChunks(inputFn,outputFn,chunkSz)
% Function for edge detection of frames
% Inputs:
%          inputFn   - Input video filename
%          outputFn  - Output video filename
%          chunkSz   - Size of chunks
% Output:
%          No output needed!!

vIn = VideoReader(inputFn); % 입력 파일 열기
numF = get(vIn, 'NumberOfFrames'); % 프레임 크기 가져오기
vOut = VideoWriter(outputFn); % 결과 파일 생성
vOut.FrameRate = vIn.FrameRate;% 프레임률임
open(vOut); % Open output

start = 1; % 프레임 시작
stop = chunkSz; % 프레임 중지

while (stop <= numF) % 프레임 한계를 초과하지 않는 한
  frames = read(vIn,[start stop]); % 프레임 덩어리 읽기
  for i = 1:size(frames,4) % 덩어리의 모든 프레임 대상
    temp = frames(:,:,:,i); % 프레임 읽기
    temp = rgb2gray(temp); % 그레이스케일로 변환
    outF = edge(temp); % 에지 검출 수행
    outF = single(outF); % single로 변환
    writeVideo(vOut,outF); % 결과 쓰기
  end
  start = start + chunkSz; % 다음 덩어리 시작
  stop = stop + chunkSz; % 다음 덩어리 끝
end

close(vOut); % 결과 파일 닫기
```

보충 설명

이번 예제를 위해 개발한 이 함수는 몇 가지 추가 설명이 필요하다. 우선 입력은 두 개인데, 하나는 입력 파일, 다른 하나는 결과 파일이었던 두 문자열과 덩어리에 포함

한 프레임 개수를 정의한 숫자다. 결과 비디오 파일에 결과를 바로 저장했기 때문에 출력이 필요하지 않았다.

이 함수의 첫 다섯 줄은 비디오 입력 파일을 연 후 동일한 프레임률을 갖는 결과 비디오 파일을 생성했다. 끝에 결과 파일을 열어 쓸 수 있었다.

다음 두 줄은 첫 프레임 덩어리 한계를 초기화한다. 첫 프레임부터 시작해서 프레임 숫자에서 종료하며 정의한 크기와 같다.

다음에는 이 함수의 모든 처리가 이루어지는 곳인 while 반복문에 들어간다. while 조건문(stop <= numF)은 이 비디오의 총 프레임 개수를 초과하기 전에 프로그램이 덩어리의 최대 한계까지 반복문에 머무르도록 한다. 반복문의 끝에 도달하기 직전에 다음 프레임 덩어리로 이동하도록 상수인 chunkSz로 한계를 늘렸다(코드에서 강조한 두 줄 참조).

while 반복문 내부에서 함수는 start와 stop 값으로 프레임의 덩어리를 정의한 만큼을 읽은 후 for 문에 진입해 각 프레임을 처리한다. 이 처리는 그레이스케일 변환한 후 에지 검출순으로 일어난다. 결과 영상을 single 타입으로 변환했으므로 비디오에 사용할 수 있다. 마지막에 에지 검출 결과를 새로운 프레임으로 결과 파일에 저장했다.

끝으로 상한 변수stop가 비디오의 프레임 개수를 초과하면 함수는 결과 파일을 닫고 종료한다.

도전 과제 │ 처리한 최종 프레임 덩어리를 가져오기

지금 이 함수의 단점을 알았으므로 고정 안전fail-safe 시나리오를 추가해 수정해보자. 아무런 일없이 최종 프레임 덩어리를 처리했음을 확인해야 한다. 코드 정확성을 검증하는 방법은 결과 파일과 입력 파일의 프레임 개수를 비교한다. 둘은 물론 프레임 총 개수의 요인이 아닌 덩어리 크기도 똑같아야 한다. 내친 김에 다른 에지 검출 기술이나 혹은 심지어 모든 세 컬러 채널로 에지 검출을 실험할 수도 있다.

퀴즈 1. 다음 문장은 참인가?

1. 앞에서 구현한 함수의 산물인 결과 비디오는 원 비디오(입력으로 사용한)의 프레임 개수와 같지 않을 수 있다.

타임 랩스 비디오용 프레임 취득

영상 취득 도구를 이용해 프레임을 취득하는 방법을 이제 알았고, 거대해진 압축하지 않은 비디오 크기 의미를 이해했으니 7장에서 다뤘던 기술을 복습할 때이다. 더 구체적으로는 타임 랩스를 생성할 때 사용할 수 있는 imaqtool을 어떻게 다루는지 지금 논의한다. 여기서 사용할 수 있는 두 가지 방법이 있다.

1. 비디오 전체를 취득한 후, 타임 랩스 비디오를 만드는 데 사용하는 프레임을 추출하는 과정을 따르며, 7장에서 보여줬다. 다만 이 처리는 비디오인 경우 너무 많은 디스크 공간이 필요하며 하루 이상이 걸릴 수 있다는 명백한 단점이 있다.

2. 원하는 많은 프레임을 수동으로 트리거링한다(Number of triggers에 숫자를 설정한 후). 물론 역시 이 방법은 수동적인 상호작용을 요구하기 때문에 완벽하지 않다.

타임 랩스 비디오 생성 같은 특수한 작업에 착수하려면 대안적인 방법을 찾아야 한다는 결론을 내릴 수 있다. 이런 이유로 강력한 매트랩 명령행으로 되돌아가서 영상 취득과 관계가 있는 함수를 활용할 차례다.

취득 하드웨어 검출

명령행을 통해 비디오를 취득하는 첫 단계는 취득 장치 검출이다. 이 과정은 imaqhw info를 사용해 수행한다.

```
>> imaqhwinfo
```

앞 코드의 결과는 다음과 같다.

```
ans =

    InstalledAdaptors: {'gentl' 'gige' 'matrox' 'winvideo'}
       MATLABVersion: '8.0 (R2012b)'
         ToolboxName: 'Image Acquisition Toolbox'
      ToolboxVersion: '4.4 (R2012b)'
```

이 결과는 설치된 하드웨어 어댑터 목록을 보여준다. 8장의 초반에 세션 로그를 설명한 예제에서 볼 수 있듯이 imaqtool은 비디오 입력 방법을 정의하기 위해 winvideo 어댑터를 사용했다. 이런 이유로 여기에도 사용할 수 있다. 컴퓨터에 설치된 하드웨어에 따라 선택이 다를 수 있다.

비디오 객체를 생성한 후 프레임 취득

이제 작업공간에 비디오 객체를 생성할 때다. videoinput 함수를 사용해 달성할 수 있다(정확히는 imaqtool이 생성한 코드임).

```
>> vidObj = videoinput('winvideo', 1, 'dvsd_720x576');
```

앞 코드의 결과는 다음과 같다.

```
Error using videoinput (line 228)
There are no devices installed for the specified ADAPTORNAME. See
IMAQHWINFO
```

제대로 나타나지 않았다! 여기서 무언가가 잘못됐다. 장치가 켜져 있으며 imaqhwinfo가 인식했다는 사실에도 불구하고 매트랩이 오류 메시지를 내보냈다. 운이 좋게도 해결책은 간단하다. imaqreset을 이용해 영상 취득 객체를 새로 설정한 후, videoinput을 사용해 시도한다.

```
>> imaqreset
>> vidObj = videoinput('winvideo', 1, 'dvsd_720x576');
```

성공했다! 이번에는 이름이 vidObj인 비디오 객체를 생성했다. 사용하려는 취득 하드웨어와 작업할 해상도에 관한 정보가 들어 있다. 다음 단계는 프레임 취득이다. 하기 전에 카메라가 보는 것을 엿보기 위해 `imaqtool`에서 사용했던 것과 같은 Preview 창을 열어보자.

```
>> preview(vidObj)
```

다음 그림은 앞 명령어의 결과다.

이제는 특정 시점에서 한 프레임을 잡아 `getsnapshot` 함수를 이용해 행렬 변수인 `snapshot`에 저장할 수 있다.

```
>> snapshot = getsnapshot(vidObj);
>> figure,imshow(snapshot)  % 촬영한 것을 봄
```

다음 그림은 앞 명령어의 결과다.

자, 지금은 명령행을 사용해 프레임을 겹쳐할 수 있는 방법을 알았다. 아무런 제한이 없다! 다음 단계는 타임 랩스 비디오를 위한 무료인 매트랩 기반 인터벌라미터 intervalometer를 생성한다. 7장에 이미 언급했듯이 인터벌라미터는 해당 장치가 프레임을 캡처했을 때 받아들이는 장치다. 또한 더 복잡하게 조정할 수 있게 하며, 예로 셔터 속도, HDI 다중 노출 등을 들 수 있다. 또한 이런 기능은 매트랩에 포함할 수 있는데, 캡처 장치의 소프트웨어가 조작할 수 있다는 전제다. 하지만 간단한 예제에 필요한 단 한 가지는 순차적인 프레임 취득 간의 시간 간격을 제어하는 방법이다.

필요한 유일한 임시적인 함수는 pause다. 이 함수는 계속을 허용하기 전에는 주어진 숫자인 초(입력으로 제공)로 프로그램 실행을 잠시 멈춘다. 어떻게 작동하는지 살펴보자.

여기서 목표는 타임 랩스 비디오를 생성하는 매트랩 코드를 작성하는 것이다. 원하는 시간에 촬영 시작해 8시간 내내 매 분마다 1프레임씩 촬영하며 밤 사이의 프레임을 캡처한 비디오를 원한다고 가정하자. 8×60프레임으로 구성한 비디오가 되며 총 480개 프레임이다. 720×576 화소의 해상도와 채널 당 8비트 깊이를 갖는 압축하지 않은 비디오는 약 588MB가 필요하다. 그런 이유로 저장할 때 가용할 수 있는 램이 적어도 598MB 이상임을 반드시 확인해야 한다.

두말할 것도 없이 배터리 문제에 직면하지 않도록 카메라를 전원 콘센트에 연결해야 한다. 노트북으로 작업한다면 당연히 연결해야 한다. 매트랩을 인터벌라미터로 사용해 시작해보자.

1. 먼저 하드웨어 장치를 재설정한 후, 선호하는 하드웨어와 해상도를 비디오 입력으로 설정한다.

```
>> imaqreset
>> vidObj = videoinput('winvideo', 1, 'dvsd_720x576');
```

2. 충분한 메모리를 확보했는지의 여부를 초기에 표시하기 때문에 480프레임을 저장하는 행렬 공간을 미리 할당하는 편이 좋다. 취득할 비디오 프레임의 타입과 일치하도록 행렬은 unit8 타입이어야 한다. 이를 수행하기 위해 다음과 같이 명령어를 입력한다.

```
>> timelapse = uint8(zeros(576,720,3,480));
```

3. 자, 인터벌라미터 코드를 작성할 때다. for 반복문이며, 480번 실행한다. 이 반복문에서 프레임을 취득하는 getsnapshot을 꼭 사용해야 하며, 그 다음에는 1분(60초) 시간 간격으로 중지한다. 프레임을 캡처할 때마다 메시지를 출력하는 것은 물론 유용함을 입증하며 현재 취득한 프레임을 표시한다.

```
>> for i = 1:480
timelapse(:,:,:,i) = getsnapshot(vidObj); % 프레임 취득
fprintf('Just acquired frame number %d... \n',i) % 통지
imshow(timelapse(:,:,:,i)) % 현재 프레임 표시
pause(60) % 60초 대기
end
```

4. 8시간 후에는 타임 랩스 비디오를 준비했다! 모든 프레임을 행렬인 timelapse에 저장했다. 이를 재생하거나 비디오 파일로 저장할 준비가 됐다. 먼저 결과에 만족한다면 비디오를 재생해서 살펴보자.

```
>> implay(timelapse)
```

5. 바라건대 예상했던 대로 타임 랩스 비디오를 볼 수 있다. 지금 저장하지 않는다면 8시간 동안의 일상을 헛되이 버린다. 자, 압축인 MP4 포맷으로 저장하는 VideoWriter를 사용해보자. 먼저 새로운 비디오를 만들고 객체를 반드시 할당해야 하므로, 프레임률을 25fps로 설정한 후 연다.

```
>> vidObj2 = VideoWriter('AcquiredTimelapse.mp4','MPEG-4');
>> vidObj2.FrameRate = 25;
>> open(vidObj2);
```

6. 지금 비디오 객체를 생성했으니 480프레임을 쓸 때다.

```
>>f or k = 1:size(timelapse,4) % 모든 프레임 대상
writeVideo(vidObj2,timelapse(:,:,:,k)); % 파일에 k 번째 프레임 쓰기
end
```

7. 끝으로 비디오 객체를 닫는다. 이로서 처리를 마무리한다.

```
>> close(vidObj2)
```

보충 설명

이전 예제는 강력한 매트랩 스크립팅을 보여줬다. 코드 몇 줄만으로 총 8시간 동안 매 분마다 1프레임을 특정 프레임률로 타임 랩스 비디오를 촬영하고, 비디오를 재생한 후, 압축한 비디오 파일로 저장하는 카메라 프로그램이 가능했다. 1단계는 이전 절에서 두 명령어를 사용했기 때문에 매우 일반적이다. 2단계는 비디오를 취득할 때 메모리가 충분함을 확신하지 못할 때 꽤 중요하다. 또한 처리 속도와 관련해 중요한데, 사전 할당은 보통 코드 실행 속도를 향상시킬 때 도움을 주기 때문이다. 3단계는 모든 마법을 포함하는데, 요구한 설정에 따라 비디오 프레임 취득을 수행하기 때문이다. 4단계에서 원하는 결과임을 보장하기 위해 8시간 동안 취득한 후의 파일을 재생했다. 최종적으로 5단계부터 7단계까지는 AcquireTimelapse.mp4라는 파일에 압축한 MP4 포맷으로 비디오를 기록했다.

지금 매트랩에서 다양한 기술과 도구를 이용해 타임 랩스 비디오를 생성하는 방법을 배웠다. 이번 실습에서 취득할 프레임 개수를 얻고, 프레임 간의 시간 지연, 파일명 문자열을 입력으로 받고, 첫 두 입력을 이용해 생성한 타임 랩스 비디오를 세 번째 입력으로 주어진 파일명인 MP4 비디오 파일로 저장하는 사용자 정의 타임 랩스 함수에 이전 코드의 일부를 넣어보자.

타임 랩스 비디오의 실시간 처리

타임 랩스 비디오인 경우 가장 큰 장점은 취득 시의 프레임률이다. 단지 프레임을 매우 낮은 속도로 취득하기 때문에, 비디오 취득 시간의 나머지를 취득한 프레임 처리에 할애할 수 있다. 예로 이전 예제처럼 매 분마다 한 프레임을 취득하고 싶을 때의 프레임률은 실제 PAL 프레임률의 1/1500이다(일반 PAL 비디오인 경우, 분 단위로 25*60 대신에 1프레임을 취득함).

기술적으로는 나머지인 매 분의 1499/1500를 취득한 프레임 처리에 전념할 수 있음을 의미할 수 있다. 일반적으로 예로 컬러 마스킹, 영상 스무딩 등 모든 종류의 처리 작업을 하는 실시간 애플리케이션에 충분하다. 궁극적으로는 배우 흥미로운 시각적인 결과를 얻기 위해 취득한 비디오 시퀀스를 예술적으로 처리할 수 있음을 의미한다. 이런 결과 중 하나를 보여주기 위해 지금 타임 랩스 취득 처리에 4장에서 다루기에 제시했던 컬러 분리 기술을 혼합해보자.

이번 예제 경우 장면 내 빨간 컬러를 분리한 타임 랩스 비디오를 생성한다. 분당 2프레임인 프레임률을 사용하며, 2시간 동안 취득을 수행한다 이는 2(프레임/분) * 2 시간 * 60(분/시간) = 240프레임으로 구성한 비디오를 생성한다. 두 연속적인 취득 사이에서 컬러를 분리하기 위해 처음 취득한 프레임을 처리한다,

1. 첫 단계는 하드웨어 장치를 재설정한 후, 선호하는 하드웨어와 해상도를 비디오 입력으로 설정한다.

```
>> imaqreset
>> vidObj = videoinput('winvideo', 1, 'dvsd_720x576');
```

2. 그런 후에 비디오의 240프레임에 필요한 공간을 미리 할당한다.

```
>> tl = uint8(zeros(576,720,3,240));
```

3. 그 다음에는 컬러 분리를 수행하는 작은 함수를 작성한다. 4장에서 개발한 ROIColorIsolation.m의 간략화 버전이다. 다음과 같이 한다.

```
function [output] = ColorIsolation(image,thresh)
% Function for color isolation in an image
% Inputs:
%         image - Input image
%         thresh - Thresholds matrix ([1st 2nd 3rd])
% Output:
%         output - Output image (masked)

R = image(:,:,1); % 빨강 채널 분리
G = image(:,:,2); % 초록 채널 분리
B = image(:,:,3); % 파랑 채널 분리
grayIm = rgb2gray(image); % 영상의 그레이스케일 버전 유지

% 세 임계값으로 마스크 생성
mask = R < thresh(1) & G < thresh(2) & B < thresh(3);

% 마스킹 수행
R(mask==0) = grayIm(mask==0);
G(mask==0) = grayIm(mask==0);
B(mask==0) = grayIm(mask==0);

% 컬러 채널을 조합해 최종 영상 생성
output = cat(3,R,G,B);
```

4. 이제 처리 프로그램의 핵심을 구현할 때다. for 반복문의 본질은 이전과 동일하게 거의 유지한다. 단지 유일한 작업은 컬러 분리를 위한 단계를 추가해야 한다는 점

이다. 초록값이 100보다 높을 때 컬러를 분리해보자.

```
>> for i = 1:240
temp = getsnapshot(vidObj); % 프레임 취득
fprintf('Processing frame number %d... \n',i) % 통지
t1(:,:,:,i) = ColorIsolation(temp,[0 100 0]);% 분리 수행
subplot(1,2,1),imshow(temp ) % 현재 프레임 표시
subplot(1,2,2),imshow(t1(:,:,:,i)) % 처리한 프레임 표시
pause(30) % 30초 대기
end
```

5. 지금 t1이라고 하는 행렬을 얻었으며, 타임 랩스의 프레임이 들어 있다. 저장하고
   싶다면 이전 예제의 처리를 반복할 수 있다.

```
>> vid = VideoWriter('TimelapseIsolation.mp4','MPEG-4');
>> vid.FrameRate = 25;
>> open(vid);
>> for k = 1:size(t1,4) % 모든 프레임 대상
writeVideo(vid,t1(:,:,:,k)); % 파일에 k 번째 프레임 쓰기
end
>> close(vid);
```

보충 설명

이번 예제에서 컬러 영상처리의 방법과 비디오 취득을 혼합해 수행했다. 핵심 함수는
작성했던 컬러 분리 수행, 사용자 정의한 세 임계값으로 마스크 생성, 이 임계값보다
낮은 모든 화소에서 컬러를 제거하기 위한 마스크 사용이다(만든 모든 컬러는 그레이스
케일 영상의 화소 버전과 같다). 그 다음에는 프레임 취득, 처리, 30초 간격으로 띄우기
를 수행하는 for 반복문 안에 이 함수를 넣었다. 4번째 단계와 마지막 단계에서 이전
예제에 설명했던 처리를 이용해 생성한 비디오를 MP4 비디오 파일로 저장했다.

 처리를 수행해도 30초의 정확한 시간 지연한 프레임이 있는 비디오로 이어지지 않음을
주목하자. 자연스러운 결과다. 처리에 프레임 취득과 pause 함수 간의 명령어 실행한
지연 추가에 기인했기 때문이다. 좀 더 정확한 시간을 위한 해결책은 tic과 toc을 이용
한 시간 지연과 pause를 포함한 시간 지연을 차감해 달성할 수 있다. 물론 같은 원리를
이용해 이전 예제를 동일하게 변경해야 한다.

일반 비디오의 실시간 처리

이전 절에서 언급했듯이 타임 랩스 비디오는 낮은 프레임률을 갖고 있기 때문에 실시간 처리에 있어 아주 큰 장점이 있다. 하지만 일반 비디오에서 처리를 수행한다면 시작부터 아주 많이 어려울 수 있다. 보통 처리 작업이 매우 기본적이고 빠른 하드웨어로 수행할 수 있는 경우를 제외하면 매트랩에서 25fps나 30fps 비디오의 실시간 처리는 가능하지 않다.

간단한 예제로 실시간 능력 평가

다음 예제에서는 취득한 프레임의 명암대비를 조정하는 기본적인 비디오 처리 코드를 보여주고, 매트랩의 실시간 능력을 평가하기 위해 처리 시간을 잰다.

실습 예제 | 비디오의 대비 조정

이번 예제에서 카메라부터 연속적으로 취득한 프레임의 채널당 대비를 조정하는 반복문을 만든다. 처리의 병목 현상을 입증하기 위해 매트랩의 프로파일 함수를 사용해 처리하는 시간을 갖는다. 이 방법으로 매트랩에서 비디오 처리를 수행할 때 발생하는 시간 문제에 대한 생각을 얻을 수 있다. 실험에 사용하는 컴퓨터는 Q9550 쿼드코어 CPU 2.8GHz임을 명심한다.

1. 우선 하드웨어를 준비한다.

   ```
   >> imaqreset
   >> vid = videoinput('winvideo', 1, 'dvsd_720x576');
   ```

2. 지금 프레임을 담을 행렬에 대한 메모리를 미리 할당한다. 실험에서는 100프레임이면 충분하다.

   ```
   >> test = uint8(zeros(576,720,3,100));
   ```

3. 그러면 각 함수가 소비한 시간을 분석하는 매트랩 프로파일러를 시작한다.

   ```
   >> profile on
   ```

4. 그 다음에는 모든 일이 일어나는 for 반복문을 작성한다.

```
>> for i = 1:100
temp = getsnapshot(vid); % 프레임 취득
fprintf('Processing frame number %d... \n',i) % 통지
test(:,:,i) = imadjust(temp); % 대비 조정
subplot(1,2,1),imshow(temp ) % 현재 프레임 표시
subplot(1,2,2),imshow(test(:,:,:,i)) % 처리한 프레임 표시
end
```

각 결과 프레임 표시는 다음 그림처럼 나타난다.

5. 프로파일러를 종료하고 결과를 표시한다.

```
>> profile off % 프로파일러 종료
>> profile viewer % 프로파일링 결과 표시
```

Profile Summary

Generated 06-May-2013 17:55:30 using cpu time.

Function Name	Calls	Total Time	Self Time*	Total Time Plot (dark band = self time)
imaqdevice.getsnapshot	100	26.824 s	26.796 s	██████████
graphics\private\clo	400	1.627 s	1.145 s	▊
imuitools\private\basicImageDisplay	200	1.941 s	0.930 s	▊
imshow	200	4.349 s	0.887 s	██
imadjust>adjustWithLUT	300	0.465 s	0.305 s	│
iptgetpref	600	0.330 s	0.194 s	│
subplot	200	0.216 s	0.165 s	│
images\private\imhistc (MEX-file)	300	0.141 s	0.141 s	│
stretchlim	300	0.363 s	0.123 s	│
newplot	400	1.844 s	0.122 s	▊

프로파일링 결과가 이렇게 나왔다. 각 함수와 관련된 호출 횟수, 총 소요 시간, 함수의 핵심 안에서 소요한 시간인 자체 시간을 분석하고, 자식 함수를 무시했다.

보충 설명

이번 예제는 매우 기본적인 경우일지라도 비디오 처리 작업 뒤에 숨겨진 시간 문제에 대한 고찰을 제시한다. 선택했던 처리를 살펴보면 프레임을 연속으로 수집한 후, imadjust 함수를 사용해 채널별로 대비를 개선한다(7장에서 논의했던 대로). 이 처리의 각 단계 내 세부적인 시간을 조사할 때 매트랩이 제공하는 profile 함수를 사용했다. 결과를 분석하자면, 전체 처리의 병목은 총 26.824초로 시간이 걸린 getsnapshot임을 일찌감치 결론을 낼 수 있으며, 스냅샷을 취득하는 과정에서 턱없이 시간을 소비했음을 이해했다.

대비 조정 예제 재검토

이전 예제의 결과는 큰 실망이었다. 100프레임 취득 프로그램의 영상 취득 부분에 한해 약 27초를 사용해야 한다는 점이 실시간 애플리케이션에서는 금기사항이다.

각 취득 단계는 약 27/100 = 0.27초임을 의미하며, 취득만 프레임률이 대략 1/0.27 = 3.7fps로 나온다. PAL 비디오 처리 애플리케이션에 필요한 25fps 목표에 매우 떨어졌다. 타임 랩스엔 충분하겠지만 실시간 비디오 처리 요구사항에 결코 적합하지 않다.

이런 경우 문제에 대한 해결책은 놀랍게도 직관적이고 간단하다. getsnapshot 함수가 너무 많은 시간이 잡아 먹는 이유는 작동 방식에 있었기 때문이다. 이상적으로 프레임을 매우 빠르게 취득하기 위해 취득한 비디오를 여는 Preview 창이 있어야 한다. 그렇게 하지 않으면 이 함수는 프레임을 자동으로 잡아 프리뷰를 생성하려고 시도하기 때문에 지체한다. 이 문제를 해결해보자.

실습 예제 | 코드에 프리뷰 추가

지금은 이전 실험을 반복하되 코드에 preview 명령어를 추가해 조금 조정한다. 이를 시도해보자.

1. 먼저 이전 예제의 1단계부터 3단계까지 반복한다.

   ```
   >> imaqreset
   >> vid = videoinput('winvideo', 1, 'dvsd_720x576');
   >> test = uint8(zeros(576,720,3,100));
   >> profile on
   ```

2. 이제 다음과 같은 명령어를 사용해 Preview 창을 호출한다.

   ```
   >> preview(vid);
   ```

3. 그 다음에는 중첩된 for 반복문인 취득 처리를 한 번 더 입력한다.

   ```
   >> for i = 1:100
   temp = getsnapshot(vid); % 프레임 취득
   fprintf('Processing frame number %d... \n',i) % 통지
   for k = 1:3 % 모든 세 컬러 채널 대상
   test(:,:,k,i) = imadjust(temp(:,:,k)); % 명암대비 조정
   end
   subplot(1,2,1),imshow(temp ) % 현재 프레임 표시
   subplot(1,2,2),imshow(test(:,:,:,i)) % 처리한 프레임 표시
   end
   ```

4. 끝으로 종료하고 프로파일링 결과를 표시한다.

```
>> profile off % 프로파일러 종료
>> profile viewer % 프로파일링 결과 표시
```

Profile Summary
Generated 06-May-2013 18:31:13 using cpu time.

Function Name	Calls	Total Time	Self Time*	Total Time Plot (dark band = self time)
imshow	200	5.010 s	1.359 s	
graphics\private\clo	400	1.638 s	1.133 s	
imuitools\private\basicImageDisplay	200	2.106 s	1.081 s	
imaqdevice.getsnapshot	100	0.353 s	0.330 s	
imadjust>adjustWithLUT	300	0.399 s	0.289 s	
iptgetpref	600	0.356 s	0.199 s	
subplot	200	0.229 s	0.184 s	
stretchlim	300	0.402 s	0.149 s	
images\private\imhistc (MEX-file)	300	0.132 s	0.132 s	
newplot	400	1.842 s	0.123 s	
imu...ls\private\isSingleImageDefaultPos	200	0.232 s	0.119 s	
findall	400	0.215 s	0.096 s	

결과는 전에 봤던 것에 비해 꽤 다르다.

5. 취득했기 때문에 최종 단계에서 Preview 창을 닫는다.

```
>> stoppreview(vid)
```

보충 설명

이번 예제는 매트랩 프로그래밍에 관한 일반적인 진리를 보여줬다. 문제에 대한 해결책은 특히 처리 속도와 관계 있을 때 예상했던 것보다 종종 더 간단하다. 여기서 이번 경우의 해결책은 카메라가 보는 것을 연속적으로 표시하는 Preview 창을 여는 것이었다. 이런 방법으로 getsnapshot 함수를 100번 호출하느라 소요한 총 시간이 26.824초에서 매우 낮은 0.353초로 떨어졌다. imshow 함수가 5초를 필요로 하기 때

문에 코드는 여전히 25fps에 미치지 못한다. 이런 이유로 홀로 1/0.05 = 20fps 속도로 끌어올렸지만, 다른 방법으로 처리할 수 있는 더 작은 문제다.

도전 과제 | 코드의 속도를 두 배로 향상

이제 가장 중요한 지점에 도착했다. 코드는 준실시간이지만 여전히 사실상 실시간이 아니다. 지금까지 만든 것보다 두 배 이상 빠르게 실행 가능하도록 코드 조정을 시도해야 한다. 서로 다른 컴퓨터에서 처리 시간이 다른 결과를 산출하는 만큼은 자신의 컴퓨터에서 두 배 성능을 목표로 삼아야 한다. 따라서 자신의 컴퓨터에서 예제 처리 시간을 잰 후에는 목표(최소한 두 배 속도)를 달성했는지 확인하면서 코드를 개선하려고 노력해야 한다. 결과를 표시하는 코드 부분을 그대로 둔 채, 성능 향상을 추구함은 두말할 나위가 없다.

깜짝 퀴즈 | 비디오 취득과 처리

퀴즈 1. 다음 문장 중 어떤 것이 참인가?

1. 영상 취득 도구는 압축하지 않은 비디오만 저장한다.

2. MP4 비디오의 크기는 해상도와 지속 시간에만 관계가 있다.

3. 움직임이 적은 MP4와 동일한 설정을 갖는 움직임이 많은 MP4 비디오의 크기가 더 크다.

4. 타임 랩스 비디오 생성은 `getsnapshot`과 `pause`가 들어 있는 `for` 반복문만 사용해 이룰 수 있다.

5. 타임 랩스 비디오의 실시간 처리는 일반 프레임률을 갖는 비디오의 실시간 처리보다 더 까다롭다.

6. 코드에 프리뷰를 추가하면 `getsnapshot`을 사용한 프레임 취득 처리보다 느려진다.

요약

8장에서 매트랩의 비디오 취득 기능을 제시했다. 첫 부분에 비디오를 취득하기 위한 GUI 기반 프레임워크인 영상 취극 도구 분석에 할애했다. `imaqtool`의 기본 사용법을 몇 가지 예제로 보여준 후에는 비디오 압축과 중요성에 대한 논의로 옮겼다. 정지 장면과 움직임이 많은 장면 간의 압축률 차이점을 두 실용적인 실습 예제를 이용해 설명했다. 그 다음에는 압축하지 않은 비디오로 작업하는 방법에 관해 가볍게 논의한 후에는 공간을 절약하기 위해 덩어리로 비디오 프레임을 처리하는 예제로 진행했다. 8장의 다음 부분은 명령행을 사용해 취득한 프레임을 처리를 병행하거나 아니더라도 타임 랩스 비디오를 생성하는 방법에 중점을 뒀다. 8장의 최종 부분은 매트랩의 실시간 비디오 처리 능력 중심이었다. 이 절에서 실시간 성능에 근접하기 위해 취득과 처리 작업 속도를 빠르게 하는 방법을 설명했다. 더 구체적으로 8장에서 다음과 같이 다룬다.

- 매트랩을 디지털 비디오 기록기 소프트웨어로 사용하는 방법을 소개
- 영상 취득 도구의 GUI 설명
- Hardware Browser 창의 중요성과 기능
- Information 창의 중요성과 기능
- Desktop Help 창의 중요성과 기능
- Preview 창의 중요성과 기능
- Acquisition Parameters 창의 중요성과 기능
- Session Log 창의 중요성과 기능
- 비디오 파일 크기 문제와 압축 중요성
- 압축에서 움직임 역할
- 압축되지 않은 비디오 처리에서의 어려움
- 비디오를 덩어리로 처리하는 방법
- 명령행을 통한 타임 랩스 비디오 취득
- 매트랩의 타임랩스 촬영본에 대한 실시간 처리 능력
- 매트랩의 일반 비디오에 대한 실시간 처리 능력

다음 장인 9장에서 여러 시공간 비디오 처리 기술을 논의한다. 그중 몇몇은 정지 영상에 대해 이미 배웠던 기술의 단순한 확장이다. 반면에 나머지에서는 비디오 프레임 간의 시공간 차이를 갖는 움직임도 고려한다. 비디오 디인터레이싱, 움직임 검출, 비디오 안정화 같은 흥미로운 작업을 매트랩에서 달성하기 위한 현실적인 방법을 보여주면서 살펴본다.

9
시공간 처리

지금쯤이면 매트랩에서 비디오 취득과 프레임 기본 처리에 친숙해졌겠다. 9장에서 정지 영상에 대해 이미 논의했던 기술에 기반을 둔 기본적인 프레임 조작부터 시작해 비디오 처리를 조금 더 깊게 설명한다. 그 다음에는 인트라 프레임(intra-frame)과 인터 프레임(inter-frame)에 대한 기술 설명으로 진행한다. 이 방면에서 비디오 디인터레이싱(deinterlacing)과 시공간 필터링(spatiotemporal filtering)에 관한 몇 가지 방법을 보여주고 분석한다. 이 기술을 매트랩에서 구현하며 실제 예제로 평가한다. 이 방법의 사용법을 더 잘 이해할 수 있도록 실습 예제를 추가해 제시한다.

9장에서 다음과 같은 내용을 다룬다.

- 매트랩에서 예로 잘라내기와 크기 조정인 몇 가지 기본 비디오 처리 작업을 수행하는 방법
- 매트랩에서 여러 가지 방법을 이용해 비디오를 디인터레이스deinterlace하는 방법
- 비디오에 시공간 필터링을 적용하는 방법

자, 처리를 시작해보자!

매트랩으로 기본 비디오 처리

8장에서는 비디오를 취득한 후 그때마다 비디오를 처리하는 방법과 대부분 관련이 있었다. 게다가 7장에서 기본 도구와 기존 비디오를 불러와 매트랩의 작업공간에 넣는 함수를 이미 논의했다.

지금은 기존 비디오 파일 처리의 쟁점을 다시 논의한 후 강력한 비디오 처리 모음집인 매트랩을 사용할 차례다. 비디오를 가져와 크기를 바꾸거나 잘라내고, 새로운 파일로 저장 같은 기본 조작부터 시작한다.

비디오를 잘라낸 후 크기 조정

모든 비디오 처리 모음집을 이용해 효율적으로 다루는 매우 일반적인 작업은 비디오 잘라내기와 크기 조정이다. 보통 사용자가 잘라내기 인자 혹은 크기 조정 인자 아니면 모든 인자로 비디오 프레임의 영역을 정의해야 한다. 그러면 비디오 처리 소프트웨어가 잘라내기 혹은 크기 조정 아니면 둘 다 처리한 후 새로운 비디오 파일로 저장한다. 정말 간단한 처리이며 한 번에 한 프레임씩 불러오기, 이 책의 초반에 있는 방법을 사용해 변환해 새로운 비디오 파일로 저장하기 등으로 구성한다. 다음 예제로 어떻게 하는지 살펴보자.

실습 예제 | 불러오기, 잘라내기, 크기 조정, 비디오 저장

꽤 간단한 절차를 매트랩 함수로 구현한다. 여기서 작성하는 함수는 기존 파일 이름, 크기 조정 인자, 처리할 프레임, 결과 파일 이름을 받는다. 사용자는 잘라내고 원하는 크기와 위치를 첫 번째 처리한 프레임에서 지정한다. 이 함수는 다음과 같다.

```
function CropAndResize(inFnm,resF,framesP,outFnm)

% Function for loading, cropping, resizing and saving a video
% Inputs:
%       inFnm   - Input video filename
%       resF    - Resizing factor (must be positive)
%       framesP - Frames to be processed ([start end])
```

```
%        outFnm    - Output video filename
% Output:
%        No output needed!!

start = framesP(1); % 시작 프레임
stop = framesP(2); % 끝 프레임

% 숫자 입력 검증
validateattributes(resF,{'numeric'},{'positive'},'CropAndResize','resF')
validateattributes(framesP,{'numeric'},{'positive'},'CropAndResize','fram
esP')

% 프레임에 대한 오류 처리
if stop > numF
  error('Exceeded maximum number of frames!')
elseif start < 1 || stop < 1 || start > stop
  error('Something is wrong with your frame limits!')
end

function CropAndResize(inFnm,resF,framesP,outFnm)

% Function for loading, cropping, resizing and saving a video
% Inputs:
%        inFnm     - Input video filename
%        resF      - Resizing factor (must be positive)
%        framesP   - Frames to be processed ([start end])
%        outFnm    - Output video filename
% Output:
%        No output needed!!

start = framesP(1); % 시작 프레임
stop = framesP(2); % 끝 프레임

% 숫자 입력 검증
validateattributes(resF,{'numeric'},{'positive'},'CropAndResize','resF')
validateattributes(framesP,{'numeric'},{'positive'},'CropAndResize','fram
esP')
```

```
% 프레임에 대한 오류 처리
if stop > numF
  error('Exceeded maximum number of frames!')
elseif start < 1 || stop < 1 || start > stop
  error('Something is wrong with your frame limits!')
end

vIn = VideoReader(inFnm);           % 입력 파일 열기
numF = get(vIn, 'NumberOfFrames');  % 프레임 크기 가져오기
vOut = VideoWriter(outFnm);         % 결과 파일 생성
vOut.FrameRate = vIn.FrameRate;     % 프레임률임
open(vOut); % Open output

for i = start:stop                  % 프레임을 넘지 않는지 보기
  frame = read(vIn,i);              % 한 프레임을 읽음
    if i == start
       disp('Please crop the image')  % 사용자의 잘라내기 입력 대기
       [temp, RECT] = imcrop(frame);  % 잘라낸 후 RECT 유지
    end
    outF = imcrop(frame,RECT);      % RECT 잘라내기 수행
    outF = imresize(outF, resF);    % 크기 조정 수행
    writeVideo(vOut,outF);          % 결과 쓰기
end
close(vOut);  % 결과 파일 닫기
```

이제 함수를 작성했으니 테스트할 차례다.

1. **입력 파일**(7장에 있는 2분 이상의 긴 주행 비디오를 사용), **크기 조정 인자**(잘라낸 영상 크기의 두 배인 2를 사용), **시작과 끝 프레임 수**(220과 300 사용), **결과 파일명**(이름을 testCar.avi로 함)을 제공해 함수를 테스트할 수 있다. 이 입력을 사용한다면 다음 과 같이 명령어를 입력한다.

   ```
   >> CropAndResize('car2min.avi',2,[20 100],'testCar.avi');
   ```

2. 결과는 메시지인 `Please Crop the image`이며, 사용자의 영상을 잘라내는 입력을
기다린다.

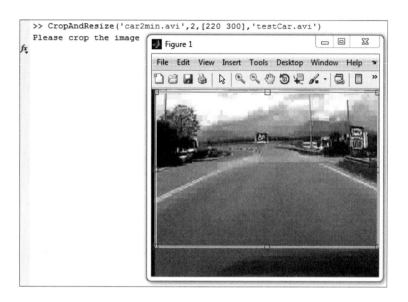

3. 이제 영상을 잘라냈고, 비디오 파일에 프레임을 채울 준비 시작했다. 결과 비디오
파일은 Current Folder 창 안에 나타난다.

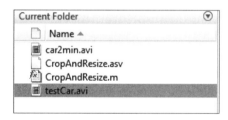

4. `implay`를 사용해 새로운 비디오를 재생할 수 있다.

```
>> implay('testCar.avi')
```

보충 설명

이번 예제에서 비디오 파일을 불러오고, 잘라내고, 크기 조정하는 함수를 작성한 후 결과를 새로운 파일에 저장하는 함수를 작성하기 위해 이전 장에서 논의했던 몇 가지 기술을 섞었다.

함수의 첫 몇 라인은 늘 그렇듯이 입력과 함수가 예상하는 결과를 주석으로 기술했다. 코드의 다음 두 줄은 사용자가 제공한 시작과 끝 프레임 수를 각각 변수 할당에 사용했다. 그 다음에는 방어적 프로그래밍(사용자가 유발시킨 오류를 가능한 미리 예측)을 사용하는 방법에 관해 생각했다. 먼저 두 숫자 입력인 resF와 frameP가 양수 여부로 유효성을 검사했다. validateattributes 함수를 이용해 이런 검사를 수행한다.

통과한 후에는 두 if 문 블록을 써서 프레임 수가 올바른지 확인했다. if 절은 비디오의 마지막 프레임 정의에서 오류가 날 가능성을 확인한다. 물론 프레임 최대수를 초과할 수 없다, 그런 이유로 if stop > numF로 확인한다. elseif 절은 처리하는 프레임 선언에 따른 다른 오류를 확인하며, 예로 프레임 수가 음수 혹은 0 등을 들 수 있다. 만약에 다른 오류가 존재한다면 적절한 오류 메세지를 명령행에 표시한 후에 함수를 즉시 중단한다. 이것은 error 함수를 사용한다.

유효성을 검사한 후, 이전 함수의 코드 다섯 줄을 다시 사용했다(8장의 '실습 예제 – 에지 검출 비디오' 절 참고). 이 줄은 비디오를 열고 프레임의 크기를 가져옴을 처리한 후에 새로운 파일에 작성할 수 있도록 같은 프레임률인 새로운 파일을 생성하고 연다.

그 다음에는 코드의 주요 블록으로 이어진다. 이 블록에서는 한 번에 한 프레임을 취득해 잘라낸 다음에는 크기 조정한 후에 새로운 비디오 파일에 쓴다. 강조한 if 절은 단 한번만 참이고(첫 프레임을 처리할 경우), 그 블록은 사용자가 잘라낼 영역인 RECT를 제공하기를 기다린다. 모든 프레임에 사용한다(첫 프레임 포함).

모든 프레임을 처리한 후에 새로운 비디오 파일을 작성했다면 파일을 닫는다.

함수를 작성한 후에 1단계부터 4단계까지 함수 사용을 테스트했다. 먼저 7장에서 사용했던 비디오의 81프레임을 이용해 잘라낸 비디오를 원 영역 크기의 2배로 늘린 새로운 비디오를 생성했다. 처리 끝난 후에 Current Folder 창 안에 새로운 비디오 파일이 있는지 확인한 다음에는 implay를 이용해 재생했다.

재생기는 잘라내 크기 조정한 새로운 비디오의 프레임 크기가 472×706임을 알려준다. 원 비디오는 288×360이다. 크기 조정하기 전에 잘라냈기 때문에 크기가 2배 미만이어야 함이 자연스럽다.

도전 과제 | 회전 추가와 더 많은 오류 검사

이제 기본적인 첫 번째 함수를 사용한다. 이 함수에 많은 기능을 추가해보자. 이전 함수에 imrotate를 사용해 비디오 프레임을 회전하는 각도로 사용할 다른 입력을 추가해야 한다. 비디오를 세로 방향으로 촬영하기 위해 카메라를 사용할 경우 이 기능은 매우 편리하다. 이 방법으로는 예상했던 대로 비디오가 그렇게 나오지 않는다. 무슨일이 생겼을까?

이 코드에 시도할 수 있는 다른 추가 사항은 오류 검사 절이다. 이번 경우 크기 조정 인자는 0보다 적거나 같다면, 납득할 수 없는 결과로 나온다. 크기 조정 인자를 음수로 한 imresize의 결과는 빈 행렬이기 때문이다. 빈 프레임을 이용해 비디오를 구성할 수 없으므로, 정말 이런 일을 막아야 한다.

비디오 프레임 필터링

지금까지는 기존 비디오 파일을 가져오고 프레임에 기본 영상 조작 기술을 적용하는 방법을 설명했으니 이번에는 더 복잡한 필터링으로 옮길 차례다. 이전 예제에서 만들었던 비디오 품질이 정확하게 최적화되지 않았음을 아마도 이미 알아챘을 것이다. 이 것은 현저한 블로킹 효과^{blocking effect}(영상 내 눈에 잘 띄는 테두리를 갖는 이웃 정사각형 블록)이며, 특히 크기 조정 처리 사용에 기인한다. 생각이 나겠지만, imresize로 존재하지 않은 곳에 화소값을 추가해 달성하기 위해 큐빅 보간법을 기본으로 사용한다. 매우 빠르지만, 차선적인 방법이며 여러 가지 블로킹 효과를 낳을 수 있다.

이전 예제에 작성했던 함수로 되돌아가는 대신에 비디오를 개선하기 위해 imresize 로 활용할 수 있는 다른 보간 방법을 사용하고, 프레임 필터링으로 시도해보자. 일반적인 방법은 각 프레임에 부드럽게 하는 필터를 적용함에 있으므로, 블로킹 효과가 줄어든다. 다음 예제를 이용해 어떻게 하는지 살펴보자.

실습 예제 | 블로킹 효과 줄임

여기에서 보여주는 이 처리는 매우 친숙할 것이다. 원형 필터링 요소를 사용해 비디오의 각 프레임을 필터링한 후 새로운 비디오 파일에 저장한다. 다행히도 블로킹 효과로 생긴 왜곡 효과가 덜 나타난다.

1. Workspace 창 안에 있는 비디오 파일을 가져오는 것부터 시작하자.

   ```
   >> vIn = VideoReader('testCar.avi')
   ```

2. 지금 새로운 비디오 파일을 만들며 프레임률을 열었던 비디오와 동일하게 설정해야 한다.

   ```
   >> vOut = VideoWriter('carSmooth.avi');  % 결과 파일 생성
   >> vOut.FrameRate = vIn.FrameRate;       % 프레임률임
   >> open(vOut);                           % 결과 열기
   ```

3. 또한 원 비디오의 총 프레임 수를 가져와야 하므로 결국 for 반복문을 사용할 수 있다.

   ```
   >> numF = get(vIn, 'NumberOfFrames'); % 프레임 크기 가져오기
   ```

4. 끝으로 프레임에 부드럽게 함을 적용하는 for 반복문을 작성한다.

```
>> for i = 1:numF % 비디오의 모든 프레임 대상
frame = read(vIn,i); % i 번째 프레임 읽기
fKernel = fspecial('disk',5); % 필터 커널 생성
for j = 1:3 % 모든 컬러 채널 대상
% 5 화소 반경 원형 요소를 사용해 각 채널 필터링
out(:,:,j,i) = imfilter(frame(:,:,j),fKernel);
end % 안쪽 for 끝
end % 바깥쪽 for 끝
```

5. 이 시점에서 행렬 변수인 out에 비디오의 모든 81프레임이 들어 있으며, 5화소 반경 원형 요소를 이용해 부드럽게 했다. 원형 요소를 사용하면 블로킹 효과를 줄이지만 세부 사항을 잃어버린다(부드럽게 하기 때문임). 비디오의 원 마지막 프레임과 옆에 있는 부드러운 버전을 띄워 확인할 수 있다.

```
>> subplot(1,2,1), imshow(frame), title('Original Frame')
>> subplot(1,2,2), imshow(out(:,:,:,end)), title('Smoothed Frame')
```

6. 두 영상의 더 작은 영역을 보여줌으로써 부드러운 결과에 관한 좋은 생각을 얻을 수 있다. 영상의 왼쪽 가운데 부분에 있는 정사각형 영역을 사용하자.

```
>> original = frame(250:350,10:210,:); % 원 프레임 잘라내기
>> filtered = out(250:350,10:210,:,end); % 부드럽게 한 프레임 잘라내기
>> figure, subplot(1,2,1), imshow(original),title('Original Area')
>> subplot(1,2,2), imshow(filtered), title('Smoothed Area')
```

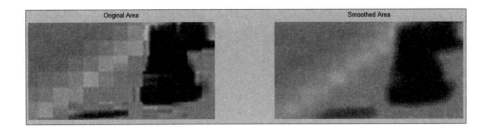

보충 설명

이 예제는 압축이나 크기 조정으로 인해 비디오와 영상에 자주 나타나는 블로킹 효과를 줄이는 간단한 방법을 보여줬다. 이 처리의 원리는 매우 단순한데다가 몇 가지 기본 단계만 필요할 뿐이며 대부분 이미 배웠다.

첫 두 단계는 전과 동일한 함수를 사용해 입력과 결과 비디오 파일을 다뤘다. 3단계에서는 입력 비디오의 프레임이 얼마인지 알아야 하기 때문에 필요했다. 4단계의 바깥쪽 for 반복문에서 3단계의 개수를 사용함으로써, 모든 단일 프레임을 처리했다. 이 반복문에서 프레임을 임시 변수인 frame에 일단 할당한 후에 앞에 언급했던 필터를 사용해 세 컬러 채널을 각각 필터링했다. fspecial 함수를 사용해 이 필터를 구성했다. 한번에 한 컬러 채널을 대상으로 필터링한 후의 각 프레임(첨자가 1임)을 행렬 out(물론 첨자가 1임)의 새로운 레이어에 할당했다.

일단 두 for 반복문이 끝난 후에는 5단계와 6단계에서 결과를 시각화했다. 이미 쉽게 관찰했듯이 필터링 처리로 블로킹 효과를 줄였지만, 결과는 부드럽게 해버려서 세부 사항을 잃었다.

매트랩에서 비디오 디인터레이싱

비디오 처리에서 매우 일반적인 주제인 비디오 디인터레이싱을 접할 때다. 기억하겠지만 비디오는 두 범주인 비월주사와 순차주사로 나눌 수 있다. 전자는 프레임이 짝수 선이나 홀수 선에 존재하는 반면에 후자는 프레임이 모든 선에 존재한다. 비디오의 프레임률은 인간의 눈으론 차이점을 쉽게 구분할 수 없게 하며, 공간을 절약하고 싶을 때 비월주사 비디오를 만드는 편이 탁월한 선택이다.

디만 비월주사인 경우에도 인간의 눈에 띈다. 흔한 예는 움직임을 포함한 비디오에 있는 정지 영상인데 비월주사 인공 산물이 드러난다. 주행 비디오(이동 차량 내부에서 촬영)에서 추출한 프레임인 다음 예제에서 인공 산물 예시를 보인다. 또한 영상의 매우 심각한 비월주사 인공물이 있는 영역을 잘라냈으므로 문제를 훨씬 더 이해할 수 있다.

```
>> A = imread('interlaced.bmp');      % 비월주사 영상 불러오기
>> B = imcrop(A,[480 400 200 100]);   % 비월주사 영상의 세부 사항 잘라내기
>> subplot(1,2,1),imshow(A);title('Entire Interlaced Frame')
>> subplot(1,2,2),imshow(B);title('Cropped Area of Interlaced Frame')
```

디인터레이싱 작업을 위한 인트라 프레임 필터링

비월주사 프레임에서 자동차의 에지가 특히 왜곡되어 나타났음을 지금 명확하게 볼 수 있다. 이런 인공 산물을 줄이려면 영상을 필터링해야 한다. 지금까지는 보통 단일 영상(혹은 비디오 프레임)을 필터링 방법으로만 작업했으며, 인트라 프레임 필터링으로 알려졌다. 따라서 첫 디인터레이싱 작업을 위한 방법 사용부터 시작한다.

컴퓨터 비전 시스템 툴박스로 디인터레이싱

첫 디인터레이싱 예제에서는 매트랩의 컴퓨터 비전 시스템 툴박스^{Computer Vision System Toolbox}를 처음으로 사용한다. 여기까지는 사용하지 않았는데 대부분 작업에서 요구하지 않기 때문이다. 나중에 보겠지만 디인터레이싱은 이 툴박스가 없어도 수행할 수도 있다. 하지만 아무튼 예제에 대한 빠른 결과를 얻기 위해 사용하겠다.

컴퓨터 비전 시스템 툴박스는 디인터레이싱을 하는 세 가지 일반적인 방법을 다룰 수 있는 객체를 제공한다. 이 객체는 직관적으로 Deinterlacer라고 한다. 비월주사 영상 예제에서 사용하는 방법을 살펴보자.

1. 먼저 영상을 불러와야 한다. 작업공간을 지웠다면 다음과 같이 명령어를 입력한다.

   ```
   >> A = imread('interlaced.bmp'); % 비월주사 영상 불러오기
   ```

2. 그러면 Deinterlacer 객체를 초기화해야 한다. 기본 설정을 사용하자.

   ```
   >> deintObj = vision.Deinterlacer; % 디인터레이싱 시스템(System) 객체 생성
   ```

3. 지금은 기본 설정으로 지정한 디인터레이싱 방법을 적용한다.

   ```
   >> A2 = step(deintObj, A); % 디인터레이싱 방법 적용
   ```

4. 끝으로 나란히 놓인 전후 영상과 잘라낸 부분을 보자.

   ```
   >> B = imcrop(A,[480 400 200 100]);   % 비월주사 세부 사항 잘라내기
   >> B2 = imcrop(B,[480 400 200 100]); % 디인터레이싱을 적용한 세부 사항 잘라내기
   >> subplot(2,2,1),imshow(A);title('Entire Interlaced Frame')
   >> subplot(2,2,2),imshow(A2);title('EntireDe-Interlaced Frame')
   >> subplot(2,2,3),imshow(B);title('Cropped Interlaced Area')
   >> subplot(2,2,4),imshow(B2);title('Cropped De-Interlaced Area')
   ```

보충 설명

이번 예제에서 컴퓨터 비전 시스템 툴박스의 Deinterlacer 객체 사용 방법을 기본 방법 설정으로 보여줬다. 이름에서 알 수 있듯이 이 방법은 전체 영상 크기를 동일하게 유지하면서 홀수(혹은 짝수)선을 짝수(혹은 홀수)선으로 대치함으로써 영상을 디인터레이싱한다. 이 효과는 자동차의 에지에 놓인 굴곡진 인공 산물을 두드러지게 줄였던 만큼은 분명히 긍정적이다. 예제에서 보여준 이 처리는 꽤 간단하다. 먼저 비월주사 영상을 불러온 후, 디인터레이싱 시스템 객체를 초기화한 다음, 대상 입력(비월주사 영상)에 처리(디인터레이싱)를 적용하는 step 함수를 호출했다. 최종 단계는 이번 디인터레이싱 방법에 대한 질적 평가에 유용했다. 매우 간단한 디인터레이싱 방법이 매우 간단했음에도 불구하고 결과는 비월주사 입력에 비해 더 좋게 나타남을 볼 수 있다.

도전 과제 | 디인터레이싱 방법 비교

지금은 Deinteracer 객체 설정을 다룰 차례다. 각 방법(선 반복$^{\text{line repetition}}$, 선 보간$^{\text{line interpolation}}$, 수직 시간적 미디언 필터링$^{\text{vertical temporal median filtering}}$)을 하나씩 하되 세 가지 다른 객체를 초기화 시도해야 한다. 비월주사 영상에 모두 적용한 후 전과 같이 잘라낸 동일한 영역을 비교한다. 기술했던 처리를 성공적으로 구현했다면 다음과 같은 영상을 얻어야 한다.

또한 영상의 내용에 의존하는 각 방법의 장단점에 대한 더 좋은 생각을 얻기 위해 영상의 다른 영역을 대상으로 실험해야 한다.

사용자 정의 함수로 디인터레이싱

이미 언급했듯이 인트라 프레임 기술을 사용해 영상을 디인터레이싱할 때 반드시 컴퓨터 비전 시스템 툴박스를 사용해 구현할 필요가 없다. 대신에 이전 장에서 다뤘던 특정 기술을 적용해 Deinterlacer 객체에 포함한 방법을 구현할 수 있다. 사실 세 가지 방법 중 두 가지는 구현이 꽤 쉽다.

실습 예제 | 선 반복으로 디인터레이싱

첫 번째 방법은 선 반복으로 디인터레이싱을 구현한다. 이 방법은 검은 홀수(혹은 짝수) 행을 채우기 위해 영상의 홀수(혹은 짝수) 행 반복에 기반을 둔다. 이번 예제에서 영상의 각 짝수 선을 이전 홀수 선으로 대치한다. 시작해보자.

1. 먼저 원 영상과 비월주사 영상을 불러온다.

   ```
   >> A = imread('interlaced.bmp'); % 비월주사 영상 불러오기
   ```

2. 그러면 다음과 같이 디언터레이싱 후의 영상을 저장할 수 있도록 A의 크기와 동일한 행렬을 0으로 초기화한다.

   ```
   >> B = uint8(zeros(size(A))); % 결과에 대한 공간을 미리 할당
   ```

3. 다음은 열의 모든 행에 대한 for 반복문을 이용해 선 반복 과정을 수행해야 한다. 행렬 B의 짝수 행을 행렬의 이전 홀수 행으로 대치하며, 이때 두 영상의 홀수 행은 같다.

   ```
   >> for i = 1:size(A,1), % A의 모든 행 대상
   if mod(i,2) == 0, % i가 짝수이면
   B(i,:,:) = A(i-1,:,:); % B의 i번째 행을 A의 (i-1)-번째로 대치
   else % i가 홀수이면
   B(i,:,:)= A(i,:,:); % B의 i번째 행을 A의 i-번째로 대치
   end % if 끝
   end % for 끝
   ```

4. 지금 행렬 B는 영상 A의 디인터레이싱 버전이었어야 한다. 미리 할당하는 단계에서 요소의 타입인 uint8을 사용했으므로, 더 이상 처리할 필요가 없다. 결과인 잘라낸 영역을 다시 띄워보자.

```
>> A2 = imcrop(A,[480 400 200 100]); % 비월주사 세부 사항 잘라내기
>> B2 = imcrop(B,[480 400 200 100]); % 디인터레이싱을 적용한 세부 사항 잘라내기
>> subplot(1,2,1),imshow(A2);title('Cropped Interlaced Area')
>> subplot(1,2,2),imshow(B2);title('CroppedDeinterlaced Area')
```

보충 설명

이번에는 이마 알았던 함수와 for 반복문에서 행이 홀수인지 짝수인지 확인하기 위해 약간의 트릭에 기반을 두고 디인터레이싱 코드를 작성했다. 디인터레이싱 예제에 사용했던 영상을 불러온 후에 처리 결과를 저장할 일부 공간을 생성했다. 결과는 채널당 8비트인 컬러 영상이었으며, 행렬 B를 uint8로 강제한 이유였다. 초반에는 특정 값을 포함하지 않았으며(코드 몇 줄을 줄이기 위해 A와 동일하게 설정할 수 있지만), zeros 함수를 사용해 모두 0으로 설정했다.

for 반복문으로 구성한 주요 프로시저가 영상의 모든 행을 순회한다. 이미 설명했듯 이 결과의 홀수 선은 입력의 홀수 선과 동일해야 한다. 반면에 결과의 짝수 선은 입력의 이전 홀수 선과 같아야 한다. 이를 달성하려면, 이산 수학에 기반을 둔 트릭을 사용해야 한다. 이 트릭은 모듈로 2 $^{Modulo\ 2}$ 연산의 결과인지 확인하며 매트랩에서는 mod 함수를 사용해 계산한다. 이 함수의 첫 번째 입력은 체크하려는 숫자이고, 두 번째 입력은 연산의 기저다. 이 함수는 첫 번째 입력을 두 번째 입력으로 나눈 나머지를 반환하며 2로 나눠지는 짝수인 경우 나머지는 항상 0이다. 그런 이유로 1이 짝수인지 보기 위해 첫 강조한 코드 줄에서 수행하는지 확인한다. 짝수라면 행렬 B(결과)의 i번째 행을 입력 영상 영상의 (i-1)번째와 동일하게 만든다. 반대인 경우 B의 i행에 행렬 A

의 i행 값을 할당한다.

끝으로 원 영상의 잘라낸 영역을 결과 영상의 동일한 잘라낸 영역과 비교하기 위해 이전과 동일한 단계를 따른다. 결과는 예상했던 대로 기본 Deinterlacer 객체를 입력에 적용해 만든 결과와 실제로 같다.

 이번 코드의 결과가 선 반복을 사용한 이전 예제의 결과와 같은지 쉽게 확인하는 방법이 있다. 이를 위해 차연산을 해야 하며 뺀 결과가 값이 0만 들어 있는 행렬인지 확인하거나 대안으로 isequal을 사용한다.

실습 예제 │ 주사선 보간으로 디인터레이싱

이번 예제에서 선 위와 비월주사인 선 간의 평균에 기반을 둔 인터레이싱 위한 대안적인 방법을 보여준다. 이전 과정의 3단계에서 조금만 변경하므로 약간 덜 상세한 처리를 보여준다.

1. 먼저 이전 예제의 영상을 불러온 후 공간을 할당하는 1단계와 2단계를 반복한다.

```
>> A = imread('interlaced.bmp'); % 비월주사 영상 불러오기
>> B = uint8(zeros(size(A))); % 결과에 대한 공간을 미리 할당
```

2. 처리하기 전에 평균 처리 시 값 범위가 0-255에 한정하지 않도록 먼저 single을 타이핑해 입력을 변환해야 한다.

```
>> A = single(A); % 입력을 single로 변환
```

3. 이제 이전처럼 동일한 반복문을 선 반복을 평균 처리로 대치하는 단 하나의 작은 변경과 함께 작성한다.

```
>> for i = 1:size(A,1)-1, % A의 모든 행 대상(마지막 행 제외)
if mod(i,2) == 0, % i가 짝수이면
% C의 i번째 행을 A의 (i-1) 번째와 i번째 간의 평균으로 대치
C(i,:,:) = round((A(i-1,:,:) + A(i+1,:,:)) / 2);
else % i가 홀수이면
C(i,:,:) = A(i,:,:); % B의 i번째 행을 A의 i-th번째 행으로 대치
```

```
end % if 끝
end % for 끝
```

4. 결과를 보여주기 전에 두 가지 일을 해야 한다. 영상의 마지막 행을 해당 행의 위
와 같게 한 후 입력을 원 상태(uint8 입력)로 복원한다.

```
>> C(end,:,:) = A(end-1,:,:);
>> A = uint8(A); % uint8로 다시 변환
```

5. 한 번 더 결과를 보여준다.

```
>> A2 = imcrop(A,[480 400 200 100]); % 비월주사 세부 사항 잘라내기
>> C2 = imcrop(C,[480 400 200 100]); % 디인터레이싱을 적용한 세부 사항 잘라내기
>> subplot(1,2,1),imshow(A2);title('Cropped Interlaced Area')
>> subplot(1,2,2),imshow(C2);title('CroppedDe-Interlaced Area')
```

보충 설명

이번에 시도했던 것은 간단한 선 반복에 비해 약간 더 복잡하다. 입력의 홀수 행에 있
는 화소를 행 위와 행 아래(각각 열에서) 간의 평균값으로 바꾼다. 이 방법으로 굴곡진
인공 산물을 더 줄였으며 흔들림과 깜박임도 덜 했다. 이전 예제와 차이점은 그다지
많지 않다.

입력 영상을 불러온 후 결과 영상에 대한 공간을 미리 할당한다. 그 다음에는 single
을 타이핑해 입력을 변환했다. 그 이유는 추가하려는 값을 더한 후의 255를 자르지
않아 최대인 uint8 값을 초과할 수 있었기 때문이다(예를 들면 140 + 180의 single 타입
결과는 320인 반면에 unit8 타입 결과는 255다).

for 반복문은 이전 예제의 for 반복문과 두 작은 차이점만 있다. 첫 번째 차이점은 반
복문에 마지막 행을 포함하지 않았는데 i + 1이 한계를 넘었기 때문이다. 두 번째 차

이점은 짝수 행을 해당 행의 위로 대치하지 않은 반면에 해당 행의 위와 아래 간의 평균으로 대치한 것이다.

이 처리를 완료하려고 unit8을 타이핑해 입력을 다시 변환했으며 또한 결과 영상의 마지막 행(이 반복문 안에 넣지 않았음)을 해당 행의 위로 대치했다. 끝으로 차이점을 보기 위해 이전 예제에 사용했던 잘라낸 영역의 결과를 제시했다. 결과는 이전 예제의 선형 보간 방법을 사용해 생성한 결과와 같아야 한다.

지금 Deinteralcer 객체를 포함한 세 가지 방법 중 두 가지를 구현할 수 있는 방법을 봤었으, 입력 영상에 이 방법을 적용할 자신만의 사용자 정의 함수를 만들어야 한다. 함수(MyDeinterlacer.m이라고 부르자)는 두 입력인 비월주사 영상과 방법 선택을 취해야 한다. 처리에서 만들어진 결과는 디인터레싱 후의 영상이어야 한다.

디인터레이싱 작업을 위한 인트라 프레임 필터링

지금까지는 영상과 비디오에 대한 공간 필터링 방법만 오직 논의했다. 공간 접근 방식으로는 그렇게 비디오 프레임의 시간 연속성을 고려할 수 없으며 비월주사의 아이디어 도출로 시작한다. 누락한 선을 채우도록 연속적인 프레임 간의 차이점과 유사성을 고려한 다른 접근 방식은 인터 프레임 필터링이라고 부른다. 이 접근 방식에 기반을 둔 방법은 디인터레싱 후의 버전인 프레임을 구성하기 위해 연속적인 프레임의 행 혼합에 의존한다. 이 절에서는 두 대안적인 인터 프레임 방법을 논의한다.

필드 병합으로 시간적 인터레이싱

디인터레이싱에 사용하는 첫 번째 인터 프레임 방법은 필드 병합$^{field\ merging}$이다. 이 방법은 꽤 간단하며, 프레임의 누락한 홀수 행을 다음 프레임의 홀수 행으로 치환한 후 필수로 다음 프레임의 짝수 행을 이전 프레임의 짝수 행으로 대체한다.

이 방법은 빈 행을 채우고, 간격이 없는 영상을 획득하지만, 단점이 있다. 영상의 행을 이후나 이전 프레임의 행으로 대치했으므로, 프레임 내부에 있는 시간적인 일관성이 분명히 흐트러진다. 간단하게 말하자면 영상 정보에 들어 있지만 아무런 일이 발생하지 않았거나(다음 프레임의 행을 사용했을 때) 혹은 과거에 일어났다(이전 프레임의 행을 사용했을 때).

이 방법은 움직임이 전혀 없는(혹은 아주 약간) 비디오에 디인터레이싱을 시도했을 때는 완벽하게 만족스럽지만, 움직임이 많은 장면에서는 새로운 인공 산물이 나타나며 고스팅 효과ghosting effect라고 부른다.

실습 예제 | 필드 병합으로 디인터레이싱

이번 예제에서, 필드 병합을 구현한 간단한 함수를 만들어보자. 비디오가 작고, 함수가 행렬 변수 입력을 취한다고 가정했으며 대치 시작할 행을 결정하도록 돕는 두 번째 입력을 포함한다고 가정한다. 그 입력이 1이면 첫 번째 프레임의 홀수 행을 두 번째 프레임의 홀수 행으로 대치하고, 두 번째의 프레임 짝수 행을 첫 번째 프레임의 짝수 행으로 대치한다. 그 입력이 2이면 첫 번째 프레임의 짝수 행을 두 번째 프레임의 짝수 행으로 대치하고, 두 번째 프레임의 홀수 행을 첫 번째 프레임의 홀수 행으로 대치한다. 끝으로 결과는 디인터레이싱 후의 비디오다.

1. 필드 병합 기술을 구현한 함수를 작성하자.

```
function [vid] = FieldMerge(vid,order)

% Function for de-interlacing a video using Field Merging
% Inputs:
%        vid    - Input video matrix (we assume color video)
%        order  - Choice for row replacement
%                    (1: odd rows from odd frames,
%                     2: even rows from odd frames)
% Output:
%        vid    - Output video matrix (de-interlaced)

for fr = 1:size(vid,4)-1% 모든 프레임 대상(단, 마지막 프레임은 아님)
```

```
    for row = 1:size(vid,1) % 프레임의 모든 행 대상
    switch order % 병합 순서 선택 확인
        case 1 % 홀수 프레임의 홀수 행
            if mod(fr,2) == 0% 짝수 프레임일 경우
                if mod(row,2) == 0% 짝수 행을 대치
                    vid(row,:,:,fr) = vid(row,:,:,fr-1);
                end
            else % 홀수 프레임일 경우
                if mod(row,2) ~= 0 % 홀수 행을 대치
                    vid(row,:,:,fr) = vid(row,:,:,fr+1);
                end
            end
        case 2
            if mod(fr,2) == 0 % 짝수 프레임일 경우
                if mod(row,2) ~= 0 % 홀수 행을 대치
                    vid(row,:,:,fr) = vid(row,:,:,fr-1);
                end
            else % For odd frames
                if mod(row,2) == 0 % 짝수 행을 대치
                    vid(row,:,:,fr) = vid(row,:,:,fr+1);
                end
            end
        otherwise
            error('Unknown method.') % 오류 메시지
        end
    end
end
```

보충 설명

필드 병합 처리에 기반을 둔 디인터레이싱을 수행하는 함수를 작성했을 뿐이다. 약간 복잡하게 보이겠지만 정말로 간단하다. 함수가 처음 하는 일은 행 대치 순서 선택을 확인한다. switch 문으로 이 선택을 case1과 case2에 대해 두 가지 가능한 받을 수 있는 결과와 함께 수행한다(모든 다른 입력은 otherwise 명령어가 생성한 오류 메시지를 발생시킨다).

입력이 1이면 홀수 프레임의 홀수 행을 다음 사용 가능한 프레임의 홀수 행으로 대치한다. 마찬가지로 짝수 프레임의 짝수 행을 이전의 사용 가능한 프레임의 짝수 행으로 대치한다. 이전 예제에서 홀수 행과 짝수 행을 구분하기 위해 모듈로 2 명령어를 이미 사용했다. 여기서도 홀수 프레임과 짝수 프레임을 구분하기 위해 사용한다. mod 함수를 for 반복문에서 두 번 사용하는 이유가 있는데, 한 번은 프레임^{fr}이고 다른 한 번은 행^{row}이다. 코드의 강조한 두 줄에서 실질적으로 짝수 행과 홀수 행을 대치했다.

입력이 2일 때의 처리는 이전 코드에서 설명했던 것과 동일하다. if 문에서 유일한 차이점은 대치할 홀수 행과 짝수 행을 확인함에 있다. 이때 짝수 프레임에서 홀수 행을 대치했고, 홀수 프레임에서는 짝수 행을 대치했다.

이전 예제에서 영상의 행을 대치하기 위해 if와 else를 사용했던 반면에, 이번 예제에서는 단 if 하나만 사용했음을 알아 챘을 수 있다 이번에 입력 행렬 자체에 있는 행을 대치하기 때문이다. 따라서 행을 아무런 수정 없이 그대로 대치할 필요가 없으므로, 코드의 else 부분을 무시한다.

> 이 방법에서 마지막 프레임을 무시했음에 주목하라. 이번 경우 절반을 피할 수 있기 때문이다. 예로 order = 1일 때 짝수 프레임 장면의 마지막 프레임을 디인터레이싱할 수 있는 반면, order = 2는 그렇게 할 수 없다(다음 프레임을 찾으면 그때 프레임 한도를 벗어난다). 앞 코드에서는 이런 확인이 들어 있지 않았으므로 안전하게 하려고 마지막 프레임을 항상 무시한다. 이런 선택은 코드의 복잡도를 줄여준다.

도전 과제 | 필드 병합 방법 평가

지금은 코드가 작동했는지 아닌지 확인할 때다. 비월주사 비디오를 찾았거나 촬영했다면 매트랩에서 불러온 후(비디오가 너무 크다면 사용할 수 없음을 주의하자) FieldMerge 함수를 호출하고 결과의 일부 프레임을 원 비디오 스트림의 프레임과 비교한다. 정지 영상과 움직이는 장면에 모두 함수 사용을 시도하라. 무엇을 볼 수 있는가? 차이점은 무엇인가? 두 번째 입력을 1 대신 2로 바꿨을 때 어떻게 됐는가?

필드 평균화로 시간적 디인터레이싱

사용했던 이전 방법은 시간이 다른 시점의 행을 현 시점의 빈 행렬로 대치하는 사용법에 기인한 명백한 단점이 있었다. 필드 평균화$^{field average}$를 사용하는 방법으로 약간 개선할 수 있다. 이번에는 누락한 정보의 소스인 다음(혹은 이전) 프레임을 딱 사용하는 대신에 인접한 두 프레임을 사용하며 현재 프레임의 행을 이전 프레임과 다음 프레임의 동일한 행의 평균값으로 대치한다. 시간적인 연속성과 관련해 더 나은 결과를 보이지만, 매우 큰 저장 공간을 요구하며, 또한 첫 프레임과 마지막 프레임(이전 예제에서 마지막 프레임만 사용하는 대신에)을 디인터레이싱할 수 없다. 처리를 어떻게 구현하는지 살펴보자.

실습 예제 | 필드 평균화로 디인터레이싱

이번 예제는 필드 평균화 기술 사용법을 보여준다. 이 함수의 코드는 이전 예제에 기반을 둔다. 다만 이번에는 디인터레이싱을 할 수 없는 문제를 수정하기 위해 코드 일부를 약간 바꿔야 한다. 필드 평균화를 수행하는 함수를 살펴보자.

```
function [vid] = FieldAverage(vid,order)

% Function for de-interlacing a video using Field Average
% Inputs:
%        vid   - Input video matrix (we assume color video)
%        order - Choice for row replacement
%                (1: odd rows from odd frames,
%                 2: even rows from odd frames)
% Output:
%        vid   - Output video matrix (de-interlaced)

vid = single(vid);  % 평균화를 수행하기 위해 행렬을 single로 변환
  for fr = 2:size(vid,4)-1% 모든 프레임 대상 (단 처음과 마지막은 아님)
    for row = 1:size(vid,1) % 프레임의 모든 행 대상
    switch order % 병합 순서 선택 확인
      case 1 % 홀수 프레임의 홀수 행
        if mod(fr,2) == 0 % 짝수 프레임일 경우
```

```
        if mod(row,2) == 0 % 짝수 행을 대치
            vid(row,:,:,fr) = ...
                (vid(row,:,:,fr-1) + vid(row,:,:,fr+1)) / 2 ;
        end
    else % 홀수 프레임일 경우
        if mod(row,2) ~= 0 % 홀수 행을 대치
            vid(row,:,:,fr) = ...
                (vid(row,:,:,fr-1) + vid(row,:,:,fr+1)) / 2 ;
        end
    end
case 2 % 홀수 프레임에서 짝수 행
    if mod(fr,2) == 0 % 짝수 프레임일 경우
        if mod(row,2) ~= 0 % 홀수 행을 대치
            vid(row,:,:,fr) = ...
                (vid(row,:,:,fr-1) + vid(row,:,:,fr+1)) / 2 ;
        end
    else % 홀수 프레임일 경우
        if mod(row,2) == 0 % 짝수 행을 대치
            vid(row,:,:,fr) = ...
                (vid(row,:,:,fr-1) + vid(row,:,:,fr+1)) / 2 ;
        end
    end
    otherwise
        error('Unknown method.') % 오류 메시지
    end
  end
end
vid = uint8(vid); % 행렬을 uint8로 다시 변환
```

지금은 실제 비월주사 장면에서 결과를 확인하고 싶을 수 있다. 이름인 inter.avi이자
대단하고 매력적인 비디오가 있다. 이 비디오는 정지 영상 디인터레이싱 예제에 사용
했던 주행 비디오 스트림이다. 테스트하기 위해 이 함수를 넣어보자.

1. 먼저 비디오를 불러와서 Workspace 창에 넣는다.

```
>> obj = VideoReader('inter.avi');
```

2. 그러면 모든 비디오 프레임을 읽는다(비디오는 작으므로, 수행할 수 있다).

```
>> vid = read(obj);
```

3. 테스트하기 위해 함수를 넣는 부분이다. 두 번째 입력을 1로 한 번 사용한 후, 두 번째 입력을 2로 한 번 한다.

```
>> [vid1] = FieldAverage(vid,1);
>> [vid2] = FieldAverage(vid,2);
```

4. 이제 홀수 프레임과 짝수 프레임에 대한 결과를 보여준다.

```
>> subplot(2,3,1),imshow(vid(:,:,:,5)),title('Odd frame')
>> subplot(2,3,4),imshow(vid(:,:,:,6)),title('Even frame')
>> subplot(2,3,2),imshow(vid1(:,:,:,5)),title('Odd frame-1')
>> subplot(2,3,3),imshow(vid2(:,:,:,5)),title('Odd frame-2')
>> subplot(2,3,5),imshow(vid1(:,:,:,6)),title('Even frame-1')
>> subplot(2,3,6),imshow(vid2(:,:,:,6)),title('Even frame-2')
```

보충 설명

이번에는 함수에 몇 가지 트릭이 있었다. 먼저 입력 비디오 행렬을 single을 입력해 변환했으므로 평균화를 수행할 수 있었다. 선 보간 예제에서 이미 사용했던 변환을 봤다. 전체 처리를 완료한 후 행렬을 unit8로 다시 변환했다.

다음 변경은 반복문에서 첫 프레임을 제외하도록 코드를 만드는 것이었다. 이전 예제와 마찬가지로 마지막 프레임을 제외하므로 변경할 필요가 없었다. 따라서 반복문은 2:size(vid,4)-1을 통과했다.

코드에서 마지막 변경은 대치 규칙이었다. 행이 어떤지 상관없이 각각 이전 프레임과 다음 프레임 행의 평균값으로 그 행 요소의 값을 대치했으며 다음과 같은 코드 줄로 달성할 수 있다.

```
vid(row,:,:,fr) = ... (vid(row,:,:,fr-1)+vid(row,:,:,fr+1))/2;
```

세 개의 점은 다음 줄이 현재 줄과 이어짐을 나타내며 새로운 명령어는 아니다.

구현했던 방법을 평가할 때 1단계부터 4단계까지를 사용했다. 자연스러운 장면이기 때문에 아무런 문제없이 방법을 잘 수행했다. 일부 영역에서 결과를 약간 개선했다. 다만 다른 영역에서는 결과가 나빠졌다.

인트라 프레임과 인터 프레임 디인터레이싱 혼합

이전 예제에서 봤듯이 인트라 프레임과 인터 프레임 디인터레이싱 방법은 장단점이 있다. 두 방법의 장점 조합을 어떻게든 관리한다면 훨씬 더 나은 결과를 만들 수 있다는 꽤 직관적인 결론을 내릴 수 있다.

디인터레이싱을 위한 수직과 시간적 보간

두 인트라 프레임과 인터 프레임 방법의 장점을 갖는 방법을 구현해보자. 한 방법은 시간과 공간 모두에서 각 행을 이웃 행의 평균으로 치환해 달성할 수 있다. 더 구체적으로, 비디오 프레임의 r행을 치환해야 한다면, 프레임 f의 r-1행과 r+1행, 프레임 f-1의 r행과 프레임 f+1의 r행의 평균을 이용한다. 어떻게 작동하는지 살펴보자.

실습 예제 ┃ 수직과 시간적 보간 방법

이전 단락에서 설명한 처리를 구현할 때다. 사용할 이 함수는 이전 두 예제에 기반을 둔다.

```
function [vid] = SpatioTemporalAverage(vid,order)

% Function for de-interlacing a video using spatiotemporal averaging
% Inputs:
%         vid   - Input video matrix (we assume color video)
%         order - Choice for row replacement
% Output:
%         vid   - Output video matrix (de-interlaced)

vid = single(vid); % 평균화를 수행하기 위해 행렬을 single로 변환
switch order % 병합 순서 선택 확인
   case 1 % 홀수 프레임의 홀수 행
      for fr = 2:size(vid,4)-1 % 모든 프레임 대상(단, 처음과 마지막은 제외)
         for row = 2:size(vid,1)-1 % 모든 행 대상(단, 처음과 마지막은 제외)
            if mod(fr,2) == 0 % 짝수 프레임일 경우
               if mod(row,2) == 0 % 짝수 행을 대치
```

```
                vid(row,:,:,fr) = ...
                   ((vid(row,:,:,fr-1) + vid(row,:,:,fr+1)) ...
                    + (vid(row-1,:,:,fr) + vid(row+1,:,:,fr))) / 4;
            end
        else % 홀수 프레임일 경우
          if mod(row,2) ~= 0 % 홀수 행을 대치
            vid(row,:,:,fr) = ...
               ((vid(row,:,:,fr-1) + vid(row,:,:,fr+1)) ...
                + (vid(row-1,:,:,fr) + vid(row+1,:,:,fr))) / 4;
          end
        end
      end
    end
    case 2 % 홀수 프레임의 짝수 행
    for fr = 2:size(vid,4)-1 % 모든 프레임 대상(단, 처음과 마지막은 제외)
      for row = 2:size(vid,1)-1 % 모든 행 대상(단, 처음과 마지막은 제외)
        if mod(fr,2) == 0 % 짝수 프레임일 경우
          if mod(row,2) ~= 0 % 홀수 행을 대치
            vid(row,:,:,fr) = ...
               ((vid(row,:,:,fr-1) + vid(row,:,:,fr+1)) ...
                + (vid(row-1,:,:,fr) + vid(row+1,:,:,fr))) / 4;
          end
        else % 홀수 프레임일 경우
          if mod(row,2) == 0 % 짝수 행을 대치
            vid(row,:,:,fr) = ...
               ((vid(row,:,:,fr-1) + vid(row,:,:,fr+1)) ...
                + (vid(row-1,:,:,fr) + vid(row+1,:,:,fr))) / 4;
          end
        end
      end
    end
  otherwise
    disp('Unknown method.') % 오류 메시지
  end
end
vid = uint8(vid); % 행렬을 uint8로 다시 변환
```

이 시점에서 디인터레이싱을 위한 시공간 정보 포함의 중요성을 평가한 결과를 확인할 수 있다.

1. 먼저 전과 같이 동일한 비디오를 불러와서 Workspace 창에 넣은 후 모든 프레임을 읽는다.

```
>> obj = VideoReader('inter.avi');
>> vid = read(obj);
```

2. 지금 새로운 함수를 사용한다. 한 번은 두 번째 입력을 1로 하고, 다른 한 번은 두 번째 입력을 2로 한다.

```
>>[vid1] = SpatioTemporalAverage(vid,1);
>>[vid2] = SpatioTemporalAverage(vid,2);
```

3. 이제 홀수 프레임과 짝수 프레임에 대한 결과를 보여준다.

```
>> subplot(2,3,1),imshow(vid(:,:,:,5)),title('Odd frame')
>> subplot(2,3,4),imshow(vid(:,:,:,6)),title('Even frame')
>> subplot(2,3,2),imshow(vid3(:,:,:,5)),title('Odd frame-1')
>> subplot(2,3,3),imshow(vid4(:,:,:,5)),title('Odd frame-2')
>> subplot(2,3,5),imshow(vid3(:,:,:,6)),title('Even frame-1')
>> subplot(2,3,6),imshow(vid4(:,:,:,6)),title('Even frame-2')
```

보충 설명

다시 말하지만 이 함수는 이전 예제에 기반을 두며, 몇 가지 변경만 있었고 이전 코드 안에 강조했다. 첫 번째 변경은 이 과정에서 프레임을 처리했다. 대신에 마지막 프레임만 남겼고 또한 첫 프레임을 그대로 두었다. 마찬가지로 각 프레임의 첫 행과 마지막 행을 모두 처리하지 않았다. 마지막 변경은 시공간이 되게 하는 보간 규칙이었다 (공간은 동일한 프레임의 행에 관계가 있었기 때문이고, 시간도 다음 프레임과 이전 프레임의 행과 관계가 있었기 때문이다.)

```
vid(row,:,:,fr) = ...
  ((vid(row,:,:,fr-1) + vid(row,:,:,fr+1)) ...
    + (vid(row-1,:,:,fr) + vid(row+1,:,:,fr))) / 4;
```

이렇게 해서 결과 프레임에 자체 내용의 정보와 이웃 프레임의 정보를 둘 다 실었다. 결과를 보려면 전과 같이 1단계에서 3단계까지 사용해 동일한 비디오를 불러온 후 처리한다. 지금 생성한 결과와 이전 예제에서 생성한 결과를 비교한다면 시공간 기술의 중요성을 명확히 이해할 수 있다.

도전 과제 – 디인터레이싱 기술 비교

지금부터는 이제까지 제시했던 디인터레이싱 기술을 조사하고 평가할 차례다. 목표는 선택한 비월주사 비디오에 각 방법을 적용한 후 세부 사항을 비교하기 위해 프레임을 잘라내는 것이다. 정지 장면 비디오와 움직임이 많은 비디오 둘 다 사용해보자.

 이 절에서 봤겠지만, 여기에 제시한 방법으로는 움직임이 많은 장면을 완벽히 효율적으로 다룰 수 없다. 이런 경우 인공 산물을 상당히 줄이려면, 더 복잡한 보간 방법인 움직임 적응이나 움직임 보정 사용을 고려해야 한다. 이 방법은 이 책의 목적에 비해 꽤 복잡하며, 다소 어려운 수학을 동반한 매우 정교한 알고리즘을 요구한다.

필터에 새로운 차원 추가

여기까지는 비디오 내 시간적 정보 중요성을 깨닫기 시작했을 것이다. 게다가 디인터레이싱 작업에서 이를 사용하면 비디오 프레임을 필터링하기 위해 시간적 정보를 공간 정보와 조합할 수 있다. 마찬가지로 이전 장에서 이미 봤던 몇몇 공간 필터를 많은 차원에서 쉽게 확장할 수 있으며 시간적 정보를 포함한다. 이 절에서는 그중 몇 가지를 볼 수 있다.

시공간 평균화 필터

구현하기가 정말 간단한 시공간 필터는 평균화 필터이다. 영상 필터링 기본을 이해하고 있다면 비디오에 적용은 그렇게 복잡하지 않다. 이 과정을 설명하기 위해 그레이스케일 비디오 스트림을 사용한다.

그레이스케일 비디오에 시공간 평균화를 수행하는 과정의 알고리즘 설명은 다음과 같이 단계별로 수행한다.

1. 행×열×프레임에 관한 필터링 시 이웃을 정의한다.
2. 테두리에 무엇을 할지 결정한다(채우거나 혹은 아님)
3. 세 for 반복문(하나는 행, 하나는 열, 하나는 프레임)을 이용해 필터링 처리를 시작한다.

이 처리를 구현할 수 있는 방법을 살펴보자.

실습 예제 | 시공간 평균화 필터 구현

지금 처리 단계를 알았으므로 시공간 평균화 필터를 수행하는 함수를 작성할 수 있다. 이 함수는 이전 예제에서 구현했던 시공간 디인터레이싱 함수와 약간 비슷하다. 그레이스케일 비디오(그레이스케일이 아니라면 각 프레임을 그레이스케일로 변환)을 입력받아 행렬 변수로 취한 후 이웃을 필터링한다. 그 다음에는 필터링 후의 비디오가 들어 있는 행렬을 결과로 만든다.

```
function [vid] = SpatioTemporalAveraging(vid,nhood)

% Function for de-interlacing a video using Field Merging
% Inputs:
%        vid   - Input video matrix (we assume grayscale video)
%        nhood - Dimensions of filtering neighborhood
% Output:
%        vidOut - Output video matrix (filtered)

vid = single(vid); % 평균화를 수행하기 위해 행렬을 single로 변환
vidOut = zeros(size(vid)); % 결과를 담을, 값이 0인 행렬 생성
% 모든 프레임 대상이되, 프레임이 한계를 넘어설 때는 제외
for frame = ceil(nhood(3)/2):size(vid,3)-ceil(nhood(3)/2)
  % 모든 행 대상이되, 행이 한계를 넘어설 때는 제외
  for row = ceil(nhood(1)/2):size(vid,1)-ceil(nhood(1)/2)
    % 모든 열 대상이되, 열이 한계를 넘어설 때는 제외
    for column = ceil(nhood(2)/2):size(vid,2)-ceil(nhood(2)/2)
      % 이웃 영역 잘라내기
      neighborhood = vid(rowround(
        nhood(1)/2)+1:row+round(nhood(1)/2),...
          column-round(nhood(2)/2)+1:column+round(nhood(2)/2),
            frame-round(nhood(3)/2)+1:frame+round(nhood(3)/2));
      % 평균값을 계산한 후 중심 화소에 할당
      vidOut(row,column,frame) = mean(neighborhood(:));
    end
  end
end
vidOut = uint8(vidOut); % 행렬을 uint8 타입으로 변환
```

이제 함수를 테스트할 때다. 세 중첩 반복문 때문에 시간이 걸리는 함수임에 주의한
다. 각 프레임을 취하므로 매우 큰 비디오를 사용하지 말아야 한다.

1. 28개 프레임으로 구성한 주행 비디오를 사용한다.

```
>> obj = VideoReader('inter.avi');
>> vid = read(obj);
```

2. 결과를 저장하기 위해 새로운 uint8 타입 행렬을 0으로 초기화한 후, 컬러 비디오 행렬을 프레임 대 프레임으로 그레이스케일로 바꾼다.

```
>> grayVid = uint8(zeros(size(vid,1), size(vid,2), size(vid,4)));
>> for i = 1:size(vid,4),
grayVid(:,:,i) = rgb2gray(vid(:,:,:,i));
end
```

3. 3행, 3열, 3프레임인 입방체 이웃에 지금 함수를 테스트해보자.

```
>> filteredVid = SpatioTemporalAveraging(grayVid,[3 3 3]);
```

4. 테스트한 후에는(시간은 CPU에 달려 있음), 작업공간에서 filteredVid라고 하는 변수가 있음을 볼 수 있다. 필터링 처리의 결과가 무엇이었는지 보기 위해 이 행렬의 프레임을 원 행렬의 동일한 프레임 옆에 띄워보자.

```
>> subplot(1,2,1),imshow(grayVid(:,:,10)),title('Original frame')
>> subplot(1,2,2),imshow(filteredVid(:,:,10)),title('Filtered frame')
```

보충 설명

이 예제는 매트랩에서 그레이스케일 비디오에 대한 시공간 블러링 처리를 어떻게 프로그래밍하는지 보여준다. 이 함수는 입력 비디오 행렬의 타입 변환부터 시작했으므로, 결과 비디오를 저장할 새로운 행렬을 초기화한 후 평균화를 할 수 있었다.

그 다음에는 세 중첩 for 반복문으로 이동한 후, 처리 시 영상의 테두리 밖으로 떨어지지 않도록 보장하는 방법으로 각 반복문의 한계 설정을 확인했다. 이 선택은 모든 네 개의 에지에 작고 검은 테두리가 있는 영상을 만들었다. 테두리의 크기는 이웃을 필터링하는 크기에 의존한다.

삼중 for 반복문의 각 단계에서는 조사(행, 열, 프레임)한 화소 중심에 있는 입방체 이웃을 잘라냈다.

```
neighborhood = vid(row-round(nhood(1)/2)+1:row+round(nhood(1)/2),...
    column-round(nhood(2)/2)+1:column+round(nhood(2)/2), ...
        frame-round(nhood(3)/2)+1:frame+round(nhood(3)/2));
```

그 다음에는 이웃의 평균값을 계산한 후 이웃 중심 화소의 값을 대치할 때 사용했다.

```
vidOut(row,column,frame) = mean(neighborhood(:));
```

1단계부터 4단계까지는 필터링 처리의 사용법을 평가했다. 먼저 불러온 비디오를 행렬 변수에 저장했다. 그러면 2단계에서 프레임 대 프레임으로 입력 비디오를 그레이스케일로 변환했다. 각 프레임을 0으로 초기화한 unit8 타입 행렬에 저장했다. 3단계에서 필터를 그레이스케일 비디오에 적용했고, 끝으로 4단계에서 결과 비디오의 프레임을 원 비디오의 동일한 프레임 옆에 띄웠다. 볼 수 있듯이 시공간 필터링 처리 결과로는 비디오에 흔들리는 효과를 추가했다. 프레임 영역에서 움직임이 많았기 때문에 효과가 더 격렬하다.

도전 과제 | 시공간 미디언 필터 생성

넘어가기 전에, 프로그램을 짰던 평균화 결과 대신에 시공간 미디언 필터링 결과를 얻기 위해 이전 예제에서 만들었던 필터링 함수 변경을 시도해야 한다. 수행했던 평균 계산이 있는 곳인 줄에서만 수정한다. 원하면, 사용자가 사용하기 위해 두 방법 중 선호해 선택하도록 세 번째 입력을 이전 함수에 추가할 수도 있다. 코드에 세 번째 추가는 결과 안의 검은 테두리를 제거하는 채움 추가다.

시공간 평균화를 위한 회선 사용

이전 시공간 평균화 필터링의 구현이 흥미진진했지만 실제로 큰 단점이 있었다. 정말로 느렸다. 이런 처리를 수행하는 대안적인 방법은 회선의 다차원 버전 장점을 취하는 것이다. 5장에서 회선 방법을 논의했고, 영상 필터링에 어떻게 사용하는지 설명했다. 자, 회선 연산을 더 많은 차원에 확장하고 비디오에 시공간(3차원) 필터링을 수행할 때다.

회선 평균에 의한 시공간 평균화 처리를 구현하려면 매트랩이 제공하는 convn 함수를 사용해야 한다. 이 convn 함수는 정확히 conv2와 같으며, 유일한 차이점은 입력이 n차원이다. 어떻게 작동하는지 살펴보자.

실습 예제 | convn을 이용한 시공간 평균화 필터

평균화 필터를 어떻게 구현하는지 보기 위해 전과 동일한 예제를 사용한다. 다음과 같이 단계를 따른다.

1. 먼저 이전 예제의 첫 두 단계를 이용해 비디오를 불러온 후 그레이스케일로 변환한다.

```
>> obj = VideoReader('inter.avi');
>> vid = read(obj);
>> grayVid = uint8(zeros(size(vid,1), size(vid,2), size(vid,4)));
>> for i = 1:size(vid,4),
grayVid(:,:,i) = rgb2gray(vid(:,:,:,i));
end
```

2. 이제 평균화 처리에 사용할 3차원 필터를 만들어야 한다. 차원은 전에도 사용했던 이웃과 동일할 수 있다. 평균화를 수행하려면 차원의 모든 값이 1/n이어야 하며, 여기서 n은 필터의 요소 개수다. 만들어 보자.

```
>> avFilt = ones(3,3,3); % 모든 값이 1인 3x3x3 행렬 생성
>> avFilt = avFilt/numel(avFilt); % 모든 요소가 1이도록 만듦
```

3. 지금 해야 할 일은 grayVld에 avFilt를 갖고 회선을 적용한다.

```
>> filteredVid = convn(grayVid, avFilt); % 회선 적용
>> filteredVid = uint8(filteredVid ); % uint8로 변환
```

4. 원 비디오의 같은 프레임 옆에 필터링한 스트림의 프레임을 보여주자.

```
>> subplot(1,2,1),imshow(grayVid(:,:,15)),title('Original frame')
>> subplot(1,2,2),imshow(filteredVid(:,:,15)),title('Filtered frame')
```

보충 설명

평균화 필터를 이용한 시공간 스무딩을 구현하는 다른 방법이었다. 이 단계는 꽤 간단했으며 5장에서 설명했던 처리와 비슷하다. 첫 단계에서 비디오를 프레임 대 프레임으로 그레이스케일로 변환해 처리를 준비했고, 일단 완료한 후에는 평균화 처리를 하는 필터를 생성했다. 이 필터는 모든 값이 1/(3*3*3)인 3×3×3 필터다.

그 다음은 n=3일 때의 n차원 회선을 적용했다. 회선 결과를 unit8로 변환한 후, 품질 평가를 위해 결과의 프레임 하나를 원 프레임 옆에 각각 보여줬다.

퀴즈 1. 다음 문장 중 어떤 것이 참인가?

1. 원형 필터링 요소를 사용해 영상이나 비디오 프레임을 필터하면, 소위 블로킹 효과를 생성한다.

2. 비월주사 비디오는 차원, 컬러 깊이, 프레임 수가 동일한 순차주사 비디오의 2배 공간을 차지한다.

3. 몇몇 디인터레이싱 방법은 고스팅 효과를 낳을 수 있다.

4. 시공간 평균화는 프레임을 뚜렷하게 한다.

5. 3중 중첩 for 반복문을 만드는 대신에 평균화를 위한 convn을 사용하면 처리 속도가 더 빨라진다.

요약

9장에 다양한 작업할 때 사용할 수 있는 비디오 필터링을 위한 인트라 프레임과 인터 프레임 기술을 할애했다. 크기 조정, 회전, 잘라내기, 비디오의 프레임 대 프레임 공간 필터링 처리 같은 기본 비디오 조작을 논의했다. 그런 후에 비디오 처리에서 매우 일반적인 처리인 디인터레이싱과 비월주사 비디오 스트림에 광범위하게 중점을 두었다. 인트라 프레임과 인터 프레임 디인터레이싱 방법은 물론 둘의 융합까지 논의했다. 이 처리에 대해 여러 가지 장단점을 심층적으로 설명했다. 끝으로 비디오 시공간 필터링을 논의했으며 특히 시공간 평균화에 초점을 맞췄다. 모두 제시하고 실제 예제와 실습으로 다뤘다. 더 구체적으로 9장에서 다음과 같이 논의했다.

- 비디오 스트림을 잘라내고 크기 조정
- 비디오 스트림 회전과 오류 확인
- 공간 필터링을 이용한 블로킹 효과 줄임
- 컴퓨터 비전 시스템 툴박스를 이용해 비디오 디인터레이싱을 위한 인트라 프레임 필터링

- 선 반복을 이용한 비디오의 인트라 프레임 디인터레이싱
- 선 보간을 이용한 비디오의 인트라 프레임 디인터레이싱
- 필드 병합을 이용한 비디오의 인트라 프레임 디인터레이싱
- 필드 평균화를 이용한 비디오의 인트라 프레임 디인터레이싱
- 인트라 프레임과 인터 프레임 디인터레이싱 혼합
- 시공간 평균화를 그레이스케일 비디오에 적용
- 시공간 평균화에 적용하기 위해 convn 사용

마지막 10장에서 움직임 검출, 비디오 안정화, 특징 선택, 3차원 영상과 비디오 처리 같은 다양한 실생활 비디오 처리 작업을 논의한다. 매트랩에서 이런 작업을 어떻게 구현할 수 있는지 보여주기 위해 흥미로운 실습 예제를 사용하며, 수행 결과와 함께 효율적으로 해결하는 방법을 논의한다.

10

입문자에서 전문가로
– 움직임과 3D 처리

매우 기본적인 비디오 처리를 소개하기 위해 이전 장에서 방법과 기술을 제시했다. 처리와 관련 있는 수학적인 세부 사항에 들어가지 않았으며 다행히도 알고리즘의 본질을 이해함에 도움을 주는, 직접 해보는 실전 예제를 사용해 이론을 구현하는 방법 입증을 선호했다. 마지막 장인 10장에서 변화를 약간 시도해볼 겸 조금 더 수학적인 통찰력이 필요한 더 복잡한 방법을 알아본다. 상당히 어려운 상세한 내용을 피하겠지만, 그럼에도 불구하고, 10장은 다른 장에 비해 약간 더 까다롭게 보일 수 있다. 그 이유는 기본 움직임 검출과 추정 기술을 제시하고 또한 영상 정합(image registration) 개념과 조합하는데 비디오 안정화를 위해 모두 사용하기 때문이다. 더 나아가 3차원 영상과 비디오 처리 분야와 자신만의 3D 비디오 생성에 빠져본다.

10장에서는 다음과 같은 내용을 다룬다.

- 비디오에서 움직임을 검출할 수 있는 방법
- 옵티컬 플로우$^{optical\ flow}$를 이용해 움직임을 추정할 수 있는 방법
- 비디오에서 카메라 움직임을 정합으로 보상하는 방법
- 입체 비디오를 쉽게 생성할 수 있는 방법

자, 바로 살펴보자.

비디오에서 움직임을 검출한 후 추정

지금까지는 이전 장에서 보여줬던 디인터레이싱을 위한 필터링 방법과 비디오 스무딩으로 인터 프레임 처리를 다루었던 유일한 시간이었다. 이 방법은 유용한 정보 추출에 목표를 두지 않아 매우 정교하지 않았으며, 예로 비디오 프레임 시퀀스로부터 움직임 검출과 추정을 든다.

움직임 검출은 대략 비디오의 연속적인 프레임 내 배경(다만, 정의된 배경)에서 객체의 상대적인 움직임 변화를 검출하는 처리로 정의할 수 있다. 쉽게는 이 처리는 연속적인 프레임 간의 간단한 차연산에 기반을 둘 수 있었는데, 바뀐 화소값이 불변한 화소값보다 밝게 나타나기 때문이다. 여러 가지 이유로 이렇게 너무 간단한 방법은 항상 성공할 수 없다. 이 장에서 왜 이런지 논의한다.

다른 한편으로 움직임 추정은 더 까다로운 문제다. 연속적인 프레임 내 화소 움직임을 기술하는 벡터 집합을 추정함에 목표를 둔다. 움직임 추정 과정은 이상적으로 비디오의 한 프레임과 다음 프레임 간의 모든 화소 위치 변화를 완벽하게 설명할 수 있음을 의미한다.

이 설명에는 몇 가지 결함이 있는데, 비디오는 3차원 실세계 영상을 캡처하고 화면의 2차원 평면으로 맞추도록 변환하기 때문이다. 비디오에서 캡처한 실세계 장면이 폐색, 조명 변화, 카메라 움직임으로 훼손될 수 있기 때문에 한 프레임의 모든 화소를 다른 프레임의 모든 화소로 사상이 불가능함을 이해할 수 있다.

몇 가지 예제로 움직임 검출과 추정 쟁점에 관한 논의부터 시작하자.

움직임 검출

움직임 검출의 첫 번째 문제는 연속적인 프레임 내 값이 바뀐 화소를 찾는 것이다. 보통 특정 화소는 움직이는 객체 부분을 나타내는 표식인데, 이 장의 후반에 볼, 움직임 추정에 사용하는 가장 인기 있는 제약조건 중 하나는 밝기 불변성 제약조건이기 때문이다.

첫 번째 예제에서 연속적인 프레임 간의 간단한 차연산으로 비디오 내 움직이는 화소를 정확하게 찾아보자. 컬러 비디오의 연속적인 두 프레임을 차연산해 얻는 결과는 일정한 상수이자 0에 가까운 화소와 화소값 내 큰 변화를 갖는 높은 값인 화소가 들어 있는 3차원 행렬이다.

1. 먼저 전체에 걸쳐 많은 움직임을 포함하지 않는 비디오를 불러오자. 이 비디오는 이전 장에서 사용했고, 녹색 볼이 왼쪽에 있는 장면에 진입해서 상자를 통과한 후 오른쪽으로 빠짐을 보여준다. 이 비디오는 singleball.avi라고 부른다. 비디오를 불러와서 몽타주를 띄우자.

```
>> vObj = VideoReader('singleball.avi');
>> video = read(vObj); % 비디오 객체로부터 모든 프레임 읽기
>> montage(video,'Size',[5 9]) % 45개 프레임에 대한 5×9 격자 사용
```

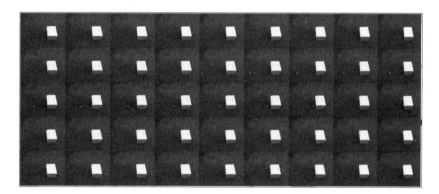

2. 다음 단계는 이전 각 프레임을 차연산한 결과를 새로운 행렬에 저장한다. 비디오는 45프레임이므로 결과는 44프레임 비디오다(첫 프레임은 차연산에 사용하는 이전 프레임을 갖지 않기 때문이다). 편의상 크기가 동일한 행렬을 사용하되 첫 프레임이 비도록 남겨둘 수 있다.

```
>> subtracted = zeros(size(video));
>> for i = 2:size(video,4), % 모든 프레임 대상, 단 첫 프레임 제외
% 각 프레임을 이전 프레임과 차연산
subtracted(:,:,:,i) = video(:,:,:,i) - video(:,:,:,i-1);
end
```

3. 결과의 몽타주를 보여주자. 어떻게 될지 예측할 수 있는가?

```
>> montage(subtracted,'Size',[5 9])   % 차연산 후의 몽타주 보여주기
```

4. 한 단계를 더 하면 어떨까? 눈에 확 띄는 검출한 볼이 있는 모든 프레임의 행렬을 지금 갖고 있으므로 볼의 궤적을 표시하기 위해 이 행렬을 사용할 수 있다. 어떻게 할까? 쉬운 한 가지 방법은 모든 프레임을 함께 더한 단일 영상으로 보여주는 것이다.

```
>> total = sum(subtracted,4);   % 모든 프레임을 더함(4번째 차원)
```

5. 지금 결과를 띄운다. 영상이 컬러임에 주목하자. 각 채널의 결과를 [0,1]로 정규화하는 mat2gray 함수를 적용한다.

```
>> total = mat2gray(total);   % 전체 행렬을 [0,1]로 정규화
>> figure,imshow(total)
```

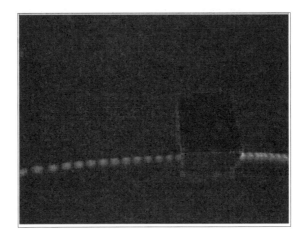

보충 설명

자, 이번 간단한 예제에서 매우 통제된 장면에 대한 자신만의 움직임 검출기를 만들었다. 결과인 몽타주에서 볼 수 있듯이 어둡지 않은 유일한 화소는 움직이는 녹색 볼에 속한 화소다. 이 처리의 첫 번째 단계는 틀림없이 매우 편안했었을 절차인 비디오를 읽은 후, 비디오의 모든 프레임을 불러와서 작업공간에 넣은 후, 모든 프레임을 몽타주로 띄워 구성한다(몽타주에 사용한 격자는 프레임 총 개수에 달려 있다). 그런 후에 검출 결과를 저장하기 위해 값이 0인 행렬을 초기화한 후, 각 프레임을 이전 프레임과 차연산하는 for 반복문 작성으로 진행했다. 나중에 검출한 결과인 모든 프레임을 몽타주로 띄웠다. 마지막 단계에서 레임 시퀀스 내 볼의 궤적을 표시한다. 이것은 검출 비디오의 모든 프레임을 함께 더해 달성했으며, 매트랩이 결과를 영상으로 취급하기 위해 [0,1] 범위로 한정한 후 imshow를 사용해 띄웠다.

실습 예제 | 복잡한 장면에서 움직임 검출

이전에 봤던 예제는 매우 간단한 예제다. 배경이 정지인데다가 밝기에 따른 특별한 영향이 장면에 없기 때문에 움직이는 객체는 매우 눈에 띄는 컬러를 갖는다. 더 복잡한 장면이라면 다룸에 있어 무슨 일이 일어날지 지금 살펴보자. 이전 장에서 보여줬던 아주 까다로운 시나리오 중 하나인 이동 카메라, 움직이는 배경과 여러 움직이는 객체가 함께 있는 장면을 나타내는 주행 비디오로 작업한다. 시작해보자.

1. 첫 번째 단계는 늘 그랬듯이 비디오를 불러오는 처리다.

```
>> obj = VideoReader('inter.avi'); % 비디오 파일 읽기
>> vid = read(obj); % 모든 프레임 불러오기
```

2. 프레임의 몽타주는 다음과 같다.

```
>> montage(vid,'Size',[4 7]) % 28개 프레임에 대한 4×7 격자 사용
```

3. 지금 첫 프레임을 제외하되 각 프레임을 이전 프레임과 차연산한다. 미리 정의한
행렬에 결과를 저장한다.

```
>> subtracted = zeros(size(vid)); % 공간을 미리 할당
>> for i = 2:size(vid,4), % 모든 프레임 대상, 단 첫 프레임 제외
% % 각 프레임을 이전 프레임과 차연산
subtracted(:,:,:,i) = vid(:,:,:,i) - vid(:,:,:,i-1);
end
```

4. 움직임을 검출한 모든 프레임의 몽타주를 살펴보자.

```
>> montage(vid,'Size',[4 7]) % 28개 프레임에 대한 4×7 격자 사용
```

5. 이제 모든 프레임을 함께 더하고 어떻게 나왔는지 보자. 원 비디오와 움직임 검출
비디오 둘 다를 갖고 수행한다.

```
>> total1 = sum(vid,4); % 모든 프레임을 더함(4번째 차원)
>> total1 = mat2gray(total1); % 전체 행렬 정규화
>> total2 = sum(subtracted,4); % 모든 프레임을 더함
>> total2 = mat2gray(total2); % 전체 행렬 정규화
>> subplot(1,2,1),imshow(total1),title('Sum of original frames')
>> subplot(1,2,2),imshow(total2),title('Sum of detection frames')
```

보충 설명

이번에는 결과가 그렇게 유익하지 않다. 차연산한 결과는 연속적인 프레임의 각 쌍에서 움직이는 화소를 보여줬지만, 움직였거나 정지했다는 실질적인 표식이 없었고, 이동 카메라에 상대적인 움직임만 있었을 뿐이다. 심지어 모든 프레임을 더함으로써 더 애매모호한 결과를 만들었다. 원 프레임을 더한 결과와 차연산한 프레임을 더한 결과가 둘 다 희미해졌고, 장면 내 움직임에 관해 충분한 정보를 제공하지 않는다.

영상의 유일한 영역이자 비디오의 짧은 시간 동안 계속 머무르게 나타난 영역은 하늘과 도로의 작은 부분이었다. 하지만 결과는 상당히 직관적이 아니다. 도로 표면이 카메라와 관련해 분명히 움직였기 때문이다. 사실 이것은 비디오 내 움직임 검출에 있어 주요 어려움 중 하나다. 움직임이 나타나지 않는 부드러운 객체는 테두리를 제외하고는 매우 상세하다(배경에 컬러가 다르게 나타났을 때). 조사하는 중에서 객체가 도로이면 프레임 차연산 결과에 따라 도로의 큰 부분이 정지된 채 나타난다. 비디오 내 움직임 검출의 다른 어려움은 매우 빠르게 움직이는 객체를 위한 충분하지 않은 프레임률이라는 점이다. 즉, 비디오 내 객체가 한 프레임부터 다음 프레임까지 큰 움직임이 생겼다면, 움직임 검출 시 매우 눈에 띄는 고스팅 효과ghosting effect를 만들 수 있다.

지금 정지 장면과 복잡한 장면 간의 어려운 차이점을 봤으니 쉬운 문제로 되돌아가자. 카메라의 입력을 받아 프레임을 그레이스케일로 변환한 후, 두 연속적인 프레임 간의 밝기값의 평균 차이가 미리 정의한 수준을 초과할 때마다 경고 메시지를 표시하는 코드 조각을 작성할 수 있어야 한다.

더 복잡한 예를 들면 사각형 영역에서 프레임을 분할할 수 있고, 영역에 침범했을 때 경고 메시지를 알릴 수 있다(예로, disp('구역#1에 움직임이 많이 보입니다!') 같은 명령어 사용).

이번 작업 달성에 필요한 모든 도구를 제시했다. 매트랩에서 실시간 비디오 입력을 가져와 RGB를 그레이스케일로 변환한 후, 2차원 평균값 (계산 실마리: mean2 함수가 유용함)을 계산할 수 있는 방법을 수정해야 한다. 두 번째 작업에서는 영상을 블록으로 분할한 후 for 반복문으로 모든 블록을 확인하는 방법을 고안해야 한다.

움직임 추정

이전 절에서 보여줬던 움직임 검출 작업은 특히 단순한 장면인 경우 상대적으로 쉬운 처리다. 두 영상 간의 움직임을 실제로 추정해야 할 때는 진짜 어려운 도전과제가 나타난다. 즉, 움직임 벡터 찾기는 첫 번째 프레임을 두 번째 프레임으로 변환하고, 반대로 하는 방법을 제공한다.

움직임 벡터는 보통 두 숫자(혹은 좌표)로 구성한다. 하나는 화소 움직임의 길이인 r을 보여주고, 다른 하나는 움직임 방향을 각도 θ 로 보여준다. 좌표의 이 쌍은 폴라polar 라고 한다. 화소의 움직임을 묘사하는 동일한 방법은 수직과 수평 방향에서 화소 움직임의 길이를 정의한다. 이 좌표를 카테시안cartesian이라고 한다. 다음 그림 예제에서 점 (x1, y1) = (0, 0)부터 점 (x2, y2) = (4, 3)까지 이동하는 화소 움직임을 기술할 때 모든 좌표가 필요함을 볼 수 있다.

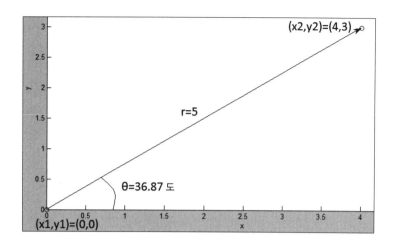

 좌표의 한 타입을 다른 타입으로 변환하기 위해 매트랩을 사용할 수 있다. 변환을 달성할 수 있는 함수는 cart2pol(카테시안을 폴라로 변환)과 pol2cart(폴라를 카테시안으로 변환)다. 두 입력이 필요하며, 두 결과를 만든다.

정확한 움직임 추정 작업은 매우 복잡한 작업이고 폐색, 배경 움직임, 여러 움직이는 객체, 밝기 변화, 음영, 카메라 움직임 등이 혼재한 비디오라면 불가능으로 간주될 수 있다.

이런 복잡한 문제를 해결하기엔 이 책의 범위를 넘어선다. 따라서 쉬운 문제에 납득할 수 있는 해결책에 집중한다.

옵티컬 플로우로 움직임 추정

비디오에서 움직임을 추정하는 매우 인기 있는 방법은 옵티컬 플로우 알고리즘을 사용하는 것이다. 옵티컬 플로우는 컴퓨터 비전 연구 분야에서 넓게 연구됐고, 각 장단점이 있는 여러 가지 알고리즘이 제안됐다. 궁극적인 목표는 비디오의 프레임 시퀀스에 있는 시공간 정보를 사용해 프레임의 연속적인 쌍 간의 움직임 벡터를 추정하는 것이다.

최종 목표를 달성하기 위해 이런 알고리즘을 지정하는 방법은 너무 기술적이다. 여기서 매트랩의 컴퓨터 비전 시스템 툴박스에서 이 두 알고리즘 사용법을 보여주겠다. 무엇을 할 수 있는지에 관한 생각을 얻을 수 있다. 이 툴박스에 들어 있는 옵티컬 플로우 알고리즘은 혼-셩크Horn-Schunck와 루카스-카나데Lucas-Kanade 알고리즘이다.

 다음 논문에서 루카스와 카나데의 옵티컬 플로우 방법을 찾을 수 있다.

B. D. Lucas and T.Kanade, An iterative image registration technique with an application to stereo vision, in Proceedings of the 7th international joint conference on Artificial intelligence, 1981

실습 예제 | 혼-셩크 옵티컬 플로우로 사람 추적

우선 혼과 셩크가 기술한 방법을 증명한다. 매트랩 창의 상단 오른쪽 코너에 놓인 검색 상자에 Vision.OpticalFlow System Object를 입력하면 사용법의 좋은 예제를 찾을 수 있다. 예제에 포함한 객체의 도움말 페이지는 viptraffic.avi 비디오에 기반을 둔다. 이번 예제에서 입력인 다른 비디오를 사용해 동일한 처리를 일부 변경한 단계를 보여준다.

옵티컬 플로우를 위해 컴퓨터 비전 시스템 툴 박스를 사용하므로 데모에 포함한 비디오 중 다른 하나를 사용할 수 있다. atrium.avi라고 부르는 이 비디오는 아트리움 안에서 임의 궤적으로 걸어가는 여러 사람을 보여준다. 목표는 이들의 움직임 추정이다. 옵티컬 플로우 방법을 그레이스케일 비디오에서만 적용해 사용할 수 있으며 물론 프레임을 uint8 타입의 그레이스케일로 변환한다. 여기서 89번째와 90번째의 프레임 간의 움직임을 추정해보자.

1. 먼저 VideoReader 방법을 사용해 비디오를 불러온 후 프레임의 개수를 가져온다. 그 전에 작업공간을 지운다.

```
>> clear all;
>> videoObj = VideoReader('atrium.avi'); % 비디오 열기
```

2. 그러면 움직임을 추정하는 시스템 객체를 생성해야 한다.

```
>> opticalFlow = vision.OpticalFlow('ReferenceFrameDelay', 1,...
```

```
'Method','Horn-Schunck',...
'OutputValue', 'Horizontal and vertical components in complex form');
```

3. 지금은 비디오의 프레임 대 프레임 처리를 시작하되 89번째 프레임과 90번째 프레임 쌍 간의 움직임을 추정할 때다.

```
>> for i = 89:90 % 89 프레임과 90프레임 대상
frame = read(videoObj,i); % 한 번에 한 프레임 불러오기
temp = rgb2gray(frame); % 프레임을 그레이스케일로 변환
im(:,:,i-88) = single(temp); % 프레임을 single로 변환(계산용)
of(:,:,i-88) = step(opticalFlow, im(:,:,i-88)); % 옵티컬 플로우 추정
end
```

4. 옵티컬 플로우 결과는 복소수 형태다. 행렬에 형식이 x+yi인 요소가 들어 있음을 의미한다. 실수부인 x는 x축의 흐름이고, 허수부 y는 y축의 흐름이다. real과 imag 함수를 사용해 결과를 분리할 수 있다.

```
>> xMotion = real(of);
>> yMotion = imag(of);
```

5. 분리한 실수부와 허수부 값은 옵티컬 플로우의 강도를 제공한다. 방향에 관한 임의 정보를 전달할 필요 없이 화소의 움직임이 어떻게 큰지 측정한다. 다음과 같이 한다.

```
>> absMotion = abs(of);
```

6. 연속적인 두 프레임을 옆에 나란히 띄울 좋은 생각이 지금 있다(uint8로 다시 변환해야 함).

```
>> subplot(2,2,1),imshow(uint8(im(:,:,1))),title('89th frame');
>> subplot(2,2,2),imshow(uint8(im(:,:,2))),title('90th frame');
```

7. 그림 창의 하단 선에서 컬러 조합 영상과 절대 옵티컬 플로우 값의 정규화된 영상을 사용해 차이점을 보인다.

```
>> subplot(2,2,3)
>> imshowpair(im(:,:,1),im(:,:,2), 'ColorChannels','red-cyan');
>> title('Composite Image (Red - Frame 89, Cyan - Frame 90)');
>> subplot(2,2,4)
```

```
>> imshow(mat2gray(absMotion(:,:,2)))
>> title('Normalized absolute optical flow value');
```

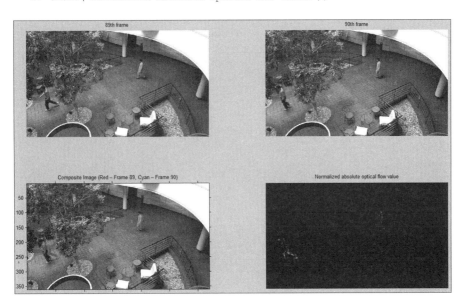

8. 옵티컬 플로우 방향을 묘사하기 위해 영상에 선(과 다른 모양)을 그리는 시스템 객체를 사용할 수 있으며 ShapheInsert라고 부른다. 이를 쓰려면 먼저 설정을 초기화해야 한다.

```
>> shapeInserter =
vision.ShapeInserter('Shape','Lines','BorderColor','Custom',
'CustomBorderColor', 255);
```

9. 그러면 선택한 인자로 증폭한 강도(여기서, 2배로 증폭)와 함께 그리려는 움직임 벡터의 원 좌표가 들어 있는 행렬을 생성해야 한다. 이 목적을 위해 videooptflowlines라고 하는 도우미 함수^{helper function}를 사용한다.

```
>> lines = videooptflowlines(of(:,:,2), 2);
```

10. 이제 영상에 움직임 벡터 맵을 그릴 수 있다. step을 사용한 후 결과를 띄운다.

11. 앞 그림에서 일부 벡터가 걷는 사람 근처에 있으며 부자연스럽게 길게 나타남을 관찰할 수 있다. 또한 배경에 일부 벡터와 물론 그보다 더 길게 나타남을 볼 수 있다. 이 값은 종종 이상치[outliers]라고 한다. 이 값이 경계값 미만 혹은 이상이면 0으로 설정해 수정한다.

```
>> of(abs(of)>20)=0;
>> of(abs(of)<5)=0;
```

12. 자, 결과를 다시 그려보자.

```
>> lines = videooptflowlines(of(:,:,2), 2);
>> out = step(shapeInserter, im(:,:,2), lines);
>> figure,imshow(uint8(out))
```

보충 설명

이번 예제는 과유불급처럼 보였을 수 있지만 너무 이르다. 아무튼 다뤘던 대부분 단계는 따라하기에 아주 간단하다. 하나씩 설명해보자.

1단계에서 비디오를 불러왔고, 2단계에서는 혼-셩크 방법을 이용한 옵티컬 플로우를 추정할 때 사용하는 시스템 객체를 생성했다.

3단계는 옵티컬 플로우 추정 처리 코드가 들어 있다. 비디오의 모든 프레임 쌍에 대한 옵티컬 플로우를 추정하는 부분을 쉽게 변경할 수 있다. 다만 여기서는 한 프레임 쌍(89 프레임과 90 프레임)에 한정해 추정할 때 사용했다.

4단계와 5단계는 옵티컬 플로우 결과의 성질을 보여줬다. 'Horizontal and vertical components in complex form' 선택을 사용했으므로 결과는 복소수 값인 행렬이었다. 이 두 단계에서 세 행렬로 분해할 수 있는 방법을 보여줬다. 하나는 수직 움직임 xMotion, 하나는 수평 움직임 yMotion, 하나는 절대 움직임 absMotion이다.

6단계와 7단계에서 두 프레임인 조합한 컬러 영상과 절대 옵티컬 플로우 값을 그레이스케일 영상으로 띄웠다.

다음인 8단계와 9단계에서 모양 등록기 객체 shape inserter object를 생성했다. 선을 그릴 수 있게 하는 움직임 벡터 선의 좌표 행렬을 만든 후 10단계에서 프레임에 선을 그린 다음에 결과를 띄웠다.

결과 영상에 많은 이상치가 들어 있기 때문에 11단계에서 옵티컬 플로우 결과의 너무 큰 값(20 화소 절대값 이상)과 너무 작은 값(5 화소 절대값 미만)을 걸렀다. 끝으로 12단계에서 이전에 기술했던 그리기 과정을 반복했다.

10단계와 12단계의 결과로부터 다음과 같이 관찰할 수 있다.

- 움직임 벡터가 이동하는 사람에 집중한 것처럼 보였긴 해도 제멋대로인 듯 했다. 두 번째 프레임과 옵티컬 플로우를 이용해 첫 프레임을 재구성할 때 사용하겠다면 의심이 든다.
- 특정 옵티컬 플로우 추정 방법은 최종 결과를 혼란스럽게 하는 이상치와 함께 만들므로 전체적으로는 유용한 결과를 만들지 않는다.
- 옵티컬 플로우 정보는 특히 감시 시스템에서 매우 유용할 듯 하다. 쉽게 살펴봤듯이 프레임의 오른쪽에서 가려진 사람을 검출했다.

지금은 직접 해야 하는 차례다. 전체 과정을 상세하게 다뤘으므로 루카스-카나데 방법으로 지금 재현할 수 있다. 바꿔야 하는 유일한 부분은 옵티컬 플로우 시스템 객체의 'Method' 설정이다. 아트리움 비디오나 다른 비디오의 다른 프레임으로 실험하고 싶을 수 있다. 그렇게 하려면 9단계의 증폭 인자나 11단계의 경계값을 조절해야 할 수도 있다.

실습 과제 | 옵티컬 플로우로 프레임 워핑

이제 두 방법 모두 봤으니 두 번째 프레임과 옵티컬 플로우 필드를 이용해 쌍의 첫 프레임을 재구성해볼 차례다. 보간이라고 하는 간단한 방법으로 달성해보겠다.

이 방법은 사실 기지 데이터 집합known set of data이 주어졌을 때 미지 데이터를 추정하려고 시도한다. 이번 경우 기지 데이터 집합은 쌍의 두 번째 프레임 내 화소값과 움직임 벡터로 구성한다. 두 혼-셩크와 루카스-카나데 방법을 위해 동일한 절차를 되풀이한다.

1. 비디오를 불러온다.

```
>> clear all;
>> videoObj = VideoReader('atrium.avi'); % 비디오 열기
```

2. 지금 각 옵티컬 플로우 방법으로 하나씩 두 시스템 객체를 생성한다.

```
>> ofHS = vision.OpticalFlow('ReferenceFrameDelay', 1,...
'Method','Horn-Schunck', 'OutputValue',...
'Horizontal and vertical components in complex form'); % 혼-셩크 방법
>> ofLK = vision.OpticalFlow('ReferenceFrameDelay', 1,...
'Method','Lucas-Kanade', 'OutputValue',...
'Horizontal and vertical components in complex form'); % 루카스-카나데 방법
```

3. 양쪽 모든 방법으로 옵티컬 플로우 추정을 수행한다.

```
>> for i = 89:90 % 89 프레임과 90프레임 대상
frame = read(videoObj,i); % 한 번에 한 프레임 불러오기
temp = rgb2gray(frame); % 프레임을 그레이스케일로 변환
```

```
im(:,:,i-88) = single(temp); % 프레임을 single로 변환(계산용)
hs(:,:,i-88) = step(ofHS, im(:,:,i-88)); % HS 옵티컬 플로우 추정
lk(:,:,i-88) = step(ofLK, im(:,:,i-88)); % LK 옵티컬 플로우 추정
end
```

4. 작업을 쉽게 하기 위해 옵티컬 플로우 결과로부터 x과 y 움직임 행렬을 생성한다

(추정한 두 번째 행렬)

```
>> xHS = real(hs(:,:,2));
>> yHS = imag(hs(:,:,2));
>> xLK = real(lk(:,:,2));
>> yLK = imag(lk(:,:,2));
```

5. 또한 절대 움직임 행렬을 생성한다.

```
>> absHS = abs(hs(:,:,2));
>> absLK = abs(lk(:,:,2));
```

6. 두 결과에 보간을 수행할 차례다. 먼저 `meshgrid`를 이용해 화소 좌표계 격자를 만든다.

```
>> [x,y] = meshgrid(1:videoObj.Width ,1:videoObj.Height);
```

7. 워핑을 수행하는 시간이다. 즉, 보간은 쌍으로부터 첫 프레임을 새로 생성한다. 모든 옵티컬 플로우 방법을 하나씩 두 번 한다.

```
>> warpHS = interp2(x,y,im(:,:,2),x+xHS,y+yHS); % H-S 워핑
>> warpLK = interp2(x,y,im(:,:,2),x+xLK,y+yLK); % L-K 워핑
```

8. 끝으로 워핑 처리 후의 결과를 원 첫 프레임 옆에 띄운다. 우선 모든 결과를 `uint8` 타입으로 다시 변환한다.

```
>> im = uint8(im);
>> warpHS = uint8(warpHS);
>> warpLK = uint8(warpLK);
>> subplot(2,2,1), imshow(warpHS), title('Horn-Schunck Warp')
>> subplot(2,2,3), imshow(im(:,:,2)), title('Original frame')
>> subplot(2,2,2), imshow(warpLK), title('Lucas-Kanade Warp')
```

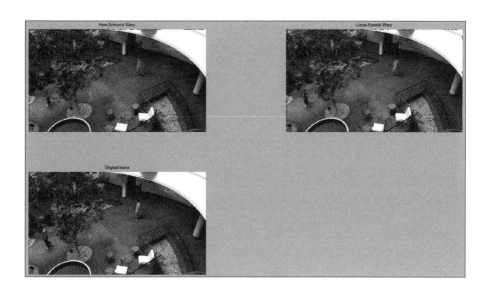

9. 이동하는 사람 주변의 영역 결과를 띄울만한데, 각 알고리즘의 능력에 대한 더 나은 생각을 얻을 수 있기 때문이다.

```
>> figure,subplot(2,3,1), imshow(warpHS(181:274,40:114)), title('Horn-
Schunck Warp')
>> subplot(2,3,2), imshow(im(181:274,40:114,2)), title('Original
frame')
>> subplot(2,3,3), imshow(warpLK(181:274,40:114)), title('Lucas-Kanade
Warp')
>> subplot(2,3,4), imshow(warpHS(91:170,383:424)), title('Horn-Schunck
Warp')
>> subplot(2,3,5), imshow(im(91:170,383:424,2)),title('Original
frame')
>> subplot(2,3,6), imshow(warpLK(91:170,383:424)),title('Lucas-Kanade
Warp')
```

Horn-Schunck Warp　　Original frame　　Lucas-Kanade Warp

Horn-Schunck Warp　　Original frame　　Lucas-Kanade Warp

보충 설명

프레임 재구성에 관한 이 예제는 매트랩에 포함한 두 옵티컬 플로우 알고리즘의 품질을 보여줬다. 이번에는 두 방법을 위해 이전 예제에 제시했던 처리를 반복했다. 결과를 취득하여 수직, 수평, 절대 모션 값을 분리한 후 2차원 보간을 이용해 워핑을 수행했다. 그 다음에는 적어도 여기서 조사한 예제와 옵티컬 플로우 구현 기본 설정에서 혼-셩크 옵티컬 플로우 알고리즘에 비해 루카스-카나데 옵티컬 플로우 알고리즘의 우위성을 증명했음을 결과로 입증했다. 하지만 루카스-카나데 방법으로 더 나은 결과를 달성했을지라도 전혀 이상적이지 않다. 고스팅 효과가 더욱 분명해졌고, 특히 빠르게 이동하는 사람인 경우 그렇다.

이제는 좀 더 실험할 차례다. 우선 vision.OpticalFlow 시스템 객체의 도움말 페이지나 매트랩 내부 혹은 http://www.mathworks.com/help/vision/ref/vision.opticalflowclass.html을 철저하게 읽어야 한다.

그 다음에는 두 번 설정해 각 혼-성크와 루카스-카나데 알고리즘 버전을 구현 시도해야 한다. 주의해야 할 몇몇 설정은 부드러움 설정, 혼-성크 알고리즘의 반복 횟수, 루카스-카나데 알고리즘의 시간적 기울기 필터temporal gradient filter다.

특징 추적을 이용한 카메라 움직임 보상

제시했던 옵티컬 플로우 알고리즘은 아직까지는 매우 유용하지만, 이동 카메라로 촬영한 비디오 내 움직임 보상 경우에는 제한적으로 사용했었다. 이번 경우 옵티컬 플로우 기반 워핑이 매끄러운 결과를 만들지 못하는 만큼은 다른 기술을 사용해 카메라 움직임을 보상compenstate해야 한다.

카메라 움직임을 추정하려면 안정적인 유지나 알려진 움직임 같은 하나 이상의 점에 초점을 맞춰야 하며, 좌표에서 변화를 반드시 조사한 후에 보상한다. 움직임 모습이 서로 일치할 수 있도록 선택한 점을 모든 프레임에서 구별할 수 있어야 한다. 비디오의 두 프레임 내 특징점의 작은 집합 간 일치를 찾을 필요가 있을 때 특징 추적에 대해 이야기 하겠다. 동일한 장면의 두 프레임 내 모든 점 간의 대응을 찾아야 하는 과정은 영상 정합image registration이라고 한다.

특징 추적 애플리케이션에 사용 시 매우 까다로운 것 중 하나는 비디오 안정화다. 배경 안에 움직이는 객체가 많고 이동 구역도 마찬가지인 복잡한 환경에서 비디오 안정화를 수행해야 하는데 가장 어려운 방식이다. 이것은 사실이며 다음 예제에 보인다.

실습 예제 | 불안정한 비디오에서 움직임 보상 위한 특징점 추적

이번 예제에서 매트랩의 컴퓨터 비전 시스템 툴박스에 들어 있는 비디오 파일인 shaky_car.avi를 사용한다. 첫 프레임에서 특징점을 찾을 구역을 직접 선택한다. 그러면 비디오의 나머지 프레임에서 특징점을 추적 시도한다. 끝으로 추적한 특징점 간의 좌표 차이를 움직임 보상에 사용한다. 시작해보자.

1. 첫 번째 단계는 늘 그랬듯이 비디오를 불러온다.

   ```
   >> videoObj = VideoReader('shaky_car.avi');
   ```

2. 이제 프레임을 읽는다.

   ```
   >> frame = read(videoObj,1);
   ```

3. 그 다음은 사각형 영역을 선택한다.

   ```
   >> imshow(frame);
   >> ROI=round(getPosition(imrect))
   ```

4. 선택한 관심 영역을 보여줄 수도 있다(앞서가는 차를 사용함).

   ```
   >> im = insertShape(frame, 'Rectangle', ROI, 'Color', 'red');
   >> figure; imshow(im);
   ```

5. 선택한 구역 내 특징점을 검출한 후 보여줄 차례이다. FAST 코너 검출기를 사용한다.

```
>> points = detectFASTFeatures(rgb2gray(frame), 'ROI', ROI);
>> im = insertMarker(im, points.Location, '+', 'Color','white');
>> figure, imshow(im);
```

6. 지금 특징점을 추적하는 tracker 함수와 추적한 점을 그리는 MarkerInserter 함수를 초기화한다.

```
>> tracker = vision.PointTracker('MaxBidirectionalError', 1);
>> initialize(tracker, points.Location, frame);
>> markerInserter = vision.MarkerInserter('Shape','Plus','BorderColor',
'White');
```

7. 끝으로 비디오의 모든 프레임에 걸쳐 관심 영역ROI 안의 특징점 추적을 반복해야한다. for 반복문 이전에 바로 초기화한 새로운 행렬에 결과를 저장한다.

```
>> vOut = zeros(videoObj.Height,videoObj.Width,3,videoObj.
NumberOfFrames);
>> for i = 1:videoObj.NumberOfFrames % 모든 프레임 대상
frame = read(videoObj,i); % 프레임 불러오기
```

```
[points, validity] = step(tracker, frame); % 점 추적
out = insertMarker(frame, points(validity, :), '+'); % 점 그림
end
>> vOut = uint8(vOut); % 띄우기 위해 vOut을 uint8로 변환
```

8. 첫 18개 프레임의 몽타주를 띄워 이 방법이 강건함을 증명했는지 살펴보자.

```
>> montage(uint8(vOut(:,:,:,1:18)),'Size',[3 6])
```

9. 특징 추적을 성공했고 강건했음이 확실했으므로 비디오를 안정화하기 위해 특징 점의 좌표를 사용할 수 있다. 해야 할 일은 화소 평균량으로 특징을 각 방향(첫 프레임과 관련)으로 이동시켜 각 쌍의 두 번째 프레임의 수평과 수직 차원을 이동한다.

```
>> stab = zeros(videoObj.Height,videoObj.Width,3,videoObj.
NumberOfFrames);
>> for i = 1:videoObj.NumberOfFrames % 모든 프레임 대상
frame = read(videoObj,i); % 프레임 불러오기
if i == 1
  [points, validity] = step(tracker, frame); % 점 추적
  pFirst = points(validity,:); % 좌표 저장
  stab(:,:,:,i) = frame; % 첫 번째 프레임 저장
else
  [points, validity] = step(tracker, frame); % 점 추적
% 이동값 계산
sh = round(mean(points(validity,:)-pFirst));
stab(:,:,:,i) = circshift(frame,[sh(1) sh(2) 0 0]);
end
>> stab = uint8(stab); % 띄우기 위해 stab을 uint8로 변환
```

10. 결과를 받아들일 수 있는지 보기 위해 비디오 행렬인 stab을 재생해 확인할 수 있다.

```
>> implay(stab)
```

 결과는 단지 조금 더 나을 뿐이다. 평균값으로 이동하는 방법은 아주 단순하며 비디오 안정화를 정말로 보장할 수 없다. 더 정교하게 하려면 이 책의 범위를 넘어서지만, 매트랩 데모에 들어 있는 방법으로 해낼 수 있다. http://www.mathworks.com/help/vision/ug/featuredetection-extraction-and-matching.html#btj3w6s에서도 찾을 수 있다.

보충 설명

기본적인 특징점 추적 방법을 소개했으며 비디오 안정화에 사용을 처음 시도했다. 첫 두 단계는 비디오 파일을 일반적인 열기와 관계가 있다. 3단계와 4단계에서 특징 추적 처리를 위한 관심 영역을 선택해 표시했다. 5단계에서 첫 프레임의 ROI에 존재하는 특징을 검출한 후에 추적 객체를 초기화하는 6단계를 사용했다. 7단계에서 비디오의 모든 프레임에 걸쳐 특징점 추적을 수행한 후 매 프레임에 그렸다. 주석을 단 모든 프레임을 vOut이라고 하는 새로운 행렬에 저장했다. 8단계에서 이 행렬의 첫 18개의 프레임을 몽타주로 띄웠다. 끝으로 9단계에서 각 프레임의 차원을 이동한 후 화소 평균 숫자로 특징점을 각 방향으로 이동시킨 다음에 프레임 내 위치를 비교함으로써 매우 단순한 안정화 방법을 시도했다. 이 방법의 단순함이 효율성에 매우 부정적인 효과가 있음을 깨닫도록 10단계에서 이 방법의 결과를 띄웠다.

도전 과제 | 안정화 데모 설정 수정

이전에 언급했듯이 매트랩에 훨씬 더 복잡한 것이 딸려 있으며 거기에 아주 더 효율적인 안정화 방법이 들어 있다. 스스로 도전하겠다면 이전 예제에 제시한 링크를 방문하고 대안적인 방법을 사용하기 위해 이 방법의 특징 검출 과정을 변경하면 어떨까? 원 데모는 detectFASTFeatures 함수를 사용하지만 전체 영상만 가능하다. 기하학적 변환 같은 여러 복잡한 개념을 소개하는데 지금으로선 매달릴 필요가 없다. 목표는 다른 비디오를 갖고 작업할 수 있고 물론 다른 특징 검출 방법(사용자가 입력으로 제공한 선택에 따름)을 사용할 수 있는 이 URL에서 찾은 코드를 사용해 함수를 만드는 것이다

- detectHarrisFeatures
- detectMinEigenFeatures
- detectMSERFeatures
- detectSURFFeatures

입체 영상을 갖고 작업하기

고급 영상과 비디오 처리 방법의 두 번째 큰 범주는 입체 영상을 다루는 것이다. 보통 입체 영상은 단지 몇 센티미터로 떨어져 나란히 배치한 두 개의 일반적인 카메라 혹은 각각 별도 센서가 있는 두 렌즈가 달린 입체 카메라로 촬영된다. 어느 쪽이든 이 렌즈는 다른 렌즈와 거리가 인간 눈 사이의 거리와 비슷하다. 카메라가 3차원 비전 시뮬레이션과 융합할 수 있는 영상을 촬영할 수 있게 한다.

두 개의 가시 범위가 필요하며 후속으로는 필요한 프레임률과 저장공간이 2배로 나

온다. 한 영상만 보여주는 대신에 최신 3D 텔레비전이 하나는 왼쪽이고 다른 하나는 오른쪽 눈인 두 영상을 표시해야 하기 때문이다. 마찬가지로 3D 비디오를 저장하려면 일반적인 2D 비디오와 비교했을 때 2배 공간이 필요하다.

영상 정합은 또 3D 영상과 비디오 처리의 가장 중요한 측면이다. 왼쪽과 오른쪽을 올바르게 표시하는 유일한 방법은 프레임부터 다른 프레임까지의 점 대응이 정확함을 앎에 있다. 사용하는 카메라를 서로 정렬과 거리에 관해 매우 주의 깊게 배치함으로써 대응이 쉬워진다.

첫 예제에서는 매트랩에서 3D 비디오를 만드는 꽤나 구식적인 방법을 보여준다. 구식으로 한다면 빨간 컬러는 오른쪽 채널 정보에 들어 있고, 청록(초록과 파랑)은 왼쪽 채널 정보에 실어 왼쪽과 오른쪽 비디오 둘 다 하나로 혼합함을 의미한다. 이 방법으로 평범한 빨강-청록 3D 안경으로 3D 비디오를 볼 수 있다.

다음과 같이 작업했다고 가정한다.

- 동기화된 비디오 촬영(두 카메라가 동시에 촬영 시작)
- 완벽한 정렬(두 카메라를 동일한 수평 표면에 서로 나란히 완벽하게 배치)
- 거리가 서로 아주 떨어져 있지 않음(한 렌즈의 중심이 다른 중심과 약 7cm이면 완벽)

실습 예제 | 왼쪽 비디오와 오른쪽 비디오로 3D 비디오 생성

모두 제대로 수행했고 왼쪽 비디오와 오른쪽 비디오를 촬영했다고 가정하자. 다음 단계를 따라 혼합해, 빨강-청록 3D 안경을 사용해서 볼 수 있는 비디오 하나를 만들 수 있다(이전 장에서 이미 논의했던 imfuse 함수를 사용한다).

1. 먼저 두 비디오를 불러온다.

```
>> left = VideoReader('left.avi'); % 왼쪽 비디오 파일 열기
>> right = VideoReader('right.avi'); % 오른쪽 비디오 파일 열기
```

2. 결과를 기록할 비디오 파일을 생성하고 연다.

```
>> vidOut = VideoWriter('Vid3D.avi'); % 3D 비디오 파일 열기
>> open(vidOut);
```

3. 모든 프레임에 걸쳐 반복해야 한다.

```
>> for i = 1:left.NumberOfFrames % 모든 프레임 대상
l = read(left,i); % i번째 왼쪽 프레임 불러오기
r = read(right,i); % i번째 오른쪽 프레임 불러오기
% 오른쪽과 왼쪽 채널을 빨강-자홍 가짜 컬러 영상으로 융합
v3 = imfuse(r,l,'falsecolor','ColorChannels','red-cyan');
writeVideo(vidOut ,v3); % 비디오에 프레임 기록
end
close(vidOut);
```

보충 설명

꽤 간단했다. 3D 가짜 컬러 비디오를 만드는 과정은 촬영한 왼쪽 채널과 오른쪽 채널을 갖고 있다면 정말로 식은 죽 먹기다. 이 단계는 아주 적다. 해야 할 유일한 작업은 왼쪽 카메라와 오른쪽 카메라의 입력 비디오를 연 후에 융합할 3D 프레임 시퀀스인 결과 비디오를 생성하는 것이었으므로, 그러면 왼쪽 채널과 오른쪽 채널의 각 프레임을 읽은 후 imfuse를 사용해 융합한다. 생성한 영상을 새로운 프레임으로 결과 파일에 기록했다. 전체 처리가 끝났다면 기록에 사용한 열린 비디오 객체를 닫는다. 이로서 비디오를 완성했다.

실습 예제 | 일반 비디오로 3D 비디오 생성

만약에 두 카메라가 없는데 3D 비디오 제작 과정을 실험하고 싶다면? 음, 실제로 만들어낼 수 있다. 입체 영상의 왼쪽 영상과 오른쪽 영상은 이상적으로 일부 화소를 수평으로 이동한 것만 갖는다. 이것은 간단하게 해보자면 단안monocular 비디오와 수평방향으로 이동시킨 이 비디오 프레임을 대상으로 합성한 오른쪽 영상 혹은 왼쪽 영상을 생성할 수 있음을 의미한다. 더 구체적으로 프레임을 오른쪽으로 이동한 다음, 합성 왼쪽 프레임을 만들어 왼쪽으로 이동한 후, 합성 오른쪽 프레임을 생성한다. 이를 입증하고 이전 예제를 일반 비디오로 작업하도록 조정해보자.

1. 먼저 일반 비디오를 연다. 매트랩에 들어 있는 비디오 중 하나를 사용할 수 있다. 여기서 영상처리 툴박스에 배포된 rhinos.avi 비디오 파일을 사용한다.

```
>> vid = VideoReader('rhinos.avi'); % 비디오 파일 열기
```

2. 결과를 기록할 비디오 파일을 생성하고 연다.

```
>> sV = VideoWriter('Synthetic3D.avi'); % 3D 비디오 파일 열기
>> open(sV)
```

3. 한 번 더 모든 프레임에 걸쳐 반복해야 한다.

```
>> for i = 1:vid.NumberOfFrames % 모든 프레임 대상
frame = read(vid,i); % i번째 프레임 읽기
l = circshift(frame,[0 10 0 0]); % 합성 왼쪽 프레임 생성
r = circshift(frame,[0 -10 0 0]); % 합성 오른쪽 프레임 생성
l(:,1:10,:) = 0; % 왼쪽 프레임의 이동한 어두운 부분
r(:,end-9:end,:) = 0; % 오른쪽 프레임의 이동한 어두운 부분
% 오른쪽과 왼쪽 채널을 빨강-자홍 가짜 컬러 영상으로 융합
v3 = imfuse(r,l,'falsecolor','ColorChannels','red-cyan');
writeVideo(sV ,v3); % Write frame to video
end
close(sV);
```

4. 이제 비디오를 재생할 수 있다.

```
>> implay('Synthetic3D.avi')
```

보충 설명

몇 단계만으로 심지어 실제 입체 영상을 촬영하는 두 카메라가 없을지라도 합성 빨강-청록 3D 비디오 생성 과정에 친숙해졌다. 이 처리는 이전 예제의 처리와 비교했을 때 조금 수정했을 뿐이다. 첫 두 단계는 비디오 파일을 불러오고 또한 합성 3D 프레임을 저장하는 비디오 파일을 생성하고 여는 것과 관련이 있다. 그 다음에는 작성한 for 반복문에서 원 비디오의 각 프레임을 불러온다. for 반복문 내부에서 한 번에 한 프레임씩 불러온 후 원 프레임을 수평으로 왼쪽과 오른쪽에 이동한 합성 왼쪽 프레임과 합성 오른쪽 프레임을 생성했다. 그러면 영상의 반대 부분에서 나온 불규칙한 인공 산물을 피하기 위해 영상의 오른쪽 부분과 왼쪽 부분에서 원형으로 이동한 구역을 지운다(circshift는 영상 내 테두리에 떨어진 일부를 영상의 맞은 편에 이동함을 기억하라). 끝으로 두 영상을 한 영상으로 융합을 수행한 후, 새로운 프레임으로서 결과 비디오 파일에 기록한다. for 반복이 끝난 후에는 처리를 마무리하기 위해 결과 파일을 닫았다.

도전 과제 | 3D 비디오 생성 함수 작성

3D 비디오 생성 과정을 이제 알았으니 이전 예제에 제시한 코드를 함수로 바꾸려고 시도하면 어떨까? 이 함수는 입력 비디오 파일명, 결과 비디오 파일명, 화소 이동 거리, 어둡게 해야 하거나(예제에서 했던 대로) 혹은 잘라내야 할 왼쪽 부분인지 오른쪽 부분인지 선택인 네 가지 입력을 사용자에게 받아야 한다. 두 번째 경우 입력 비디오는 결과 비디오와 동일한 차원을 가질 수 없다.

깜짝 퀴즈 | 비디오 프레임으로 작업하기

퀴즈 1. 다음 문장 중 어떤 것이 참인가?

1. 통제한 환경에서 비디오를 촬영했을 때, 두 프레임을 차연산을 하면 장면 내 움직이는 객체를 정확하게 찾은 결과를 만든다.

2. 프레임 차연산 후의 정보에 오로지 의존한다면 약간 상세한 큰 이동 객체가 움직이지 않는 것으로 착각할 수 있다.

3. 이전 프레임과 두 프레임 간의 혼-셩크 옵티클 플로우만 안다면 비디오의 프레임을 매끄럽게 재구성할 수 있다.

4. 일반 단안 비디오로 빨강-청록 입체 비디오를 생성할 수 있으며, 원 프레임을 수직 방향으로만 이동시킨다.

요약

10장에서 영상처리와 비디오 처리의 약간 더 복잡한 방법을 기술했고, 어려운 수학을 사용하지 않은 채 원리 설명에 중점을 뒀다. 대부분 방법을 세부 사항에 너무 얽매일 필요 없이 알고리즘의 물리적인 의미 이해에 도움을 주는 실습 예제를 통해 보여줬다. 더 구체적으로 10장에서 다음과 같이 논의했다.

- 움직임 검출과 의미
- 단순한 비디오와 복잡한 비디오에서 움직임을 검출하기 위해 프레임 차연산 사용
- 움직임 추정과 의미
- 옵티컬 플로우로 비디오 내 움직임 추정
- 옵티컬 플로우로 비디오 시퀀스 내 사람 추적
- 비디오 안정화를 위한 아주 간단한 방법
- 옵티컬 플로우 정보를 이용해 비디오 프레임 재구성
- 비디오에서 FAST 특징 검출기로 특징 추적
- 몇 가지 기본적인 영상 정합
- 스트레오 비전^{stereo vision}과 의미
- 카메라 입체 쌍으로 촬영한 비디오를 갖고 3D 비디오 생성
- 일반 비디오를 갖고 프레임을 수평 방향으로 두 번 이동시켜 3D 비디오 생성

깜짝 퀴즈 정답

1장 기본 영상 조작

깜짝 퀴즈	매트랩을 이용한 영상처리
퀴즈 1	1, 3

2장 그레이스케일 영상의 화소 다루기

깜짝 퀴즈	명암대비 개선 방법
퀴즈 1	1. 거짓: 경고만 한다. 2. 참 3. 참 4. 참 5. 거짓 6. 참 7. 참

3장 형태학적 연산과 객체 분석

깜짝 퀴즈 | 객체 분석의 장단점

퀴즈 1	1. 거짓 2. 참 3. 참

4장 컬러 영상 다루기

깜짝 퀴즈 | 컬러 다루기

퀴즈 1	1. 거짓: 초록 2. 참 3. 참 4. 거짓: 이런 경우 imadjust가 더 낫다. 5. 거짓: 경계화할 영역을 고려하고, 눈 주위의 적목 현상에 국한시켜야 한다.

5장 2차원 영상 필터링

깜짝 퀴즈 | 2차원 영상 필터링

퀴즈 1	1. 거짓: 서로 180도 다르다. 2. 참 3. 거짓: 에지 개선 4. 거짓: 미디언 필터 5. 참

6장 예술 과학을 위한 영상 혼합

깜짝 퀴즈 | 영상 혼합 세부 사항

퀴즈 1	1. 참 2. 거짓: dim이며, 2를 곱해야 한다. 3. 거짓: 원 마스크를 3번 복제해 연결하여 만들 수 있는 3차원 마스크를 갖고 내적으로 곱해야 한다. 4. 참: 압축을 사용하면, 8비트 영상은 눈에 띄는 블로킹 효과와 함께 있는 잡음 결과가 된다. 5. 거짓: 영상 간의 점을 쌍으로 만들기와 정확한 영상 기하를 보존하는 기하학 변환 적용처럼 더욱 많은 측면을 고려해야 한다.

7장 움직임 추가 – 정지 영상에서 디지털 비디오로

깜짝 퀴즈 | 2차원 영상 필터링

퀴즈 1	1. 거짓: 비디오 또는 영상 시퀀스 재생 목적으로 설계했다. 2. 거짓: 애니메이션을 지원할 수 있으며, 널리 사용된다. 3. 거짓: 정보 절반이다. 4. 참 5. 참 6. 거짓: 압축하지 않은 비디오만 지원한다. 7. 참

8장 비디오 취득과 처리

깜짝 퀴즈 | 함수에 어떤 문제가 있나?

퀴즈 1	참: 문제 즉, 처리한 마지막 덩어리가 정확히 chunkSz와 같지 않다면, 총 프레임 상한을 초과하기 때문에 무시한다.

퀴즈 1	1. 거짓: MP4를 비롯한 Motion JPEG 같은 압축 포맷을 지원한다. 2. 참: 비디오 내 비디오 채널의 비트 깊이, 압축 품질, 프레임률, 움직임량으로도 할 수 있다. 3. 참 4. 참: 비디오 취득 장치를 이미 초기화했다고 가정한다. 5. 거짓: 타임 랩스 비디오의 느린 프레임률은 실시간 처리 작업에 유리하다. 6. 거짓: 속도가 많이 빨라진다.

9장 시공간 처리

퀴즈 1	1. 거짓: 원형 필터링 요소를 사용해 블로킹 효과를 제거한다. 2. 거짓: 비월주사 비디오는 크기 절반만 차지한다. 3. 참: 시간적과 시공간 필터링은 고스팅 효과를 낳는다. 4. 거짓: 시공간 평균은 프레임을 희미하게 한다. 5. 참

10장 입문자에서 전문가로 – 움직임과 3D 처리

퀴즈 1	1. 참 2. 참 3. 거짓 – 특별할 때만 재구성할 수 있다. 4. 거짓 – 수평 방향으로 원 프레임을 이동 시켜야 한다.

찾아보기

ㄱ

가짜 컬러 221
감시 시스템 348
고스팅 효과 347
고정 안전 285
관심 영역 93
구조화 요소 97
그래픽 인터체인지 포맷 263
그레이스케일 50
기본 품질 계수 50
기지 데이터 집합 355
기하학적 변환 41

ㄴ

노출 값 229
높은 동적 범위 207

ㄷ

다각형 ROI 110
다중 분광 영상화 208
덩어리 283
디인터레이싱 313

ㄹ

라플라시안–가우시안 117
레일리 80
로버츠 117
루카스–카나데 350
리본 31

ㅁ

마스크 94
명도 73
명암대비 74
명암대비 제약 적응적 히스토그램 평활화 79
모션 효과 187
모양 등록기 객체 354
미디언 필터링 196

ㅂ

밝기 145
백열광 89
보간 커널 48
보상 359
보케 184
복합 영상 208
블러링 179, 180
블로킹 효과 310

비디오 압축 278
비디오 프레임 필터링 310
비 비월주사 241
비사각형 ROI 110
비상관관계 늘리기 212
비월주사 241

ㅅ

사용자 정의 함수 81
산탄 잡음 196
상관관계 177
색상 145
색상 대립 차원 145
서브플롯 43
섞기 기술 207
선 반복 315
선 보간 315
선형 공간 불변 172
선형 필터링 168
소금 & 후추 잡음 195
소벨 117
수직 시간적 미디언 필터링 315
순차주사 241
쉬 & 토마시의 최소 고유치 119
스트레스 테스트 243
스페클 잡음 193
슬라이딩 이웃 연산 168
시간적 기울기 필터 359
시간적 보간 328
시간적 인터레이싱 320
시공간 미디언 필터 336
시공간 평균화 필터 333
실시간 처리 292, 295

ㅇ

양선형 보간법 48
에지 개선 199
영교차 117
영상 뒤집기 44
영상 스무딩 179
영상 임계화 68
영상 잘라내기 49
영상 저장 50
영상 정합 359
영상 취득 도구 267
영상 크기 조정 47
오츠 72

옵티컬 플로우 341, 349
움직임 검출 342
움직임 검출기 345
움직임 추정 342
워홀 221
원 검출 120
원색 126
이웃 처리 168
이진 영상 94
인터 프레임 필터링 320
인트라 프레임 필터링 313, 320
임계값 94
입체 영상 364

ㅈ

작업공간 35
잡음 제거 189
적목 감소 156
적응적 히스토그램 평활화 79
주사선 보간 318
증폭기 잡음 196
지수 80

ㅊ

채도 145
초당 프레임 241
최근접 이웃 48
추정 쟁점 342
침식 97

ㅋ

카메라 움직임 보상 359
카테시안 348
캐니 117
커널 168
컬러 마스킹 139
컬러 비트 깊이 50
컬러 채널 126
컴퓨터 비전 시스템 툴박스 313

ㅌ

타임 랩스 비디오 261
트루컬러 246

ㅍ

파노라마 잇기 207, 233
파이어와이어 272
팽창 97
페이드 아웃 효과 255
페이드 인 효과 255
편집기 32
평균값 필터링 169
평균화 168
포이송 잡음 192
폴라 348
프레임 240

프레임률 240
프로파일링 297
프리윗 117
플래시 섬광 89
필드 병합 320
필드 평균화 324

ㅎ

합성 영상 218
해리스 119
혼-셩크 350
회선 168
히스토그램 평활화 74

A

Acquisition Parameter 창 270
adapthisteq 79
amplifier noise 196
AND 연산자 133
applycform 141
APPS 탭 32
arbitrary 104
average filtering 169
averaging 168
aviread 244

B

Band Interleaved by Line 213
BIL 213
bilinear interpolation 48
blending technique 207
blocking effect 310
blurring 179
bokeh 184
bwareaopen 102

C

Canny 117
cartesian 348
cat 138
CIE-L*a*b* 141
CLAHE, contrast imited adaptive histogram equalization 79
color opponent dimensions 145
Command History 창 28
Command 창 28
compenstate 359
Computer Vision System Toolbox 313
contrast 74
conv2 171
convolution 168
corner 119
correlation 177
cubic interpolation 48
Current Folder 창 28, 30

D

decorrelation stretch 212
Deinterlacer 314
Desktop Help 창 269
Details 창 30
detectFASTFeatures 364
detectHarrisFeatures 364
detectMinEigenFeatures 364
detectMSERFeatures 364
detectSURFFeatures 364
Device Properties 탭 270
diamond 104
dilation 97
dir 210
disk 104

E

EDITOR 창 34
erosion 97
EV 229
Exponential 80
Exposure Values 229

F

fade in 255
fade out 255
fail-safe 285
FAST 코너 검출기 361
field average 324
field merging 320
filter2 177
firewire 272
flash glare 89
flipdim 44, 46
fliplr 44, 129
flipud 44
fps 241
frame 240
frame per second 241
frame rate 240
FramesPerTrigger 276

G

General 탭 270
getdata 277
getnhood 104, 105
getselectedsource 276
getsnapshot 288
ghosting effect 347
glow 89
graphics interchange format 263
graythresh 72

H

Hardware Browser 창 269

Harris 119
HDR 207
High Dynamic Range 207
histeq 74
HOME 탭 31
Horn-Schunck 350
HSV 141
Hue 145

I

IEEE 1394 272
im2bw 71
imadjust 75
image registration 359
imaqhwinfo 286
imaqtool 273, 286
imcontrast 77
imcrop 49
imdilate 97
imerode 97
imfilter 178
imfindcircles 120
imfreehand 110, 112
imfuse 218
img 46
imhist 73
implay 257
imread 35
imresize 47
imrotate 41, 43
imshow 35
imshowpair 218
imsubstract 103
imtool 37, 38
imwrite 50
Information 창 269
intensity 73
interlaced 241
isequal 64

K

kernel 168
known set of data 355

L

Laplacian of Gaussian 117
Lightness 145
line 104
Linear Space Invariant 172
line interpolation 315
line repetition 315
LoG 117
LoggingMode 276
Logging 탭 271
LSI 172

Lucas-Kanade 350

M

makecform 141
makehdr 230
mask 94
mat2gray 344
mean filtering 169
medfit2 197
median filtering 196
mmreader 247
montage 256
motion effect 187
movie 250
multibandread 209
multimodal image 208

N

nearest neighbor 48
non-interlaced 241
NTSC 141, 242

O

octagon 104
ones 102
optical flow 341
OR 연산자 133
otsu 72

P

PAL 242
panorama stitching 207, 233
pause 289
PLOTS 탭 32
poisson noise 192
polar 348
preview 277, 298
Preview 창 270
Prewitt 117
profile 295
progressive 241

Q

quality factor 50

R

Rayleigh 80
rectangle 104
red eye reduction 156
Region of Interest 탭 272
RGB 141
rgb2gray 106
rgb2hsv 142
Roberts 117

ROI 93
roipoly 110

S

salt & pepper noise 195
Saturation 145
Session Log 창 272
shape inserter object 354
Shi & Tomasi's minimum eigenvalue 119
shot noise 196
sliding neighborhood operation 168
smoothing 179
Sobel 117
speckle noise 193
square 104
start 277
stoppreview 277
strel 105
stress test 243
structuring element 97
switch case 82

T

temporal gradient filter 359
tic 294
time-lapse video 261
toc 294
tonemap 230
Triggering 탭 271
truecolor 246

V

validateattributes 308
vertical temporal median filtering 315
videoinput 287
VideoReader 256
VideoWriter 277
viscircles 122

W

wait 112
Warhol 221
Workspace 창 28

Y

YCbCr 141

Z

zero-cross 117

기타

3D 비디오 365
3차 회선 보간법 48

에이콘출판의 기틀을 마련하신 故 정완재 선생님 (1935-2004)

매트랩 영상처리 프로그래밍

기본 영상처리부터 예술 과학, 비디오 처리, 시공간 처리까지

인   쇄 | 2016년 9월 19일
발   행 | 2016년 9월 27일

지은이 | 조지 시오카스
옮긴이 | 이 문 호

펴낸이 | 권 성 준
편집장 | 황 영 주
편   집 | 오 원 영
　　　　나 수 지
디자인 | 이 승 미

에이콘출판주식회사
서울특별시 양천구 국회대로 287 (목동 802-7) 2층 (07967)
전화 02-2653-7600, 팩스 02-2653-0433
www.acornpub.co.kr / editor@acornpub.co.kr

한국어판 ⓒ 에이콘출판주식회사, 2016, Printed in Korea.
ISBN 978-89-6077-904-4
ISBN 978-89-6077-210-6 (세트)
http://www.acornpub.co.kr/book/matlab

이 도서의 국립중앙도서관 출판시도서목록(CIP)은 서지정보유통지원시스템 홈페이지(http://seoji.nl.go.kr)와
국가자료공동목록시스템(http://www.nl.go.kr/kolisnet)에서 이용하실 수 있습니다.(CIP제어번호: CIP2016022415)

책값은 뒤표지에 있습니다.